제3판

법경제학입문

오정일 | 송평근

AN INTRODUCTION
TO LAW AND ECONOMICS

박영사

좋은 울타리가 좋은 이웃을 만든다.

-프로스트(Frost)-

내가 보기에 모든 법률가는 경제학을 이해해야 할 것 같다.

-홈즈(Holmes)-

사람은 이웃에게 해를 입히더라도 자신의 재산을 사용한다.
그의 행동이 비합리적일 때 비로소 위법하다.

-포스너(Posner)-

제3판 머리말

　제1판은 2014년 8월에 출간되었다. 5년 6개월 후 제2판이 나왔다. 이제 3년이 지난 시점에서 제3판을 낸다. 개정판이 나오는 데 걸리는 시간이 짧아진 이유는 이 책에 대한 수요가 있었기 때문이다. 독자들에게 감사드린다. 다른 한편으로 자주 개정한다는 것은 책에 오류가 있음을 의미한다. 독자들에게 미안하다.

　제2판을 출간할 때와 마찬가지로 제3판을 내게 된 가장 큰 동기는 오류를 수정하기 위해서이다. 오류의 대부분은 경미하지만, 어떤 오류는 독자들에게 혼란을 야기했다. 제3판에서는 오탈자, 그래프와 수식 오류, 어색한 문장을 수정해서 전반적으로 가독성을 높였다. 또한 본문과 부록 내용 중 불필요한 부분을 삭제하고, 독자들에게 유용하다고 생각한 내용을 추가하였다. 세상에 완벽한 책은 없다. 제3판도 출간 후 문제점이 발견되겠지만 이번 개정을 통해 책이 개선되었다고 자부한다.

　밀리언 셀러도 스테디 셀러도 아닌 『법경제학입문』을 두 번이나 개정하게 허락한 박영사에 감사드린다. 제3판에 추가된 내용은 '한국법경제학회'가 발간하는 『법경제학연구』에서 인용한 것이 많다. 법경제학을 연구하는 동도제현에게 경의를 표한다.

2023년 2월
공저자 배상

제2판 머리말

2014년 8월 본서가 출간된 후 5년 6개월의 시간이 지났다. 그동안 이 책으로 강의하면서 미흡한 부분을 많이 발견하였다. 다행히 제1판이 모두 팔려서 제2판을 출간하게 되었다. 제2판은 전면 개정이라고 할 수 있다. 제1판과 비교하여 제2판에서 수정 및 보완된 내용을 요약하면 아래와 같다.

제1장	효율성	• 포스너 효율성과 후생경제학의 제1정리의 관계 • 포스너 효율성과 파레토 효율성의 관계
제2장	소유권	• 네 개의 규칙
제3장	부동산 소유권	• 제목 변경 • 수식을 이해하기 쉽게 정리 • 부록을 추가하여 일조권, 권리금, 알 박기, 그린벨트 설명
제4장	불법행위	• 제5장에서 제4장으로 옮기고 분량을 늘림 • 제4절. 제2항. 정보 부분 수정
제5장	계약	• 제4장에서 제5장으로 옮김 • 제1절에 불법행위와 계약의 관계, 계약의 성립 요건 보충 • 제3절. 계약의 무효와 취소 신설 • 착오와 고지의무, 손해배상액의 예정, 장기계약에 대한 내용 수정
제6장	소송	• 장의 구성 변경 • 낙관적 기대 이론, 비대칭적 정보 이론, 규칙 68, 영국식 규칙에 대한 내용 수정 • 부록을 추가하여 제1종 오류 및 제2종 오류, 승산비 설명
제7장	죄와 벌	• 제7장과 제8장을 통합하고 형사정책을 제4절로 편성 • 제1절. 형사법의 의의를 신설하여 민사법과 형사법 비교 • 제3절. 위험과 최적형량을 다시 서술함 • 양형기준, 사형제, 언론의 자유에 대한 내용 수정

제8장	반독점법	• 기존 4개의 절을 5개로 확대 • 전반적으로 미국 판례, 우리나라 독점금지법 인용 • 자진신고자감면제에 대한 내용 수정, 부록을 추가하여 유타 파이 판결, 끼워팔기 설명
제9장	반독점법의 적용	• 제2판에 신설된 장 • 우리나라 공정거래위원회의 심결 사례 서술
제10장	가치 평가	• 제목을 변경하지 않았으나 다시 서술함 • 민사법에서 손해배상액 추정이 문제가 된 다양한 사례 제시

제2판에서도 최대한 수식이나 그래프를 줄이고 직관적인 설명을 하였으나 제1판과 달리 기초적인 법학적 내용을 본문에 서술하여 가독성을 높였다. 또한 반독점법에 두 개의 장을 할애하였고 제10장에는 다수의 학술 논문을 인용하였다. 본서는 다음과 같이 수업에 활용될 수 있다. 학부 2학년 학생을 대상으로 한 교양과목의 경우 제1장, 제2장, 제4장, 제5장, 제7장, 제8장을 강의하면 된다. 학부 3~4학년 학생을 대상으로 한 전공과목의 경우에는 제2장~제8장을, 대학원 학생을 대상으로 한 과목에서는 제2장~제10장을 강의할 것을 추천한다.

본서가 출간되는 과정에서 많은 분들의 도움이 있었다. 출간을 흔쾌하게 허락하신 박영사 안종만 회장님 이하 직원들과 공정거래위원회 심결 사례를 제공하여 주신 신영수 교수님(경북대학교)께 감사드린다. 그리고 본서의 제9장과 제10장에 인용된 공정거래위원회 심결 사례, 교과서 및 학술 논문의 저자들에게 학문적인 빚을 졌다. 본서가 이 분들의 향후 연구에 약간이나마 도움이 되는 것으로 그 빚을 갚고자 한다.

2020년 2월
공저자 배상

제1판 머리말

법경제학의 영문 표기는 'Law and Economics'이다. 따라서 정확한 표현은 '법과 경제'가 된다. 법학은 형평성이, 경제학은 효율성이 주된 관심사이다. 이러한 이유로 법경제학은 법학과 경제학의 양측에서 소외되어 왔다. 형평성과 효율성이 상충한다고 인식되었기 때문이다. 형평성과 효율성은 서로 충돌하는가? 재분배에 따른 비용이 크지 않으면 형평성과 효율성을 동시에 달성할 수 있다. 효율성을 달성한 후 재분배를 통해 형평성을 제고하는 것이 가능하다. 이렇게 되면 우리가 법적 현상을 분석할 때 효율성이라는 잣대를 사용하는 것으로 충분하다. 다양한 법적 현상을 효율성의 측면에서 분석한다는 것이 어떤 의미를 가지는가? 본서의 주요 내용을 요약하면 다음과 같다.

A. 효율성의 개념: 파레토, 칼도·힉스, 포스너

B. 소유권의 설정: 사적 소유 대 공동 소유

C. 소유권의 보호: 소유 원칙 대 책임 원칙

D. 효율적인 계약 불이행, 신뢰투자, 위험 분담

E. 불법행위로 인한 분쟁의 해결: 코우즈 대 피구

F. 최소비용회피자 책임 부담 원칙

G. 엄격책임 원칙 대 과실 원칙

H. 핸드 규칙

I. 소송 발생의 원인: 낙관적 기대 이론과 비대칭적 정보 이론

J. 선택적 소송: 보통법의 진화 메커니즘

K. 형사법의 필요성

L. 범죄경제학: 효율적인 범죄와 최적 형량

M. 양형 거래, 묵비권, 보석 제도

N. 마약 및 총기 규제, 사형제

O. 독점의 편익과 비용: 시카고학파의 새로운 반독점법

P. 당연 위법 원칙 대 합리성 검정 원칙

Q. 자진신고자 감면제

R. 손해배상액의 측정: 지불의사금액과 수용의사금액

S. 편익과 비용의 측정: 환경소송과 이혼소송

본서는 다음과 같이 구성되었다. 제1장은 법경제학의 이론적인 기초에 해당한다. 여기에서는 세 가지의 효율성에 대해 논의하였다. 본격적인 법경제학적 분석은 세 종류로 구분된다. 민사법의 실체적인 부분에 대한 분석은 제2장~제5장에서, 절차적인 부분에 대한 분석은 제6장에서, 형사법에 관한 경제적 분석은 제7장~제8장에서 이루어졌다. 또한, 법경제학과 관련된 특수한 문제로서 반독점법과 가치 평가는 제9장과 제10장에서 다루었다. 물론, 모든 논의의 바탕에는 효율성이라는 일관된 기준이 놓여 있다.

실체적 측면에서 민사법의 주된 내용은 소유권, 계약, 그리고 불법행위로 요약된다. 본서에서는 소유권에 대해 두 개의 장을 할애하였다(제2장~제3장). 크게 보면 계약과 관련된 분쟁은 불법행위에 해당하나 본서에서는 별도의 장(제4장)에서 다루었다. 제6장의 핵심적인 내용은 소송이 발생하는 원인을 설명한 것이다. 제7장과 제8장에서는 최적 범죄율을 달성하기 위한 형량의 결정 문제를 다루었다. 주지하다시피, 이 분야의 선구자는 게리 베커이다. 본서에서도 게리 베커의 기념비적 논문인 "Crime and Punishment: An Economic Approach"에 제시된 모형을 분석의 틀로 사용하였다.

반독점법을 경제학적으로 분석하는 데 있어서(제9장) 핵심은 당연 위법의 인정 여부이다. 시장이 독점적이라는 이유만으로 반독점법을 적용할 수 있는가가 문제이다. 이른바 시카고학파는 당연 위법을 인정하지 않는다. 독점의 비용이 편익보다 클 경우 처벌해야 한다는 것이 이들의 주장이다.

현실에서 법률가들이 직면하는 가장 큰 문제는 가치를 평가하는 것이다. 효율적인 계약 불이행을 유도하기 위해서는 계약 불이행으로 인한 손해의 크기를 측정해야 한다. 불법행위에 있어서 피해자를 배상하기 위해서는 피해액

을 산정해야 한다. 또한, 최적의 범죄율을 달성하기 위해서는 특정한 범죄가 유발하는 사회적 비용을 추정해야 한다. 본서에서는 이러한 작업을 가치 평가라고 하였다. 가치 평가는 기술적인 문제이기 때문에 본서의 범위를 넘어선다. 다만, 가치 평가가 중요한 문제라는 사실을 독자에게 전달하기 위해 하나의 장(제10장)을 할애하였다.

본서를 집필하는 과정에서는 수식이나 그래프를 최대한 줄이고 직관적인 설명을 하고자 하였다. 또한, 법률 용어에 익숙하지 않은 독자들을 위해 각주와 해설에서 법률 용어를 설명하였다. 그럼에도 불구하고, 본서를 이해하기 위해서는 경제학개론의 미시경제학 부분, 법학개론 혹은 민법총칙에 대한 지식이 있어야 한다. 따라서 본서는 학부 3~4학년이나 법학전문대학원의 법경제학 강의에 사용하는 것이 적절하다. 본서의 모든 내용을 한 학기에 강의하는 것이 어려울 수 있다. 학부 강의에서는 제3장과 제10장을 빼는 것이 가능하다.

본서가 출간되기까지 많은 분들의 도움이 있었다. 지면을 통해 감사의 말씀을 전하고자 한다. 먼저, 대중적이지 않은 본서를 출판해주신 박영사 안종만 회장님, 가장 먼저 원고를 보시고 출판이 가능하도록 도와주신 조성호 부장님, 교정과 문장의 수정을 통해 본서의 질을 높여준 편집부 김선민 부장님, 이승현 씨, 정성껏 표지를 디자인해주신 최은정 대리님께 감사드린다. 또한, 본서를 집필하는 과정에서 귀중한 조언을 해주신 정진환 변호사(법무법인 광장)와 김윤상 교수님(경북대학교)께 감사드린다. 이분들의 도움에도 불구하고 본서에서 미흡한 부분이 발견된다면 그것은 공저자의 책임이다. 끝으로 연구년을 허락해주신 윤봉준 교수님(뉴욕주립대학교 빙햄튼 캠퍼스)과 본서의 집필에 재정적인 도움을 준 경북대학교에 감사드린다. 본서는 2011학년도 경북대학교 학술연구비에 의하여 연구되었다.

2014년 8월
공저자 배상

차 례

제1장 효율성 ·· 1

제1절 파레토 효율성과 칼도·힉스 효율성 • 3

제2절 포스너 효율성 • 7

제2장 소유권 ·· 9

제1절 개 관 • 10

제2절 코우스 정리 • 15

제3절 카라브레시 이론 • 20
    1. 소유물 원칙과 책임 원칙 _ 21
    2. 네 개의 규칙 _ 23

제4절 기타 문제 • 28
    1. 법인(法人) _ 28
    2. 상속(相續) _ 29
    3. 지식재산권(intellectual property right) _ 30

제3장 부동산 소유권 ·· 35

제1절 사유와 공유 • 36

제2절 등기와 시효취득 • 41
    1. 등기 _ 41
    2. 시효취득 _ 43
    3. 효율적인 소유권 확인 _ 44

제3절 수 용 • 47
    1. 개념 _ 47
    2. 정당한 보상 _ 49
    3. 수용과 개발 _ 50

제4절 개발 제한 • 53

    1. 개발 규모 _ 53
    2. 개발 시기 _ 55
    3. 부동산 가격 _ 56

제4장 불법행위 ··· 59

제1절 개 관 • 59

제2절 책임 원칙 • 65
    1. 과실 원칙 _ 65
    2. 엄격책임 원칙 _ 69

제3절 주의 모형 • 72
    1. 일방 주의 모형 _ 73
    2. 쌍방 주의 모형 _ 76

제4절 기타 문제 • 78
    1. 지인 간 분쟁 _ 78
    2. 정보 _ 81
    3. 보험 _ 85
    4. 행위 수준 _ 86
    5. 오류와 불확실성 _ 88

제5장 계 약 ··· 93

제1절 계약과 배상 원칙 • 95

제2절 효율적인 계약 파기와 신뢰지출 • 97
    1. 기본 모형 _ 97
    2. 확장된 모형 _ 98
    3. 효율적인 위험 부담 _ 101

제3절 계약의 무효와 취소 • 103
    1. 불능(不能) _ 103
    2. 사정변경(事情變更) _ 103
    3. 의사무능력(意思無能力) _ 104
    4. 강박(强拍) _ 105
    5. 착오 _ 107

제4절 기타 문제 • 110
    1. 손해배상액의 예정 _ 110
    2. 이행강제 _ 112
    3. 장기계약 _ 113

제6장 소 송 ··· 117

제1절 효율적인 소송 • 119

제2절 소송 이론 • 121
  1. 낙관적 기대 이론 _ 122
  2. 비대칭적 정보 이론 _ 124

제3절 영미법 사례 • 126
  1. 선택적 소송 _ 126
  2. 선례구속 원칙 _ 127
  3. 재판과 증거 _ 129
  4. 소송비 _ 130

제4절 판사와 변호사 • 136

제7장 죄와 벌 ··· 141

제1절 형사법의 의의 • 141

제2절 최적 형량 • 144
  1. 적발률이 고정된 경우 _ 145
  2. 적발률이 가변적인 경우 _ 147
  3. 벌금은 클수록 좋은가? _ 149

제3절 위험과 최적 형량 • 154
  1. 벌금 _ 156
  2. 징역 _ 158

제4절 형사정책 • 165
  1. 압수 및 수색 _ 165
  2. 묵비권(right of silence) _ 165
  3. 양형거래(plea bargaining) _ 166
  4. 보석(bail) _ 167
  5. 배심원제 _ 168
  6. 양형기준(sentencing guideline) _ 170
  7. 사형제 _ 172
  8. 마약 및 총기 규제 _ 173
  9. 언론의 자유 _ 175

제8장 반독점법 ·· 179

　제1절 경쟁시장과 독점시장 · 180
　　　1. 합리성 검정 규칙과 당연위법 규칙 _ 182
　　　2. 구조 · 성과 이론 _ 184
　　　3. 시장의 성과 _ 187

　제2절 오래된 반독점법과 새로운 반독점법 · 193

　제3절 가격 고정 · 195
　　　1. 의식적 병행행위(conscious parallelism) _ 195
　　　2. 사업자단체 _ 196
　　　3. 재판매가격 유지(resale－price maintenance) _ 197

　제4절 기업결합 · 199
　　　1. 합병 _ 199
　　　2. 수직적 결합 _ 200

　제5절 남용 행위 · 201
　　　1. 착취 행위 _ 201
　　　2. 방해 행위 _ 202
　　　3. 배제 행위 _ 203

제9장 반독점법의 적용 ·· 211

　제1절 차별적 취급 · 211

　제2절 담합 · 213
　　　1. 가격 담합 _ 213
　　　2. 생산량 담합 _ 217
　　　3. 의식적 병행행위 _ 218
　　　4. 수직적 담합 _ 220

　제3절 합병 · 222
　　　1. 관련 시장의 획정 _ 222
　　　2. 경쟁 제한성 _ 223
　　　3. 효율성의 항변 _ 224
　　　4. 도산기업의 항변 _ 224

　제4절 기타 반경쟁적 행위 · 225
　　　1. 로열티 리베이트 지급 _ 225
　　　2. 재판매가격 유지 _ 228
　　　3. 거래 거절 _ 230

제10장 가치 평가 ··· 237

  제1절 반경쟁적 행위 • 238

    1. 전후(before and after) 비교와 비교시장(benchmark) 방법론 _ 239
    2. 더미변수(dummy variable)와 예측(forecasting) 접근법 _ 239
    3. 계량경제학적 쟁점 _ 241

  제2절 환경 소송 • 244

    1. 원고가 측정한 피해액 _ 245
    2. 피고가 측정한 피해액 _ 247

  제3절 증권 소송 • 250

    1. 피해주식 수량 _ 250
    2. 주당 손해액 _ 254

  제4절 비재산적 손해 • 255

    1. 생명·신체 또는 건강 침해 _ 255
    2. 명예훼손 및 사생활 침해 _ 256

참고 문헌 ·· 263

찾아보기 ·· 265

부록 차례

부록 1. 스키토프스키 역설 ·· 6

부록 2. 포스너 효율성과 후생경제학의 제1정리 ····················· 8

부록 3. 선점자 취득 원칙과 연고권자 취득 원칙 ·················· 13

부록 4. 선의(善意)의 제3자 보호와 유실물 조항(estray statute) ············· 14

부록 5. 거래비용 ·· 18

부록 6. 피구와 코우스: 농부·기차회사 사례 ······················ 19

부록 7. Boomer v. Atlantic Cement Company ······················· 26

부록 8. 일신전속권(一身專屬權) ······································· 27

부록 9. 동산·부동산 구분에 대한 헨리 조지(Henry George)의 비판 ·············· 38

부록 10. 일조권(日照權) ··· 39

부록 11. 권리금 ··· 40

부록 12. 등기의 공신력 ··· 46

부록 13. 알 박기 판결 ··· 52

부록 14. 그린벨트와 정당한 보상 ····································· 57

부록 15. Donoghue v. Stevenson ··· 63

부록 16. 핸드 규칙(Hand Rule) ·· 64

부록 17. 징벌적 손해배상 ··· 71

부록 18. 쌍방 과실과 일방 과실 ······································· 77

부록 19. 손해액의 추정 ··· 89

부록 20. 부동산 이중매매와 배임(背任)죄 ·························· 102

부록 21. Sherwood v. Walker ·· 108

부록 21. 장기계약 사례 ··· 114

부록 22. 제1종 오류·제2종 오류와 승산비 ························· 134

부록 23. 재판과 확률 ··· 138

부록 24. 위험 통합(risk pooling) ·· 139

부록 25. 베카리아(Beccaria)의 비례 관계 ················· 151

부록 26. 한비자(韓非子)의 엄벌주의(嚴罰主義) ················· 151

부록 27. 징역의 사회적 비용 ················· 152

부록 28. 재산비례 벌금 ················· 153

부록 29. 징역의 금전적 가치 ················· 163

부록 30. 수감인원과 범죄율의 인과관계 ················· 177

부록 31. 시장집중도 지수 ················· 190

부록 32. 시장지배적 사업자 ················· 190

부록 33. 중간재 시장에서의 담합 ················· 191

부록 34. 장기계약과 수직적 통합 ················· 204

부록 35. 유타 파이(Utah Pie) 판결 ················· 205

부록 36. 끼워팔기 ················· 206

부록 37. 프로 스포츠의 반경쟁성 ················· 207

부록 38. 자진신고자감면제 ················· 209

부록 39. 시장 획정과 경쟁 제한성 ················· 233

부록 40. 새만금사업과 매몰비용(sunk cost) ················· 248

부록 41. 이혼위자료 ················· 258

부록 42. 생명의 가치 ················· 260

표 차례

[표 1-1] 스키토프스키 역설 ·· 6

[표 2-1] 코우스 정리 ··· 17

[표 2-2] 농부·기차회사 사례 ··· 19

[표 2-3] 거래비용과 책임 원칙 ··· 22

[표 2-4] 네 개의 규칙: 농부·목동 사례 ··· 23

[표 2-5] 네 개의 규칙: 효율성과 형평성 ······································· 25

[표 3-1] 부동산과 동산 비교 ··· 35

[표 3-2] 일조권의 비효율성 ··· 40

[표 4-1] 민사법과 형사법 비교 ··· 60

[표 5-1] 배상 원칙 ··· 96

[표 5-2] 아이돌 그룹의 계약 기간 ··· 114

[표 5-3] 프로야구 선수의 계약 기간 ··· 115

[표 7-1] 국민 10만 명당 수감자 수 ··· 152

[표 7-2] 복권 ··· 155

[표 7-3] 화재 ··· 155

[표 7-4] 이중주차 사례 ··· 156

[표 7-5] 이중주차 사례: 위험비용 ··· 157

[표 7-6] 이중주차 사례: 집행비용 ··· 157

[표 7-7] 최적 징역: 위험중립자 ··· 160

[표 7-8] 최적 징역: 위험기피자 ··· 161

[표 7-9] 최적 징역: 위험선호자 ··· 162

[표 7-10] 지불(수용)의사금액 측정 ··· 164

[표 7-11] 배심원제와 오류: 배심원이 7명인 경우 ·························· 169

[표 7-12] 양형 기준: 살인 ·· 171

[표 8-1] 시장지배적 사업자 추정: 독점규제법 ······························ 191

[표 8-2] 셔먼법 제1조 및 제2조 적용 대상 ·· 193

[표 8-3] 사업자단체에 관한 판결: 거버 사건 ·· 197

[표 8-4] 도산기업의 항변 조건 ··· 200

[표 8-5] 방해 행위의 예 ·· 202

[표 8-6] 배제 행위의 예 ·· 204

[표 8-7] 끼워팔기에 관한 판결: 마이크로소프트 사건 ···························· 207

[표 8-8] 자진신고자 인정 조건 ··· 209

[표 9-1] 차별적 취급에 관한 판결 ·· 212

[표 9-2] 우리나라 화장지시장의 구조: 1997년 기준 ································ 218

[표 9-3] 의식적 병행행위에 관한 판결 ·· 219

[표 9-4] 로열티 리베이트의 지급에 관한 심결 ·· 226

[표 9-5] 기회비용이 고려된 경쟁 가격 측정: 2002년 4분기 ··················· 227

[표 9-6] 재판매가격 유지에 관한 심결 ·· 229

[표 9-7] 거래 거절의 부당성 ··· 231

[표 9-8] 거래 거절의 부당성에 관한 판결 ·· 232

[표 9-9] 홈에버의 구매전환율: 부산의 경우 ·· 234

[표 10-1] 예측 접근법 ··· 241

[표 10-2] 모형의 신뢰성: 원고와 피고의 입증 책임 ································· 242

[표 10-3] 피해액의 측정: 환경 소송 ·· 245

[표 10-4] 원고가 측정한 피해액: 환경 소송 ··· 246

[표 10-5] 피고가 측정한 피해액: 환경 소송 ··· 248

[표 10-6] 비례거래 모형으로 추정한 피해주식 수량 ································· 251

[표 10-7] 복수투자 모형으로 추정한 피해주식 수량 ································· 252

[표 10-8] 가속거래 모형으로 추정한 피해주식 수량 ································· 253

[표 10-9] 주당 손해액의 추정 방법 ··· 254

그림 차례

〈그림 1-1〉 파레토와 칼도·힉스 효율성: 에지워드 상자 ·················· 4

〈그림 1-2〉 파레토와 칼도·힉스 효율성: 효용가능경계 ·················· 5

〈그림 2-1〉 코우스 정리: 농부·목동 사례 ································· 16

〈그림 3-1〉 대칭적 비극 ·· 37

〈그림 3-2〉 일조권 ··· 39

〈그림 3-3〉 효율적인 수용 ·· 49

〈그림 3-4〉 최적 개발 규모 ··· 50

〈그림 4-1〉 손해 배분: 과실 원칙 ··· 66

〈그림 4-2〉 손해 배분: 기여과실 원칙 ···································· 67

〈그림 4-3〉 최적 주의 수준: 일방 주의 모형 ····························· 74

〈그림 4-4〉 가해자의 주의 수준: 과실 원칙 ····························· 75

〈그림 4-5〉 일방 과실 사례 ··· 77

〈그림 4-6〉 엄격책임 원칙과 비책임 원칙하에서 소비량과 가격의 결정 ·············· 82

〈그림 4-7〉 기업의 책임 비율이 70%일 때 소비량과 가격의 결정 ·············· 83

〈그림 4-8〉 비책임 원칙하에서 소비량과 가격의 결정: 정보가 불완전한 경우 ······· 84

〈그림 4-9〉 최적 행위 수준 ··· 87

〈그림 5-1〉 효율적인 신뢰지출 ·· 99

〈그림 6-1〉 선례구속 원칙과 오류 ······································· 128

〈그림 6-2〉 제1종 오류와 제2종 오류 ···································· 135

〈그림 6-3〉 판사와 변호사가 만드는 정보 ································ 138

〈그림 7-1〉 효율적인 범죄 ··· 145

〈그림 7-2〉 최적 벌금: 적발률이 가변적인 경우 ························· 147

〈그림 7-3〉 최적 징역: 적발률이 가변적인 경우 ························· 148

〈그림 7-4〉 수감 생활의 비효용과 위험에 대한 태도 ···················· 159

〈그림 7-5〉 최적 징역: 위험중립자 ······································· 160

〈그림 7-6〉 최적 징역: 위험기피자 ·· 161

〈그림 7-7〉 최적 징역: 위험선호자 ·· 162

〈그림 8-1〉 독점시장의 비효율성 ·· 181

〈그림 8-2〉 합병의 사회적 이득과 손실 ·· 182

〈그림 8-3〉 경쟁시장과 독점시장 비교: 규모의 불변경제 ······························· 188

〈그림 9-1〉 우리나라 LPG시장의 구조 ··· 215

〈그림 9-2〉 우리나라 두루마리 화장지 가격의 추이:

1995년 5월~1998년 2월 ··· 219

〈그림 9-3〉 인텔 3사의 실제 가격과 AMD의 경쟁 가격:

2002년 4분기~2005년 2분기 ·· 228

〈그림 9-4〉 중첩원의 합집합 접근법 ··· 234

효율성

법경제학의 영문 표기는 Law and Economics이다. 법경제학은 법을 경제학적 시각에서 분석하는 학문이다. 구체적으로 법경제학에서는 미시경제학 이론을 적용하여서 다양한 법적 원칙과 제도를 분석한다. 법경제학이 코우스(Coase)와 카라브레시(Calabressi)로부터 시작되었다고 알려져 있지만[1] 법학자들이 법경제학에 관심을 가지게 된 것은 포스너(Posner) 때문이라는 데 이견이 없다.

포스너는 법을 경제학적 시각에서 분석하여야 하는 이론적 근거를 제시하였다. 포스너가 제시한 명제는 둘이다. 첫째, 법은 효율적이다. 둘째, 법은 효율적이어야 한다. 전자가 실증적 명제라면 후자는 규범적 명제이다. 특히, 두 번째 명제는 법적 원칙과 제도를 평가하는 데 있어서 효율성이 기준이 되어야 한다는 의미를 내포한다.[2][3] 효율성이 주로 경제학에서 사용되는 개념이라는

---

1) 코우스와 카라브레시의 이론에 대하여서는 제2장에서 설명하였다.

2) 교통사고를 근절하여야 하는가? 공해는 절대로 배출하면 안 되는가? 계약을 언제나 이행하여야 하는가? 경우에 따라서 교통사고나 공해를 허용하고 계약을 파기할 수 있다. 교통사고나 공해의 사회적 편익(benefit)이 비용보다 크면 이를 허용할 수 있다. 계약 이행의 편익보다 비용이 크면 계약을 파기하여야 한다. 이러한 생각이 법적 원칙과 제도를 효율성의 잣대로 평가하는 것이다.

3) 효율성이 규범적 기준이 될 수 있음을 보여주는 대표적인 예가 반독점법(anti-trust law)이다. 독점 시장은 경쟁 시장에 비하여 생산량이 적고 가격은 높다. 독점으로 인하여 소비자잉여(consumer's surplus)가 감소하지만 기업의 이윤은 증가한다. 이는 일종의 영합 게임(zero-sum game)으로서 소비자로부터 기업으로의 소득 이전이다. 대다수 국가가 반독점법을 제정하여 독점을 규제하는 이유는 그것이 비효율적일 수 있기 때문이다. 독점으로 인한

사실을 감안하면 포스너의 두 번째 명제는 법경제학의 이론적 근거가 된다.

전통적으로 법학자들은 효율성이 아닌 정의를 중시한다. 효율성이 법을 평가하는 기준이 되어야 한다는 포스너의 주장은 법학자들이 동의하기 어려운 것이다. 법학자들은 "효율성이 법을 평가하는 기준이 될 수 있는가?"라는 의문을 제기한다.4) 이러한 의문은 "효율성이란 무엇인가?"라는 질문으로 연결된다. 효율성을 정의하여야 그것이 법을 평가하는 기준이 될 수 있는지를 판단할 수 있기 때문이다.

이 책에서 효율성은 세 가지 방식으로 정의된다. 그것은 파레토(Pareto), 칼도·힉스(Kaldo-Hicks), 포스너가 정의한 효율성이다. 파레토와 칼도·힉스는 주관적 효용(utility)의 측면에서 효율성을 정의하였고, 포스너는 지불의사금액(willingness to pay)5)으로 측정된 선호(preference), 즉 부(wealth)를 극대화하는 것이 효율성이라고 하였다. 효율성을 효용 극대화로 정의한 파레토와 칼도·힉스의 접근 방법은 공리주의(utilitarianism)를 바탕으로 한다는 측면에서 비판을 받았다. 공리주의가 규범적 이론으로서 적절하지 않다는 주장이 제기되었다.6)

소비자잉여의 감소가 기업 이윤의 증가보다 크면 사회 전체의 후생(welfare)이 감소한다. 독점으로 인하여 사회 전체의 후생이 증가한다면 그것을 처벌할 이유가 없다. 비효율적인 독점을 처벌하는 것은 효율성이 규범적 기준이 됨을 의미한다.

4) 효율성과 형평성은 상충한다고 인식되어 왔다. 효율성과 형평성은 상충하는가? 재분배(redistribution)에 따른 비용이 크지 않으면 효율성과 형평성은 상충하지 않는다. 효율성을 달성한 후 재분배를 통하여 형평성을 제고하면 되기 때문이다. 이렇게 되면 우리가 법적 원칙이나 제도를 평가할 때 효율성이라는 잣대를 사용하는 것으로 충분하다.

5) 자신이 갖지 않은 것을 얻기 위하여 지불하고자 하는 최대 금액.

6) 규범적 이론으로서의 공리주의에 대한 비판을 요약하면 다음과 같다. 첫째, 누구의 효용을 고려하여야 하는가? 둘째, 사회 전체의 후생이 증가한다고 하여서 모든 사람들의 효용이 커지는 것은 아니다. 셋째, 사회 전체의 후생이 증가하여도 형평성이 악화될 수 있다. 넷째, 누군가가 이득을 얻고 다른 누군가는 손실을 입는 경우 이득과 손실의 크기를 비교할 수 있는가? 다섯째, 사회 전체의 후생이 증가한다고 하여서 누군가가 손실을 입는 것이 정당한가?

파레토 효율성과 칼도 · 힉스 효율성

파레토는 효율성과 관련된 두 개의 개념을 제시하였다. 하나는 최적(optimal)이고 다른 하나는 개선(improvement)이다. 효율성에 관한 파레토의 명제를 요약하면 아래와 같다. 한 사람이라도 효용이 감소하면 개선이 아니라는 파레토의 생각은 현실에 적용하기 어렵다. 한 사회가 상태 E에서 E'으로 이동하면 대체로 사회구성원들 중 일부는 효용이 증가하지만 다른 일부는 효용이 감소한다.

- 개선의 여지가 없는 상태가 최적이다.
- 다른 사람의 효용은 감소하지 않고 최소한 한 사람의 효용이 증가하는 것이 개선이다.[7]
- 최소한 한 사람의 효용이 감소하지 않고서는 어느 사람의 효용도 증가할 수 없는 상태가 최적이다.
- 최적인 두 상태는 어느 것이 우월한지를 비교할 수 없다.
- 최적 상태가 모든 비최적 상태보다 우월하지는 않다.

칼도와 힉스는 파레토 효율성을 수정하여 현실에 적용하는 것이 가능한 효율성의 개념을 제시하였다. 한 사회가 상태 E에서 E'으로 이동함에 따라 A의 효용이 증가하고 B의 효용은 감소한 경우 A의 증가한 효용이 B의 감소한 효용보다 커서 B를 보상(compensation)하고도 남는다면 이는 개선이라는 것이 칼도와 힉스의 생각이다. 칼도 · 힉스 효율성을 판단하는 데 있어서 효용이 증가한 사람이 실제로 감소한 사람에게 보상하는지는 문제가 되지 않는다. 이러한 의미에서 칼도 · 힉스 효율성을 잠재적인 파레토 개선이라고 한다.

칼도 · 힉스 효율성은 다음과 같은 문제점을 갖는다. 첫째, 칼도 · 힉스 효율성을 판단하기 위하여서는 개인의 효용을 비교하여야 하는데 이는 효용의 크

---

7) 파레토는 효용의 크기를 숫자로 표시할 수 없고 선호의 순위(rank)만을 나타낼 수 있다고 주장하였다. 이를 서수적(ordinal) 효용 이론이라고 한다. 파레토의 주장이 옳다면 한 사회를 구성하는 100명 중에서 99명의 효용이 증가하더라도 1명의 효용이 감소하면 이는 개선이 아니다. 99명의 증가한 효용이 1명의 감소한 효용보다 높은지 알 수 없기 때문이다.

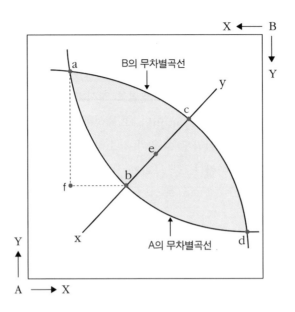

〈그림 1-1〉 파레토와 칼도·힉스 효율성: 에지워드 상자

기가 계량화되어야 가능하다. 개인의 효용이 기수적(cardinal) 특성을 갖는다는 가정은 효용함수에 강한 제약을 가(加)하는 것이다. 둘째, 칼도·힉스 효율성은 스키토프스키 역설(Scitovsky paradox)을 유발할 수 있다.[8]

이상의 내용을 에지워드 상자(Edgeworth box)와 효용가능경계(utility possibility frontier)를 사용하여 설명하자.

〈그림 1-1〉의 에지워드 상자 내 모든 점은 실현이 가능한 자원 배분이다. A 소유의 재화가 증가하면 B 소유의 재화는 감소한다. A의 효용은 무차별곡선(indifference curve)이 동북쪽에 위치할수록, B의 효용은 서남쪽에 위치할수록 더 크다. A와 B가 재화를 교환하면 각자의 효용을 증가시킬 수 있다. 즉, 초기에 주어진 자원을 적절하게 분배하면 A와 B의 효용이 증가한다. 〈그림 1-1〉의 a를 초기 상태로 가정하면 파레토 개선, 칼도·힉스 효율성, 파레토 최적은 다음과 같이 정의된다.

---

8) 스키토프스키 역설에 대하여서는 부록 1을 참조.

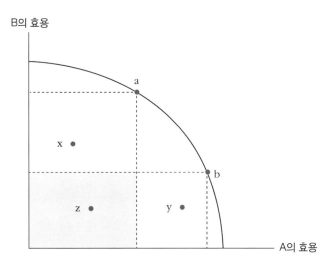

〈그림 1-2〉 파레토와 칼도 · 힉스 효율성: 효용가능경계

- a에서 b로의 이동은 파레토 개선이다. A의 효용은 변하지 않지만 B의 효용이 증가하기 때문이다.
- a에서 c로의 이동은 파레토 개선이다. B의 효용은 변하지 않지만 A의 효용이 증가하기 때문이다.
- a에서 e로의 이동은 파레토 개선이다. A와 B의 효용이 증가하기 때문이다.
- a에서 회색 부분으로의 이동은 파레토 개선이다.
- a에서 f로의 이동은 칼도 · 힉스 효율적이다. B가 A에게 X를 주면 b로 이동할 수 있기 때문이다.
- A와 B의 무차별곡선이 접(接)하는 자원 배분은 파레토 최적이다.[9]

〈그림 1-1〉의 계약곡선(xy)을 A와 B의 효용 평면에 나타낸 것이 효용가능경계이다. 〈그림 1-2〉의 x축은 A의 효용을, y축은 B의 효용을 나타낸다. 효용가능경계 위의 점은 계약곡선상의 점과 대응한다. 효용가능경계를 통하여 파레토 효율성을 정의하면 다음과 같다.

---

9) 파레토 최적인 자원 배분을 연결한 선을 계약곡선(offer curve)이라고 한다.

- a는 c보다 우월하지만 d보다 우월하다고 할 수 없다.
- b는 d보다 우월하지만 c보다 우월하다고 할 수 없다.
- a와 b는 우열을 판단할 수 없다.
- a와 b는 e보다 우월하다.

부록 1. 스키토프스키 역설

두 사람 A와 B가 재화 X와 Y를 소유한 경우를 가정하자. 상태 E와 E'에서 A와 B가 소유한 X, Y의 양과 두 사람의 선호체계는 아래와 같다. A와 B는 X와 Y를 각각 1단위 소유하는 것을 가장 선호한다. 상태 E와 E' 중에서 무엇이 우월한가?

[표 1-1] 스키토프스키 역설

	E		E'	
	A	B	A	B
X재	2	0	1	0
Y재	0	1	0	2

	A			B		
	1순위	2순위	3순위	1순위	2순위	3순위
X재	1	2	1	1	0	0
Y재	1	0	0	1	2	1

E에서 E'으로 변한 경우를 가정하자. E'에서 B가 A에게 Y를 1단위 주면 A는 X와 Y를 각각 1단위 소유하게 되므로 효용이 증가한다. B는 Y만 1단위를 소유하므로 효용이 변하지 않는다. E에서 E'으로의 변화는 칼도·힉스 효율적이다. 다음으로 E'에서 E로 변한 경우를 가정하자. E에서 A가 B에게 X를 1단위 주면 B는 X와 Y를 각각 1단위 소유하게 되므로 효용이 증가하고 A는 X를 1단위 소유하므로 효용이 변하지 않는다. E'에서 E로의 변화도 칼도·힉스 효율적이다.

결과적으로 E가 E'보다 우월한 동시에 E'은 E에 비하여 우월하다. 이렇게 되면 무엇이 우월한지를 판단할 수 없다. 이를 스키토프스키 역설이라고 한다. 스키토프스키 역설은 칼도·힉스 효율성의 단점이다.

제2절 포스너 효율성

포스너에게 있어서 최적, 즉 개선의 여지가 없는 상태는 부가 극대화된 것이다. 여기에서 부는 재산이나 소득을 의미하지 않는다. 경제학자들은 효용, 편익, 후생 등을 부로 표현하는데 이는 철학자나 심리학자가 생각하는 효용과 다른 개념이다. 철학자나 심리학자가 생각하는 효용은 심리적인 상태로서 주관적인 효용이다. 주관적인 효용을 다른 말로 행복(happiness)이라고 한다.

경제학적 의미에서의 효용이란 무엇인가? 효용은 지불의사금액으로 측정된 선호이다. 사람들은 자신이 얻는 효용 이상의 금액을 지불하지 않으므로 지불의사금액은 특정한 개화를 선호하는 정도를 나타낸다. 예를 들어, A가 커피 한 잔의 가격으로 5,000원을 지불한다면 A가 커피로부터 얻는 효용은 5,000원 이상이다. 효용이 5,000원 미만이면 A는 5,000원을 지불하고 커피를 마시지 않는다. 지불의사금액은 화폐 단위로 측정되므로 이렇게 효용을 정의하면 개인의 효용의 크기를 측정하고 비교할 수 있다.

지불의사금액으로 측정된 선호가 효용이라는 것이 어떠한 의미를 갖는지를 구체적인 사례를 통하여 생각하여 보자. A와 B가 야구 경기를 관람하려고 한다. 경기 관람으로 A가 얻는 효용은 10점 척도로 측정할 때 8점, B의 효용은 4점이다. A의 효용이 B의 효용의 두 배라고 할 수 있는가? 그렇다고 할 수 없다. 두 사람의 주관적인 효용을 비교할 수 없기 때문이다. A의 효용이 8점이라는 것은 야구 경기 관람이 자신의 선호체계에서 높은 순위에 있음을 의미할 뿐이다.

이 사례에 지불의사금액을 도입해 보자. 야구장 입장권에 대한 경매에서 A가 8만 원을 B는 40만 원을 제시하였다면 A의 지불의사금액은 8만 원,

B의 지불의사금액은 40만 원이다. 우리가 부의 극대화를 추구한다면 B가 야구장 입장권을 구입하여 경기를 관람하는 것이 효율적이다.

부록 2. 포스너 효율성과 후생경제학의 제1정리

포스너가 부의 극대화를 효율성으로 정의하였으나 이는 새로운 개념이 아니다. 위대한 경제학자들 중 한 사람인 마셜(Marshall)은 한 사회의 목표는 사회 전체의 후생을 극대화하는 것이라고 하였다. 여기에서 후생은 포스너가 제시한 부와 동일한 개념이다. 사회 전체의 후생은 언제 극대화되는가? 후생경제학의 제1정리(the first theorem of welfare economics)에 의하면 시장을 통한 자원 배분은 효율적이므로 거래(transaction)를 통하여 사회적 후생이 극대화된다.

시장을 통한 자원 배분이 효율적인 이유는 합리적인 사람들이 완전한 정보를 갖고 자발적으로 거래하면 소비자잉여와 생산자잉여(producer's surplus)의 합이 최대가 되기 때문이다. 소비자잉여와 생산자잉여의 합이 최대가 된 상태는 포스너의 표현을 빌리면 부가 극대화된 것이고, 마셜의 용어를 사용하면 후생이 극대화된 것이다. 합리적인 사람들이 완전한 정보를 갖고 자발적으로 거래하면 왜 사회적 부가 극대화되는가? 거래를 통하여 재화는 그것으로부터 가장 높은 효용을 얻는 사람에게 이전된다. 특정한 재화로부터 가장 높은 효용을 얻는 사람이 그것을 소비하는 것은 효율적이다.

다음과 같은 사례를 가정하자. A가 1,000만 원을 보유하고 있다. A는 최대 1,000만 원을 지불하고 자동차를 구입하려고 한다.[10] B는 자동차를 소유하고 있다. B는 500만 원을 받으면 자동차를 팔려고 한다.[11] 만약, 자동차가 750만 원에 거래된다면 A와 B의 효용은 얼마인가? A의 효용은 1,000만 원에서 1,250 $(1,000-750+1,000)$만 원으로, B의 효용은 500만 원에서 750만 원으로 증가한다. 거래를 통하여 두 사람의 효용의 합은 1,500만 원에서 2,000만 원으로 증가한다. 결과적으로 사회적 부가 500만 원 증가한다. 이 사례에서 사회적 부가 증가한 이유는 자동차로부터 가장 높은 효용을 얻는 사람(A)이 자동차를 소유하게 되었기 때문이다. A와 B가 자동차로부터 얻는 효용의 차이만큼 사회적 부가 증가한다.

---

10) A가 자동차로부터 얻는 효용이 1,000만 원임을 알 수 있다.
11) B가 자동차로부터 얻는 효용이 500만 원임을 알 수 있다.

제**2**장

소유권

소유권(property right)은 여러 권리의 묶음이다. 소유권에는 물건을 사용하는 권리(금전적 이득을 얻는 권리), 다른 사람이 자신의 물건을 사용하는 것을 막는 권리, 물건을 처분하는 권리(판매하는 권리) 등이 포함된다.[1] 소유권을 설정하고 보호하는 것은 시장경제에서 생산과 소비를 가능하게 하는 바탕이 된다.

법은 소유권을 절대적으로 보호하지는 않는다. *A*의 소유권을 무한정 보호하는 동시에 *B*의 소유권을 절대적으로 보호할 수 없다. *A*의 소유권은 *B*의 소유권과 충돌하지 않는 범위 내에서 보호된다. 타인의 소유권은 자신의 소유권에 대한 제약이다. 경제학에서는 소유권이 충돌하는 상황을 외부성(externality)이라고 한다. 예를 들어, 농부가 뿌린 농약으로 인접한 토지가 오염되면 농부가 외부성을 유발한 것이 된다. 또한 목동이 키우는 양이 농부의 토지를 침범하면 이것 역시 외부성에 해당한다.

외부성이 발생하는 이유는 소유권이 명확하게 설정되어 있지 않기 때문이다. 소유권이 명확하지 않으면 비효율성이 발생한다. 소유권을 넘긴 사람이 합법적인 소유권자가 아닌 경우 소유권을 취득한 사람은 법의 보호를 받지 못할 수 있다. 소유권이 제대로 설정되지 않으면 불확실성으로 인하여 거래가 위축되고 생산의 유인(誘因)이 저하된다.[2]

---

1) 이를 경제적 권리(economic right)라고 한다. 경제적 권리와 대비되는 개념인 법적 권리(legal right)는 제1절에서 설명하였다.

2) 소유권의 부재(不在)로 과잉 소비가 유발되기도 한다. 대표적인 예가 공유자원(common resources)이다.

소유권을 설정하는 것만큼 중요한 것이 소유권 보호이다. 소유권이 나타나기 시작한 초기에는 개인의 물리력에 의해 소유권이 보호되었다.[3] 현대사회에서는 정부가 소유권을 보호한다.[4] 정부가 합법적인 물리력을 보유하기 때문이다. 정부가 물리력을 독점하면 이를 남용(濫用)할 위험이 있다. 정부가 물리력을 남용하는 것을 방지하기 위하여 헌법을 제정하고 선거를 통하여 정부를 교체한다.

제2장은 다음과 같이 구성되었다. 제1절은 소유권에 대한 개관으로서 주된 내용은 소유권의 발생, 설정, 충돌이다. 소유권에 대한 법경제학적 분석의 이론적인 기초는 코우스 정리(Coase theorem)와 카라브레시가 제시한 네 개의 규칙(Rule 4)이다. 코우스 정리는 제2절에서, 네 개의 규칙은 제3절에서 다루었다. 소유권과 관련된 기타 문제는 제4절에서 논의하였다.

제1절　개　관

개념적으로 권리는 경제적 권리와 법적 권리로 구분된다.[5] 법적 권리는 정부가 인정하고 보호하는 경제적 권리이다. 법적 권리는 자생적(自生的)인 것이 아니라 제도의 산물이다. 법적 권리는 어떻게 만들어지는가? 법적 권리가 존재함에도 불구하고 권리의 충돌, 즉 분쟁이 발생하는 이유는 무엇인가?

개인 간 교환이 없는 자급자족 상태를 가정하자.[6] 이러한 상태에서도 개인은 자신이 만든 물건에 대한 경제적 권리를 갖는다. 시간이 지남에 따라 사람들은 타인의 행동을 관찰하고, 자신이 잘 하는 일과 다른 사람이 잘 하는 일이

---

3) 정부가 존재하지 않는 경우, 즉 무정부 상태에서는 사적 강제(private enforcement)를 통하여 소유권이 보호되었다. 강한 사람이 권리를 갖는다는 점에서 사적 강제는 "힘이 권리"라는 결과를 초래하였다.

4) 이를 공적 강제(public enforcement)라고 한다.

5) 이하에서는 소유권 대신 권리라는 용어를 사용하였다. 경제적 권리는 경제적 소유권을, 법적 권리는 법적 소유권을 의미한다.

6) 자급자족 상태는 홉스(Hobbes)가 가정한 자연 상태와 유사하다.

다르다는 사실을 인식한다. 이에 따라 자급자족 경제는 개인이 잘 하는 일에 특화(specialization)하여서 분업한 후 교환하는 경제로 이행한다.

분업과 교환이 생산 측면에서만 이루어지는 것은 아니다. 사회적 기능의 측면에서도 분업이 이루어진다. 법적 권리의 발생과 관련된 분업은 경제적 권리를 생산하는 기능과 보호하는 기능 사이에서 이루어진다.[7] 모든 사람들이 경제적 권리를 생산하고 보호하는 기능을 수행하는 것보다 일부는 생산에 다른 일부는 보호에 특화하는 것이 효율적이다.

경제적 권리의 생산과 보호가 분업화되기 위하여서는 보호 대상이 되는 경제적 권리의 양(量)과 보호 수준이 정해져야 한다. 이는 시장에서 수요자와 공급자가 재화의 가격과 생산량을 결정하는 것과 유사하다. 경제적 권리의 보호 수준이 결정되는 과정에서 법적 권리가 만들어진다. 경제적 권리의 생산과 보호가 분업화되면 사적 강제에 의한 권리 보호는 법적 권리로 대체된다. 경제적 권리를 생산하고 보호하는 기능이 분업화되면 권리 보호와 관련된 거래가 발생하고 거래 과정에서 법적 권리가 만들어진다는 추론이 가능하다.

권리 보호에 비교우위(comparative advantage)가 있는 개인이나 집단이 경제적 권리를 보호하면 그 가치가 증가한다. 권리를 부당하게 잃을 위험이 감소하기 때문이다. 물론, 권리를 보호받기 위하여서는 대가를 지불하여야 하므로 모든 경제적 권리가 완전하게 보호되지는 않는다. 경우에 따라서는 법적 권리를 설정하지 않는 것이 유리할 수 있다. 이에 따라 경제적 권리와 법적 권리는 일치하지 않게 된다.

우리가 간과하면 안 되는 사실은 법적 권리를 설정하는 행위의 바탕에 경제적 유인이 있다는 것이다.[8] 법적 권리를 설정하는 데 있어서 경제적 유인이

---

7) 경제적 권리를 생산하는 기능은 재화를 만드는 것, 경제적 권리를 보호하는 기능은 만들어진 재화를 지키는 것으로 해석된다.

8) 특정한 재화에 대한 법적 권리가 있거나 없는 상태만을 가정하는 것은 옳지 않다. 법적 권리는 1 또는 0의 값만 가지는 이산적(discrete) 변수가 아니라 1과 0 사이의 값을 갖는 연속적인 변수이다. 만약, 토지에 대한 A의 경제적 권리가 완전하게 보호된다면 법적 권리는 1이 된다. A의 경제적 권리에 대한 보호 수준이 90%이면 법적 권리는 0.9이다. 법적 권리가 이산적 변수이면 결과적으로 경제적 권리가 부정된다. 왜 그러한가? A가 황무지를 개간하여서 토지를 소유하게 된 경우를 가정하자. A가 토지에 대한 법적 권리를 갖고 있다면 경제적 권리가 완전하게 보호된다. 이 경우에는 법적 권리가 곧 경제적 권리이다. 반면, 법적 권리가 없다면 경제적 권리가 보호되지 않으므로 경제적 권리가 없는 것과 같다. 어느 경우이든 법

작용한다는 가설을 확장하여서 뎀제츠(Demsetz)는 다음과 같이 주장하였다.

- 경제적 상황이 변하여서 특정한 경제적 권리의 가치가 증가하면 법적 권리가 확대된다. 예를 들어, 공유자원의 가치가 증가하면 그것에 대하여 법적 권리를 설정할 유인이 커진다. 어느 물건이 공유자원으로 남겨져 있는 이유는 법적 권리를 설정할 실익이 없기 때문이다.

특정한 재화의 가격이 오른다고 하여서 법적 권리를 설정할 유인이 커진다고 단정할 수 없다. 공유자원의 가치가 상승하면 사유화(privatization)의 유인이 증가하지만 다른 사람이 자신의 권리를 침해할 위험도 증가한다. 양을 키우는 목동(A)을 가정하자. 양의 가치는 100원이다. A는 도난을 방지하기 위하여 20원을 쓴다. 도둑(B)은 5원의 비용을 들여서 10원 가치의 양을 훔친다. A와 B의 효용은 각각 $70(100-20-10)$원과 $5(10-5)$원이다. 이 상황에서 양의 가격이 두 배가 되면 양의 가치는 200원이지만 A의 효용이 170 $(200-20-10)$원이 된다는 보장은 없다. 양의 가치는 B에게도 두 배가 되므로 더 많은 양을 훔칠 수 있다. 극단적으로 모든 양들을 도난당하면 A의 효용은 부($-$)가 된다.

특정한 재화에 대한 법적 권리를 갖고 있는 사람은 거래를 통하여 그것을 다른 사람에게 양도할 수 있다. 거래는 계약을 통하여 이루어지므로 이론적으로 개인의 권리가 충돌할 여지는 없다. 그렇다면 현실에서 분쟁이 발생하는 이유는 무엇인가? 권리 설정이 불완전한 경우 계약 체결 당시의 상황이 계약 이행 전에 변하면 분쟁이 발생할 수 있다.[9] 분쟁이 발생하면 당사자는 소송, 중재, 합의 중에서 하나를 선택한다. 분쟁당사자가 중시하는 것은 소송 결과와 비용이다. 소송이 중재나 합의에 비하여 유리하다고 생각되면 분쟁당사자는 소송을 선택한다. 분쟁이 소송으로 이어지면 법원이 개입하므로 법적 권리가 만들어진다. 분쟁이 중재나 합의를 통하여 해결되는 경우에도 법원은 간접적

적 권리만 인정될 뿐 경제적 권리는 무의미하다. 경제적 권리가 의미가 없으면 결과적으로 모든 권리는 정부에 의하여 만들어진다. 이는 경제적 유인이 아니라 정부에 의하여 법적 권리가 만들어진다는 주장으로 연결된다.

9) 이에 대하여서는 제5장에서 서술하였다.

으로 법적 권리를 만든다. 중재나 합의는 판례(判例)를 바탕으로 이루어지기 때문이다.

부록 3. 선점자 취득 원칙과 연고권자 취득 원칙

주택이나 토지와 같이 명확한 경계가 있고 고정되어 있는 재화의 소유권을 설정하는 것은 쉽다. 그러나 경계가 모호하거나 움직이는 재화가 누구의 것인지를 결정하는 것은 어렵다. 예를 들어, 전기, 전파, 석유, 가스, 야생동물, 어류의 소유권을 설정하는 것은 쉽지 않다. 이것들에 대한 소유권을 설정하는 원칙은 두 가지이다.

- 선점자 취득 원칙: 석유나 가스는 누군가가 땅이나 바다에서 추출하기 전까지 소유권자가 없다. 그것을 추출한 사람이 소유권자가 된다.
- 연고권자 취득 원칙: 석유나 가스가 매장된 토지나 바다를 소유한 사람이 그것을 갖는다.

선점자 취득 원칙의 장점은 단순하여 적용이 쉽다는 것이나 비효율성을 유발하는 단점이 있다. 물건을 먼저 취득한 사람이 소유권자가 되므로 먼저 차지하기 위한 경쟁이 유발된다. 사회적으로 비효율적인 개발이 사적으로 이득이 되므로 과잉 개발이 이루어진다. 비용이 많이 들더라도 희소한 자원을 먼저 취득하여 다른 사람에게 높은 가격에 판매할 유인이 있다.

연고권자 취득 원칙하에서는 물건을 선취(先取)하여도 소유권을 얻지 못하므로 비효율적인 개발이 방지된다. 희소한 자원이 고갈되는 것을 막을 수 있다. 산을 소유한 사람이 그곳에 서식하는 야생동물에 대한 소유권을 가지므로 다른 사람이 야생동물을 선취할 이유가 없다. 산을 소유한 사람도 야생동물이 자신의 것이기 때문에 빨리 포획할 유인이 없다. 바다의 경우도 마찬가지이다. 바다의 일부를 소유한 사람은 거기에 속한 자원도 소유하므로 남획(濫獲)할 이유가 없다. 다른 사람도 주인이 있는 자원을 얻기 위하여 애쓰지 않는다.[10]

---

10) 연고권자 취득 원칙이 적용된 예로서 다음과 같은 것들을 들 수 있다. 송아지는 암소 주인에게 귀속된다. 특정 상표를 사용하는 기업은 인터넷 도메인(domain)에 대한 권리를 갖는다. 저작권자는 자신의 저작물을 요약·편집한 매체에 대한 권리를 갖는다. 집 주인은 세입자가 건물

선점자 취득 원칙하에서는 소유권이 분리되지만 연고권자 취득 원칙하에서는 소유권이 분리되지 않으므로 과잉 개발이 방지된다. 선점자 취득 원칙하에서는 타인 소유의 산에서 벤 나무가 자신의 것이 되므로 산을 소유한 사람과 나무의 주인이 다르다. 연고권자 취득 원칙하에서는 산을 소유한 사람이 나무를 가지므로 양자가 일치한다. 다만, 연고권자 취득 원칙을 적용하기 위하여서는 소유권자, 소유권의 범위와 내용을 정하여야 하므로 행정 비용이 많이 든다.

부록 4. 선의(善意)의 제3자 보호와 유실물 조항(estray statute)

〈선의의 제3자 보호〉

B가 A의 물건을 훔쳐서 선의의 제3자인 C에게 판매하면 소유권자는 A인가? C인가?[11] 이에 대하여서는 상반된 두 개의 법적 원칙이 존재한다.

미국식 규칙(American Rule)하에서는 A가 소유권을 갖는다. B가 불법적으로 물건을 취득하였기 때문에 B와 C의 거래는 성립하지 않는다. 거래가 성립하지 않으므로 C로 소유권이 이전되지 않는다는 것이 미국식 규칙이다. 유럽식 규칙(European Rule)하에서는 B와 C의 거래가 인정되고 C가 소유권을 갖는다. 유럽식 규칙의 논거는 B가 물건을 훔쳤지만 C가 이 사실을 몰랐으므로 B와 C의 거래를 인정하여야 한다는 것이다. 선의의 제3자를 보호하는 것이 유럽식 규칙이다.

문제는 누가 위험을 부담하는가이다. 미국식 규칙을 적용하면 C가 위험을 부담한다. 자신이 산 물건이 장물(贓物)이면 소유권을 잃기 때문이다. 유럽식 규칙하에서는 장물을 구입하더라도 소유권이 인정되므로 A가 위험을 부담한다. 미국식 규칙하에서 C는 B가 이 물건을 합법적으로 취득하였는지를 살피게 된다. 유럽식 규칙을 적용하면 A는 물건을 도난당하지 않기 위하여 주의한다.

무엇이 우월한가? 하나의 평가 기준은 최소비용회피자(the least-cost avoider) 책임 부담의 법리(法理)이다.[12] 이 사례에서 위험을 제거하는 방법은 두 가지이다. 하나는 A가 물건을 도난당하지 않는 것이고 다른 하나는 C가 장물 여부를 확인하는 것이다. A가 물건을 도난당하지 않는 것이 C가 장물 여부를 확인하는

에 고정시킨 정착물을 소유한다. 직무 수행 중에 직원이 발견한 사업 기회는 회사의 것이다.

11) 선의는 B가 물건을 훔쳤다는 사실을 C가 모른다는 뜻이다.

12) 최소비용회피자 책임 부담 원칙에 대하여서는 제4장에서 설명하였다.

것보다 비용이 적게 든다면 A가 최소비용회피자이므로 위험을 부담하는 것이 효율적이다. 이 경우에는 유럽식 규칙이 우월하다. 반면, 장물 여부를 확인하는 것이 상대적으로 비용이 적게 든다면 미국식 규칙이 우월하다.

〈유실물조항〉

　소유권 보호와 관련된 또 다른 법적 원칙으로서 유실물 조항이 있다. 다음과 같은 사례를 가정하자. A가 길을 가다가 다이아몬드를 습득하였다. 다이아몬드는 누군가가 잃어버린 것이다. A가 다이아몬드를 경찰서에 신고한 후 일정한 기간이 지나도 주인이 찾아가지 않으면 A가 소유권자가 된다. 이를 유실물 조항이라고 한다. 유실물 조항이 적용되면 다이아몬드의 주인은 소유권을 무한정 주장할 수 없다.

　유실물 조항을 적용하면 물건을 습득한 사람과 훔친 사람을 구별할 수 있다. 유실물 조항이 있는 경우 물건을 습득한 사람이 신고하지 않으면 도둑으로 간주되므로 신고를 한다.[13] 또한 유실물 조항에 의하여 소유권이 명확하여지므로 거래가 활성화된다. 유실물이 습득되면 일정한 기간이 지난 후 주인과 습득자 중 한 사람이 그것을 소유하므로 불확실성이 사라진다. 끝으로 주인은 일정한 기간이 지나면 소유권을 상실하므로 잃은 물건을 찾기 위하여 노력한다.

제2절　코우스 정리

　전통적으로 경제학자들은 정부가 외부성을 제거하여야 한다고 생각하였다. 대표적인 예가 피구 조세(Pigouvian tax)이다. 피구에 의하면 정부는 외부성을 누가 유발하는지, 외부성으로 인한 사회적 비용이 얼마인지를 파악하여서 외부성을 유발하는 사람에게 사회적 비용에 해당하는 조세를 부과하여야 한다. 이렇게 되면 사람들은 외부성을 자신의 비용으로 인식하기 때문에[14] 함부로

---

13) 물건을 습득한 사람이 신고하지 않으면 도둑으로 몰릴 위험이, 신고하면 주인이 물건을 찾아갈 위험이 있다. 후자가 전자에 비하여 크면 물건을 습득한 사람이 신고하지 않을 수 있다.

14) 이를 외부성의 내부화(internalization)라고 한다.

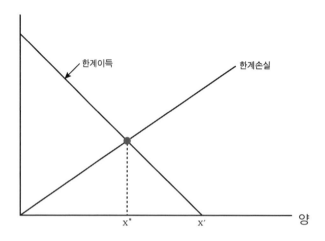

〈그림 2-1〉 코우스 정리: 농부 · 목동 사례

외부성을 유발하지 않는다.

코우스는 피구의 주장을 두 가지 측면에서 비판하였다. 첫째, 가해자와 피해자를 정의하는 것이 어렵다. 분쟁은 권리가 누구에게 있는지가 불분명할 때 발생한다. 권리자(權利者)가 명확하지 않으면 가해자와 피해자를 정의할 수 없다. 둘째, 피구 조세를 부과하면 결과적으로 정부가 시장에 개입한다. 정부가 시장에 개입하지 않고 외부성을 제거하는 것이 바람직하다.

외부성에 대한 코우스의 생각을 잘 보여주는 것이 농부 · 목동15) 사례이다. 제1장에서 다룬 사례를 다시 생각하여보자. 농부와 목동이 인접한 땅을 소유하고 있다. 농부는 농사를 짓고 목동은 양을 키운다. 문제는 양이 농부의 땅에 들어가서 농작물을 밟는다는 것이다. 양이 늘어나면 목동의 이득은 증가하지만 농부의 손실이 커진다. 〈그림 2-1〉은 양이 한 마리 늘어남에 따라 증가하는 목동의 이득과 농부의 손실을 나타낸다.

〈그림 2-1〉에서 사회적으로 최적인 양의 수는 x^*이다. x^*에서 목동의 한계이득과 농부의 한계손실이 일치한다. 양이 한 마리 늘어날 때 증가하는 이득

---

15) 영미 국가의 교과서를 보면 농부와 목동의 사례가 자주 나온다. 이는 영미 국가의 기독교적 전통 때문이다. 구약(old testament)에 의하면 아담과 이브의 두 아들인 카인과 아벨의 직업은 각각 농부와 목동이다. 중세시대 이후로 농부가 경작하는 토지와 목동 소유의 목장이 인접한 경우 많은 분쟁이 발생하였다. 이는 상린(相隣)관계의 대표적인 예이다.

과 손실이 일치하면 사회적 부(목동의 이득에서 농부의 손실을 뺀 것)가 극대화된
다. 그러나 목동은 농부의 손실을 자신의 손실로 인식하지 않으므로 양의 수를
x'까지 늘린다. 피구 조세를 부과하면 목동이 너무 많은 양을 키우는 것을 방
지할 수 있다. 목동에게 농부의 손실에 해당하는 조세를 부과하면 한계이득이
감소하므로 양의 수는 x'에서 x^*로 감소한다.

　코우스는 다른 해결 방법을 제시하였다. 조세를 부과하지 않아도 농부와
목동의 협상(거래)에 의하여 외부성이 제거된다. 농부는 목동이 양을 줄이면
대가를 지불할 용의가 있다. 목동은 농부가 대가를 지불하면 양을 줄인다. 일
방(一方)이 지불하고자 하는 금액이 상대방이 받으려는 금액보다 크면 거래가
가능하다. 이 사례에서 농부가 지불하고자 하는 금액이 목동이 받으려는 금액
보다 크면 거래를 통하여 양을 줄일 수 있다.

　농부가 지불하고자 하는 금액은 양 한 마리가 늘어남에 따라 증가하는 손
실(한계손실)이다. 목동이 받으려는 금액은 양 한 마리를 더 키움에 따라 늘어
나는 이득(한계이득)이다. 〈그림 2-1〉에서 양의 수가 x'일 때 한계손실이 한
계이득보다 크므로 거래를 통하여 양을 줄일 수 있다. 이러한 거래는 양의 수
가 x^*가 될 때까지 계속된다.

　이 사례에서 우리가 주목할 사실은 농부가 목동에게 대가를 지불한다는 것
이다. 농부가 손실을 입는 이유는 목동 옆에서 농사를 짓기 때문이다. 따라서
농부와 목동 중 일방을 피해자, 상대방을 가해자로 단정하기 어렵다. 코우스에
의하면 농부가 대가를 지불하든 목동이 대가를 지불하든 양의 수는 최적이 된
다. 코우스 정리는 아래와 같이 요약된다.

[표 2-1] 코우스 정리

- 권리가 잘 설정되어 있고 거래비용이 크지 않으면 권리가 누구에게 주어지
  든 자원은 효율적으로 배분된다.[16]

　권리가 누구에게 주어지느냐가 자원 배분의 효율성에 영향을 주지 않으나
형평성에는 영향을 미친다. 이 사례에서 농부가 목축을 금지하는 권리를 가지

---

16) "권리가 잘 설정되어 있고"는 권리가 누구의 것인지를 거래당사자가 안다는 뜻이다.

면 목동은 양을 키우기 위하여 농부에게 대가를 지불하여야 한다. 반면, 목동이 양을 키우는 권리를 가지면 농부는 목동에게 대가를 지불하여야 농작물을 보호할 수 있다.

대체로 분쟁당사자는 다수이므로 거래비용이 크다. 거래비용이 충분히 크면 코우스 정리가 성립하지 않는다.[17] 이 경우에는 권리가 누구에게 주어지느냐에 따라 자원 배분의 효율성이 영향을 받는다. 다음과 같은 경우를 가정하자. 특정한 재화로부터 얻는 A의 효용이 100원, B의 효용은 120원이다. 거래비용이 20원보다 작으면 A가 이 재화를 갖고 있더라도 B가 매입한다. 그러나 거래비용이 20원보다 크면 B가 이 재화를 매입할 수 없다. 이 경우에는 A가 재화를 소유하므로 비효율적이다.

부록 5. 거래비용[18]

경제학적 관점에서 거래라는 개념의 중요성을 처음으로 언급한 사람은 커먼스(Commons)이다. 그에 따르면 거래는 단순히 상품 교환을 의미하지 않는다. 거래는 개인 간에 소유권과 자유가 인수, 전유(專有)되는 것이다. 생산과 소비가 이루어지기 전에 거래가 존재한다. 1931년 *American Economic Review*에 실린 논문에서 커먼스는 거래의 의의를 다음과 같이 서술하였다.

- 고전적인 경제학의 분석 단위는 상품(commodity)이고 주된 관심사는 인간과 자연의 관계이다. 인간은 노동을 투입하여 생산하고 효용을 얻기 위하여 소비하기 때문이다. 그러나 분석의 단위는 거래가 되어야 한다. 생산과 소비가 이루어지기 전에 거래가 발생한다. 경제학의 관심사는 인간과 인간의 관계가 되어야 한다. 사회 또는 제도가 인간이 자연에 접근하는 것을 통제하기 때문이다.

거래비용 하면 떠오르는 사람이 코우스이다. 그는 경제적 활동 중에서 어떠한 업무가 기업 내부에서 수행되고 어떠한 업무가 계약을 통하여 기업 외부에서 수행되는지를 예측하는 데 이 개념을 사용하였다. 그에 따르면 기업과 시장의 범

---

17) 코우스는 "경제학에서 거래비용이 존재하지 않는다고 가정하는 것은 물리학에서 마찰이 없다고 가정하는 것과 같다."라고 하였다.
18) 위키피디아의 내용 중 일부를 번역함.

위는 거래비용에 의하여 결정된다. 1937년 *The Nature of the Firm*에서 코우스는 가격기제 사용의 비용(the costs of using the price mechanism)이라는 용어를 사용하였고, 1960년 *The Problem of Social Cost*에서는 시장거래의 비용(the costs of market transaction)이라는 개념을 제시하였다.

청(Cheung)은 거래비용 대신 제도비용(institutional cost)이라는 용어를 사용하였다. 그는 거래비용의 개념을 확장하여 자급자족 경제에서는 발생하지 않는 모든 비용을 제도비용으로 정의하였다. 그러나 대다수 학자들은 특정한 조직 내에서 발생하는 비용은 거래비용으로 간주하지 않는다. 조직 밖에서 발생하는 비용을 거래비용에 포함시키는 것이 일반적이다.

부록 6. 피구와 코우스: 농부·기차회사 사례

코우스에 의하면 외부성을 해결하는 효율적인 방법은 당사자 간 거래이다. 이를 위하여 정부는 권리가 누구에게 있는지를 명확하게 하여야 한다. 이러한 접근은 피구로 대표되는 전통적인 방식과 구별된다. 코우스 이전에는 외부성을 유발하는 일방에 제재를 가하여 외부성을 억제하였다. 아래 표는 코우스가 예로 든 농부와 기차회사 간에 발생한 외부성이다.[19]

[표 2-2] 농부·기차회사 사례

운행 기차 수	기차회사			농부 피해 (c)	사회적 부 $(a-b-c)$
	수입 (a)	비용 (b)	이윤 $(a-b)$		
1대	150원	50원	100원	60원	40원
2대	250원	100원	150원	120원	30원

이 사례에서 사회적으로 최적인 결과는 한 대의 기차를 운행하는 것이다. 그러나 기차를 운행하는 권리가 기차회사에 있으면 농부의 피해를 비용으로 인식하지 않으므로 기차회사는 두 대를 운행한다. 피구는 농부의 피해에 해당하는 세

---

19) 산업화 초기에 철로 주변에서 농사를 짓던 사람들은 불똥이 농작물에 튀어서 상당한 피해를 입었다.

금을 기차회사에 부과하면 기차 운행이 한 대로 감소한다고 하였다.

코우스는 세금을 부과하지 않아도 거래를 통하여 기차 운행을 한 대로 줄일 수 있다고 하였다. 기차 운행이 두 대에서 한 대로 줄 경우 농부의 피해는 60원 감소하지만 기차회사의 이윤은 50원 감소하기 때문이다. 농부가 50원 이상을 지불하면 기차회사는 기차 운행을 한 대로 줄인다.[20] 농부가 기차 운행을 금지하는 권리를 갖는 경우에도 동일한 결과가 나타난다. 기차 운행이 0에서 한 대로 증가하면 농부의 입장에서 60원의 피해가 발생하지만 기차회사는 100원의 이윤을 얻는다. 따라서 기차회사는 60원 이상을 농부에게 지불하고 한 대를 운행한다.[21]

제3절　카라브레시 이론

제2절에서는 권리를 설정하는 문제에 대하여 논의하였다. 권리를 설정하는 것만큼 보호하는 것도 중요하다. 권리가 주어지더라도 보호되지 않으면 유명무실하기 때문이다. 일방이 상대방의 권리를 침해한 경우 제재가 가해져야 권리가 보호된다.

카라브레시는 권리를 보호하는 방식으로서 두 개의 법적 원칙을 제시하였다. 하나는 소유물 원칙(property rule)이고 다른 하나는 책임 원칙(liability rule)이다.[22][23] 제2절에서 논의한 코우스 정리와 카라브레시가 제시한 권리 보호의

---

20) 기차 운행을 한 대에서 0으로 줄이는 거래는 불가능하다. 기차회사의 이윤이 100원 감소하지만 농부의 피해는 60원 감소하기 때문이다.

21) 기차회사는 두 대를 운행하지 않는다. 기차 운행을 한 대에서 두 대로 늘리면 이윤이 50원 증가하지만 농부에게 60원 이상을 지불하여야 하기 때문이다.

22) 소유권은 배타적인 권리이므로 소유권자의 동의가 없는 한 다른 사람이 소유권자의 물건을 사용할 수 없다. 동의는 거래를 의미하므로 소유권은 시장을 통하여 이전된다. 또한 책임 원칙에 의하여 소유권자는 다른 사람이 자신의 물건을 무단(無斷)으로 사용하여서 발생한 손해를 배상받는다. 이 경우 법원이 손해배상액을 결정하므로 소유권이 시장을 통하지 않고 이전된다. 소유물 원칙과 책임 원칙은 병존(竝存)할 수 있다. 대표적인 예가 신체이다. 모든 사람들은 자신의 몸에 대한 권리를 갖는다. 다른 사람이 상해를 입히는 것을 막을 수 있고, 상해를 입은 경우에는 손해를 배상받는다. 이행명령 또는 금지명령과 징벌적 손해배상(punitive damage)은 소유물 원칙이 적용된 예이다. 다른 사람이 자신의 권리를 침해하는 것을 실질적

방식을 결합하면 권리가 이전되는 구조가 만들어진다. 이를 네 개의 규칙이라고 한다. 이 절에서는 소유물 원칙과 책임 원칙에 대하여 설명한 후, 네 개의 규칙을 효율성과 형평성의 측면에서 분석하였다.

1. 소유물 원칙과 책임 원칙

다음과 같은 경우를 가정하자. A가 자신의 땅에 나무를 심으려고 한다. A가 나무를 심으면 B는 집에서 바다를 볼 수 없다.[24] 만약, A에게 나무를 심을 권리가 있다면 A의 권리는 두 가지 방식으로 보호된다. 첫째, 소유물 원칙에 의하여 권리가 보호된다면 A는 나무를 심거나 B로부터 적절한 대가를 받고 나무를 심지 않는다. 후자의 경우 B는 A가 원하는 대가를 지불하여야만 집에서 바다를 볼 수 있다. 소유물 원칙이 적용되면 A와 B의 거래가 가능하다. 둘째, 책임 원칙을 통하여 권리를 보호하는 경우 A는 나무를 심을 수 없지만 법원이 정한 손해배상액을 B로부터 받는다. 이 경우에는 A와 B가 거래하지 않는다.

소유물 원칙은 거래의 기초가 된다. 소유물 원칙하에서는 거래를 통하여 권리가 이전될 수 있기 때문이다. 물론, 거래가 성사되지 않으면 권리는 이전되지 않는다. 위 사례에서 A와 B의 거래가 이루어지면 B가 A에게 대가를 지불하고 A는 나무를 심지 않는다. 결과적으로 나무를 심는 권리가 B로 이전된다. 거래가 성사되지 않으면 A가 나무를 심으므로 권리는 이전되지 않는다.

소유물 원칙을 적용하면 거래를 통하여 분쟁이 해결된다. 거래가 이루어지는 이유는 쌍방(雙方)이 이득을 얻기 때문이므로 소유물 원칙을 통하여 권리를 보호하는 것은 효율적이다. 그렇다면 책임 원칙은 왜 필요한가? 책임 원칙을 적용하는 것이 효율적인 경우가 있는가? 거래가 이루어지려면 쌍방이 합의하여야 한다. 일방이 동의하지 않으면 거래가 이루어지지 않는다. 문제는 쌍방이 합의에 이르는 과정에서 많은 비용이 소요될 수 있다는 것이다. 권리를 가진

으로 막을 수 있기 때문이다. 반면, 단순한 손해배상의 경우에는 손해를 배상할 의사가 있는 다른 사람이 권리를 침해하는 것을 막을 수 없다.

23) 특정한 행위를 하도록 강제하는 것이 이행명령, 특정한 행위를 하지 않도록 강제하는 것은 금지명령이다.

24) A가 자신의 땅에 나무를 심는 것은 정당한 권리 행사이지만 B에게 외부성이 발생한다.

일방이 상대방에게 무리한 요구를 할 수 있다. *A*가 나무를 심지 않는 대가로 상당한 금액을 *B*에게 요구할 수 있다.

거래비용이 커서 거래가 성사되기 어렵다면 책임 원칙을 적용하는 것이 효율적이다. 책임 원칙하에서는 쌍방이 합의하지 않아도 법원이 분쟁을 해결하기 때문이다. 거래비용이 큰 경우에는 법원이 쌍방에 이득이 되는 거래를 성사시키는 것이 효율적이다. 물론, 책임 원칙을 적용하더라도 비용이 발생한다. 소송이 발생하므로 쌍방이 소송비를 부담한다. 법원이 정확하게 손해배상액을 측정하는 것도 어렵다. 손해배상액을 결정하는 과정에서 법원이 오류를 범(犯)할 수 있다. 오류도 비용이다. 이상의 논의를 요약하면 권리 보호와 관련하여서 아래와 같은 명제가 도출된다.

[표 2-3] 거래비용과 책임 원칙

• 거래비용이 작은 경우에는 소유물 원칙이, 거래비용이 큰 경우에는 책임 원칙이 효율적이다.

교통사고를 가정하자. 모든 사람은 교통사고를 당하지 않을 권리를 갖는다. 이 권리를 소유물 원칙을 통하여 보호하면 어떠한 일이 벌어지는가? 운전자는 잠재적인 교통사고 피해자의 동의를 얻지 않는 한 운전을 할 수 없다. 수많은 보행자와 협상하는 것은 불가능하다. 이 경우에는 책임 원칙을 적용하여야 한다. 교통사고에 책임 원칙이 적용되면 운전자는 보행자의 동의가 없어도 운전을 할 수 있다. 교통사고가 발생하면 운전자는 법원이 결정한 손해배상액을 보행자에게 지불한다.

다른 예를 들어보자. 토지 소유권자는 땅을 배타적으로 소유하고 토지를 사용하는 데 있어서 타인으로부터 방해받지 않을 권리를 갖는다. 토지를 배타적으로 소유할 권리가 침해되는 것을 무단침입(trespass), 토지를 사용하는 데 있어서 타인의 방해를 받는 것을 불법방해(nuisance)라고 한다. 무단침입의 예로서 무단점유(squatting), 경계 침해(boundary encroachment)를, 불법방해의 예로서 공해를 들 수 있다.

무단침입과 불법방해에 있어서 토지 소유권자의 권리를 보호하는 방식이

다르다. 무단침입의 피해자는 소유물 원칙으로 권리가 보호되는 반면, 불법방해의 경우에는 피해가 충분히 클 때[25] 가해자로부터 손해배상을 받는다. 무단침입에 소유물 원칙이, 불법방해에 책임 원칙이 적용되는 이유는 무엇인가? 거래비용으로 설명이 가능하다. 무단침입의 경우 대체로 가해자와 피해자가 소수(少數)이다. 분쟁당사자의 수가 적으면 거래비용이 작다. 따라서 무단침입에 책임 원칙을 적용할 필요가 없다. 일반적으로 불법방해의 피해자는 다수이다. 피해자가 다수이면 거래비용이 크므로 소유물 원칙을 적용할 수 없다. 이 경우에는 책임 원칙을 적용하는 것이 효율적이다.

2. 네 개의 규칙

카라브레시는 권리가 이전되는 구조를 분석하였다. 카라브레시에 의하면 권리의 이전 구조는 네 개의 규칙으로 구성된다. 권리는 피해자 또는 가해자에게 주어지고[26] 소유물 원칙 또는 책임 원칙을 통하여 보호되기 때문이다. 앞에서 논의한 농부·목동 사례에 카라브레시 이론을 적용하면 [표 2 − 4]와 같은 네 개의 규칙이 만들어진다. 네 개의 규칙 중에서 무엇을 적용하든 결과는 효율적이라는 것이 카라브레시 이론이다.

[표 2-4] 네 개의 규칙: 농부·목동 사례

		권리자	
		농부	목동
권리 보호	소유물 원칙	규칙 1	규칙 3
	책임 원칙	규칙 2	규칙 4

농부와 목동이 인접한 땅을 소유하고 있다. 농부와 목동의 재산은 각각 200원이다. 양으로 인하여 농부에게 120원의 손해가 발생한다. 100원의 비용으로

---

25) 포스너가 지적했듯이 사람은 누구나 자신의 권리를 행사하는 과정에서 다른 사람의 권리를 침해한다. 다른 사람의 권리를 침해한 정도가 심각한 경우에 불법방해가 성립한다.

26) 엄밀하게 말하면 분쟁 상황에서는 피해자와 가해자를 정의할 수 없다. 피해자라고 주장하는 일방과 가해자로 지목된 상대방이 존재한다.

펜스(fence)를 설치하면 농부에게 손해가 발생하지 않는다. 농부와 목동의 재산의 합(사회적 부)은 펜스를 설치하지 않으면 280(200−120+200)원, 펜스를 설치하면 300(200−100+200)원이므로 펜스를 설치하는 것이 효율적이다.

규칙 1이 적용되면 농부가 권리를 갖고 소유물 원칙으로 보호되므로 목동이 양을 키우는 것을 금지할 수 있다. 목동이 양을 키우기 위하여서는 농부로부터 양을 키우는 권리를 사거나 펜스를 설치하여야 한다. 목동이 양을 키울 경우 손해가 120원이므로 농부는 120원 이상을 받고자 할 것이나, 펜스 설치비가 100원이므로 목동은 펜스를 설치한다. 결과적으로 농부의 재산은 200원, 목동의 재산은 100원이 된다.

규칙 2가 적용되면 권리가 농부에게 있으나 책임 원칙으로 보호되므로 목동은 둘 중 하나를 선택한다. 첫째, 양을 키우고 120원을 농부에게 지불한다. 둘째, 100원을 들여서 펜스를 설치한다. 후자가 전자에 비하여 비용이 작으므로 목동은 펜스를 설치한다. 이에 따라 농부의 재산은 200원, 목동의 재산은 100원이 된다.

규칙 3하에서는 목동이 권리를 갖고 소유물 원칙에 의하여 보호되므로 목축을 할 수 있다. 설치비 100원을 농부가 부담하고 펜스를 설치하는 것이 농부의 입장에서 가장 유리하다. 펜스를 설치하지 않으면 농부에게 120원의 손해가 발생하므로 펜스 설치에 따른 농부의 이득은 20원이다. 만약, 농부가 목동에게 110원[27]을 지불하고 펜스를 설치한다면 쌍방은 20원의 이득을 반씩 갖는다. 농부와 목동의 재산은 각각 90(200−110)원과 210(200−100+110)원이 된다.

끝으로 규칙 4하에서는 목동이 권리를 갖지만 책임 원칙으로 보호되므로 목동은 농부로부터 100원을 받고 펜스를 설치한다.[28] 이렇게 되면 농부의 재산은 100(200−100)원, 목동의 재산은 200원이다.

이상의 논의를 요약한 것이 [표 2−5]이다. 네 개의 규칙 중에서 무엇을 적용하든 결과는 효율적이다. 어느 경우이든 농부와 목동의 재산의 합은 300원이다. 결과적으로 펜스가 설치되므로 100원의 사회적 비용이 발생한다. 다만, 누가 권리를 갖느냐에 따라 재분배 효과가 달라진다. 권리를 갖지 않은 일방이

---

27) 실제로 농부가 목동에게 지불하는 금액은 100~120원이다.
28) 농부가 목동에게 100원을 지급하도록 법원이 명령하기 때문이다.

[표 2–5] 네 개의 규칙: 효율성과 형평성

	규칙 1	규칙 2	규칙 3	규칙 4
농부 재산	200원	200원	90원	100원
목동 재산	100원	100원	210원	200원
합계	300원	300원	300원	300원

펜스 설치비를 부담하기 때문이다.

　재분배 효과를 농부의 입장에서 살펴보면 다음과 같다. 규칙 1이나 규칙 2가 적용되면 농부가 권리를 보유하므로 목동이 펜스 설치비를 부담한다. 규칙 3이 적용되면 110원을, 규칙 4가 적용되면 100원을 농부가 부담하므로 규칙 3이 농부에게 가장 불리하다. 규칙 4하에서는 20원의 이득을 농부가 갖지만 규칙 3하에서는 농부와 목동이 나누어 갖는다. 규칙 3이 적용되면 거래를 하여야 하므로 농부가 이득의 일부를 목동에게 줄 수밖에 없다.

　규칙 1의 경우 피해자가 권리를 갖지만 권리를 보호하는 방식이 규칙 2와 다르다. 규칙 1하에서는 이행·금지명령이 인정된다. 대표적인 예로서 무단침입, 계약 파기의 상대방에게 인정되는 이행강제(specific performance)[29]를 들 수 있다. 현실에서 규칙 2가 적용된 예는 피구 조세이다. 가해자가 조세를 납부함으로써 간접적으로 피해를 배상하기 때문이다. 불법방해, 손해배상도 규칙 2에 해당한다.

　규칙 1이나 규칙 2와 달리 가해자에게 권리를 주는 것이 규칙 3이다. 대표적인 것이 위험에의 접근(coming to the nuisance) 법리이다. 이에 따르면 먼저 자리를 잡은 부동산 소유권자는 자신의 부동산에 접근하는 다른 부동산 소유권자에 대하여 권리를 주장할 수 있다. 다만, 먼저 자리를 잡은 부동산 소유권자를 소유물 원칙으로 보호하면 거래비용이 많이 들 수 있다. 위험에의 접근 법리와 책임 원칙을 결합한 것이 규칙 4이다.

　규칙 4는 Spur Industries v. Del Webb을 통하여 확립되었다. 이 사건은 전형적인 불법방해이다. Del Webb은 휴양지를 개발하여서 분양하는 건설회사이고

---

29) 일방이 계약을 이행하지 않으면 상대방의 손해를 배상하여야 한다. 그러나 손해를 배상하는 것으로 충분하지 않으면 법원이 계약 이행을 명령한다.

Spur Industries는 목장이다. Del Webb은 Spur Industries가 유발한 악취와 먼지로 인하여 콘도미니엄(condominium) 가격이 하락하였다고 주장하면서 목장 폐쇄와 손해배상을 청구하였다. 법원은 Spur Industries의 불법방해를 인정하여서 목장 이전을 명령하였으나 Del Webb이 이전 비용을 부담하라고 결정하였다. 결과적으로 Spur Industries의 권리를 인정하되 책임 원칙을 적용한 것이다.

법원이 Spur Industries의 불법방해를 인정하였음에도 불구하고 Del Webb이 이전 비용을 부담하게 한 이유는 무엇인가? 법원이 판단하기에 Spur Industries가 공적인 불법방해(public nuisance)[30]를 하였으나 Del Webb에 대하여 불법방해를 하지 않았다. Spur Industries가 선재(先在)하였기 때문이다. 인근에 목장이 있으면 불법방해가 발생한다. Del Webb은 Spur Industries에 접근하면 불법방해가 있을 것을 알고도 접근하였다. 불법방해가 있을 것을 알고 접근한 Del Webb의 권리를 인정하는 것은 위험에의 접근 법리에 반(反)한다.

부록 7. Boomer v. Atlantic Cement Company

책임 원칙이 적용된 최초의 판결은 Boomer v. Atlantic Cement Company이다. Atlantic Cement Company가 시멘트를 만드는 과정에서 먼지, 매연, 진동이 발생하여서 주민들이 고통을 겪었다. 주민들은 법원에 금지명령과 손해배상을 청구하였다.

주민들이 Atlantic Cement Company로부터 불법방해를 받았다는 것은 명확하다. 쟁점은 불법방해가 성립하느냐가 아니라 주민들을 어떻게 보호하느냐는 것이었다. 법원이 금지명령을 인정하면 주민들의 동의가 없는 한 Atlantic Cement Company는 공장을 가동할 수 없다. 손해배상만 인정되면 주민들의 동의가 없어도 Atlantic Cement Company는 공장을 가동할 수 있다.

다수 의견은 금지명령을 인정하지 않는 것이었다. 법원은 Atlantic Cement Company가 주민들에게 18만 3천 달러를 지급하라고 명령하였다. 법원은 공장이 폐쇄될 경우 300명의 직원이 해고되고 Atlantic Cement Company가 투자한 4,500

---

30) 불법방해는 두 종류로 구분된다. 사적인 불법방해(private nuisance)는 개인의 부동산 소유권을 침해하는 것이다. 공적인 불법방해는 공중(公衆)의 소유권에 대한 침해이다. 공중의 보건, 안전, 평온, 편의(便宜)를 방해하는 것이 공적인 불법방해이다.

만 달러가 매몰된다는 사실을 고려하였다. 법원은 Atlantic Cement Company가 주민들의 손해를 배상하고 공장을 가동하는 것이 바람직하다고 판단하였다.

주민들이 공장을 폐쇄하는 권리를 갖게 되면 Atlantic Cement Company는 주민들의 동의를 얻어야 공장을 가동할 수 있으므로 막대한 거래비용이 소요된다. 주민들 각자는 거부권(veto)을 갖기 때문에 공장 가동을 허용하는 대가로 상당한 금액을 요구할 것이다. 이렇게 되면 Atlantic Cement Company와 주민들의 협상은 불가능하다. Atlantic Cement Company의 불법방해를 없애기 위하여 공장을 폐쇄할 수 없다는 것이 다수 의견이었다.[31]

부록 8. 일신전속권(一身專屬權)

일반적으로 장기(臟器), 아동, 투표권, 인권, 성(性), 마약, 핵무기를 거래하는 것은 금지된다. 이것들 중에서 일부는 무상(無償)으로 타인에게 주는 것도 금지된다. 유상(有償) 또는 무상으로 타인에게 양도할 수 없는 권리를 일신전속권이라고 한다. 정부가 일신전속권을 인정하는 이유는 무엇인가? 장기, 아동, 성을 매매하는 것을 윤리적인 측면에서 비난할 수 있다. 일신전속권은 윤리적 측면에서 정당화가 가능하다.

일신전속권을 효율성 측면에서 정당화할 수 있는가? 본문에서 서술하였듯이 특정한 재화가 시장에서 거래되면 그것으로부터 가장 높은 효용을 얻는 사람이 소유하게 되므로 효율적이다. 일신전속권은 양도가 금지되므로 비효율적이다. 거래를 금지하는 것은 언제나 비효율적인가?

헌혈과 매혈을 비교하여 보자. 피를 무상으로 기증하는 것은 허용되지만 돈을 받고 파는 것은 금지된다. 헌혈과 매혈은 피를 제공하는 동기가 다르다. 헌혈의 동기는 이타적이지만 매혈의 동기는 금전적 이득이다. 헌혈하는 사람은 더러운 피를 제공할 유인이 없지만 매혈하는 사람은 깨끗하지 않은 피를 제공할 유인이 있다. 깨끗한 피를 효율적으로 확보한다는 측면에서 헌혈이 매혈보다 우월하다.[32]

---

31) 소수 의견은 주민들에게 공장을 폐쇄할 권리를 주어야 한다는 것이었다. 논리는 단순하다. 비용이 많이 들더라도 잘못된 행위는 금지하여야 한다. Atlantic Cement Company의 불법방해는 잘못된 행위이므로 공장을 폐쇄하여야 한다. 소수 의견에 의하면 다수 의견은 대가를 지불하면 나쁜 행위를 할 수 있다는 논리이다.

32) 매혈로 확보한 피는 추가적인 검사를 하여야 하므로 비용이 더 든다.

매혈을 허용할 경우 헌혈이 감소한다면 깨끗한 피를 효율적으로 확보하기 위하여 매혈을 금지하여야 한다.

제4절 **기타 문제**

1. 법인(法人)

유한(有限)한 인간은 법인을 통하여 재산을 영원히 소유할 수 있다. 법인은 법에 의하여 인격이 부여된 조직인데 두 종류로 구분된다. 하나는 이윤 추구가 목적인 영리 법인, 다른 하나는 이윤 외의 목적을 추구하는 비영리 법인이다. 영리 법인의 대표적인 예는 회사이고 비영리 법인으로는 교회, 자선단체, 학교, 동호회 등이 있다. 영리 법인은 소유권자가 있으므로 매매가 가능하다. 비영리 법인은 소유권자가 없기 때문에 매매할 수 없다.

비영리 법인의 소유권자가 있으면 어떠한 일이 발생하는가? 이 경우에는 비영리 법인이 매매되므로 시장의 압력을 받는다. 다음과 같은 경우를 가정하자. A가 비영리 법인을 소유하고 있다. 현재 이윤은 0이다. B는 이 법인을 가장 효율적으로 운영할 수 있는 사람이다. B가 이 법인을 운영하면 최대 100억 원의 이윤이 발생한다. 이 경우 B는 A로부터 비영리 법인을 인수하여서[33] 영리 법인으로 바꾼다. 이러한 매매가 반복되면 장기적으로 비영리 법인이 사라진다.

회사에는 주주(shareholder)가 있으므로 주주 재산과 회사 재산을 구분한다. 양자를 구분하는 이유는 유한책임(limited liability) 원칙 때문이다. 유한책임 원칙에 의하여 주주는 자신의 몫만큼 권리를 갖고 책임을 부담한다. 주주는 투자한 돈을 잃음으로써 책임을 다한다. 유한책임 원칙하에서 회사에 대한 채권자는 주주 재산을 압류할 수 없다.[34]

---

33) B는 A에게 100억 원 이하의 금액을 지불한다.
34) 같은 논리로 주주에 대한 채권자는 회사 재산을 압류할 수 없다.

유한책임 원칙은 소유(ownership)와 경영(control)을 분리시킨다. 유한책임 원칙하에서는 양자를 분리하는 것이 효율적이기 때문이다. 100명의 주주가 각자 1억 원을 투자하여 회사를 설립한 경우 개별 주주는 $\frac{1}{100}$ 의 지분(share)을 소유하므로 100명의 주주가 공동으로 의사 결정을 하여야 한다. 이는 비효율적이다. 100명의 주주가 공동으로 회사를 소유하지만 경영은 소수의 경영자에게 맡길 수밖에 없다. 주주는 경영을 위탁함으로써 자신의 재산을 경영자에게 맡긴다. 기업을 소유한 사람과 경영하는 사람이 분리되면 주인·대리인 문제(principal-agent problem)가 발생한다.[35]

2. 상속(相續)

소유의 대상이 되는 재산이 소멸하지 않는 한 소유권은 영원하다. 그러나 소유권자는 유한하므로 상속이 필요하다. 중세시대에는 토지 소유권자가 상속자를 지정할 수 없었다. 법에 의하여 토지는 장자(長子)에게 상속되었다. 그러나 현대사회에서는 소유권자가 상속자를 정한다. 상속에 있어서 소유권자의 의사를 중시하는 것이 현대법의 특징이다. 소유권자의 의사를 중시하는 이유는 효율성 때문이다. 법으로 상속자를 정하면 소유권자는 이를 회피한다. 법을 회피하는 데 소요되는 비용이 너무 크면 소유권자는 재산을 물려주는 것을 포기하고 죽기 전에 재산을 탕진할 유인이 생긴다. 법을 회피하는데 소요되는 비용과 재산을 탕진하는 것은 사회적 비용이다. 소유권자의 의사에 따라 상속자가 정하여지는 것이 효율적이다.

아버지(A)가 아들(B)에게 재산을 물려주면서 제한을 가하는 것은 허용되는가? A가 B에게 주택을 물려주면서 주거용으로 사용하여야 한다는 제한을 가한 것이 유효한가? 유효하면 B의 소유권이 제한된다. 유효하지 않으면 결과적으로 A의 소유권이 제한된다. 이것은 세대 간에 소유권이 충돌하는 경우이다.

영미법은 상속 재산에 제한을 가하는 것을 인정한다. 다만, 상속 재산에 부

---

35) 회사의 인수와 합병이 활성화되면 경영자는 주주의 이익을 극대화하기 위하여 노력한다. 경영자가 주주의 이익을 극대화하지 않으면 주가(株價)가 하락하여 회사가 인수 또는 합병이 되고 자신은 해고되기 때문이다.

과된 제한은 한시적으로 유효하다. "한시적"은 상속권자의 사후(死後) 21년을 의미한다. A가 B에게 주택을 물려주면서 주거용으로 사용하라는 제한을 가하더라도 B가 죽은 후 21년이 지나면 다른 용도로 사용할 수 있다.

상속 재산에 부과된 제한은 상속자 사후 21년까지 유효하다는 법리는 격세 (generation-skipping) 원칙에 해당한다. 이 사례에서 B가 죽기 직전에 아들(C)[36]을 낳았다면 C는 성년(成年)이 된 때 주택을 다른 용도로 사용할 수 있다. 21년은 상속자(B)의 다음 세대(C)가 성인이 되는 데 필요한 최대 기간이다.

상속 재산에 제한을 가하는 이유는 상속자가 현명하지 않기 때문이다. 이 사례에서 B가 현명하다면 A가 주택을 물려주면서 제한을 가하지 않는 것이 효율적이다. 그러나 B가 현명하지 않으면 상속 재산에 제한을 가하는 것이 효율적이다. 물론, 이 법리를 적용하더라도 문제가 완전하게 해결되지는 않는다. B를 통과하더라도 C가 현명하지 않으면 주택이 효율적으로 사용되지 않는다. 그렇다면 A는 C의 상속 재산에도 제한을 가하여야 하는가? A는 C가 현명한지를 알지 못하므로[37] C의 상속 재산에 제한을 가하는 것이 효율적인지는 불확실하다.[38]

3. 지식재산권(intellectual property right)

아이디어(idea), 발명, 저작물, 예술품과 같은 지식재산은 공공재(public good)의 특성을 갖는다. 지식재산은 일단 만들어지면 많은 사람들이 동시에 소비할 수 있으므로 무상으로 제공하는 것이 사회적으로 바람직하다. 그러나 무상으로 제공되면 지식재산을 만든 사람은 대가를 받지 못하므로 생산의 유인이 사라진다. 이러한 이유로 정부는 지식재산을 만든 사람의 권리를 보호한다. 지식재산을 강하게 보호하면 과소 소비가, 약하게 보호하면 과소 생산이 문제가 된다. 두 경우 모두 비효율적이다. 지식재산권 제도를 설계하는 데 있어서 관건은 이러한 비효율성을 최소화하는 보호 수준을 찾는 것이다.

---

36) A에게는 손자이다.
37) A가 장수(長壽)한다면 C가 현명한지를 알 수 있다.
38) 격세 원칙은 현 세대가 다음 세대를, 다음 세대가 그 다음 세대를 가장 잘 관찰할 수 있다는 가정을 전제한다.

1) 특허(patent)

특허는 무엇인가를 발명한 사람에게 발명품에 대한 배타적인 권리를 주는 것이다. 발명자는 특허를 사용하여 이윤을 얻는다. 특허는 배타적인 권리이므로 특허권자는 발명품의 독점적 공급자가 된다. 이로 인하여 과소 소비가 나타날 수 있다.[39] 물론, 특허권자의 독점을 허용하는 것이 발명이 이루어지지 않는 것보다 낫다. 특허권자의 독점력을 통제하면서 발명을 활성화하는 것이 문제이다.

하나의 방법은 발명자에게 한시적인 특허를 주는 것이다. 우리나라의 경우 특허가 인정되는 기간은 20년이다. 20년이 지나면 누구든지 특허권자의 허락이 없어도 동일한 물건을 만들 수 있다. 특허권자는 20년간 배타적인 권리를 보유하므로 그 기간에 이윤을 얻어서 발명에 대한 보상을 받는다. 특허 기간이 길수록 특허권자의 이윤이 커지지만 독점의 사회적 비용도 증가한다. 특허 기간이 짧으면 특허권자의 이윤이 작아서 발명의 동기가 부여되지 않는다.

특허권자의 입장에서는 특허 기간이 길수록 특허권이 인정되는 범위가 넓을수록 이윤이 커진다. 여기에서 범위는 유사한 제품이 특허권 침해로 인정되는 정도를 의미한다. 범위를 결정하는 구체적인 기준이 없기 때문에 특허권의 범위를 넓히는 것은 신중하여야 한다. 이러한 이유로 특허 기간을 길게, 특허권의 범위는 좁게 설정하여야 한다는 주장이 제기된다. 이 원칙을 적용하면 발명자는 발명 과정에서 다수의 특허권자와 거래하여야 한다.[40]

복수의 발명자가 우연히 유사한 발명을 할 수 있다. 특허의 본질은 발명자에게 배타적인 권리를 수여함으로써 독점적인 지위를 보장하는 것이므로 특허는 발명품의 유용성을 가장 먼저 입증한 사람에게 주어진다. A, B, C가 유사한 발명을 한 경우 A가 특허를 취득하면 B와 C는 특허를 얻지 못하므로 이들은 특허를 얻기 위하여 경쟁한다. 이를 특허 경주(patent race)라고 한다. 복수의 발명자가 비슷한 발명을 한다는 측면에서 특허 경주는 비효율적이다. A, B, C가 상이한 발명을 하여서 각자 특허를 얻는 것이 사회적으로 바람직

---

39) 특허권자가 특허 사용료를 높게 설정할 수 있다.
40) 하늘 아래 새로운 것은 없다. 발명을 하려면 기존의 특허를 사용하여야 한다.

하다.[41]

2) 영업 비밀(trade secret)

발명을 한 사람이 특허를 취득하지 않을 수 있다. 이를 영업 비밀이라고 한다.[42] 특허를 취득하지 않으면 다른 사람이 비슷한 발명을 할 경우 권리를 주장할 수 없다. 특허를 취득하지 않는 이유는 무엇인가? 특허를 취득하려면 자신의 정보를 공개하여야 한다. 공개된 정보를 사용하여 다른 사람이 유사한 물건을 만들 수 있다.[43]

발명자는 둘 중 하나를 선택한다. 정보를 공개하지 않는 대신 비슷한 물건이 나올 경우 권리를 주장하지 않거나(영업 비밀) 자신의 정보를 공개하되 유사품이 나오면 권리를 주장한다(특허). 발명자가 중시하는 것은 유사품이 나올 가능성, 즉 모방의 가능성이다. 유사품이 나올 가능성이 크면, 즉 20년이 지나기 전에 유사품이 나올 확률이 높으면 특허를 취득하는 것이 유리하다. 유사품이 나오기 어렵다면, 즉 20년이 지나기 전에 유사품이 나올 확률이 낮으면 특허를 취득하기 위하여 정보를 공개할 이유가 없다.[44]

3) 저작권(copyright)

저작권은 저작물, 예술품을 만든 창작자에게 주어지는 권리이다. 저작권은 창작자 사후 70년까지 인정된다.[45] 저작권은 아이디어의 표현(expression)을 보호하는 제도이다. A가 친구의 배신을 주제로 소설을 썼다고 하여서 B가 비슷한 주제로 소설을 쓸 수 없는 것은 아니다. A가 자신의 소설에서 쓴 표현이 B의 소설에 나타나야 저작권을 침해한 것이 된다. 저작권이 주제나 내용이 아

---

41) 복수의 발명자가 유사한 발명을 하는 과정에서 부수적으로 다양한 결과물이 나오기 때문에 특허 경주가 비효율적이지 않다는 주장이 있다.

42) 영업 비밀이라는 개념은 아이디어를 훔친 사람을 처벌하기 위하여 필요하다.

43) 모든 유사품이 특허를 침해한 것으로 간주되지는 않는다.

44) 역설적으로 모방하기 쉬운 발명품이 특허의 대상이 된다. 이 문제를 해결하려면 특허 기간을 늘려야 한다.

45) 저작권을 인정하는 이유는 창작 활동을 진작(振作)하기 위하여서이다. 그렇다면 저작권을 창작자 사후에도 인정할 필요가 있는가? 창작자가 생존하는 동안 인정하는 것으로 충분하지 않은가?

닌 표현을 보호하는 이유는 주제나 내용을 보호하면 창작 활동이 위축되기 때문이다. 특정한 표현이 우연히 반복될 확률은 0에 가깝다. 이러한 이유로 저작권은 복수의 창작자에게 주어질 수 있다. 복수의 사람이 독립적으로 비슷한 창작물을 만든 경우 복수의 창작자는 각자 저작권을 갖는다.

예외적으로 다른 사람의 창작물을 무단으로 사용할 수 있는데 이를 공정 사용(the fair use)이라고 한다. 교육용으로 저작물을 복사하거나, 나중에 시청할 목적으로 TV 프로그램을 녹화하는 것은 저작권 침해가 아니다. 무상으로 음원(音源)을 내려받는 것에 대하여는 논란이 있다. 공정 사용을 판단하는 기준은 "저작권자가 무단 복제를 알았다면 허용하였을 것인가?"이다. 허용하였을 것으로 판단되면 공정 사용에 해당한다.

4) 상표(trademark)

개별 제품에 관한 정보가 부족한 소비자는 특정 기업이 생산한 제품의 품질을 어떻게 평가하는가? 시장에 공급된 모든 제품의 평균적인 품질로 평가할 것이다. 따라서 좋은 제품을 공급한 우량 기업은 자신의 제품이 좋다는 신호(signal)를 소비자에게 보낸다. 나쁜 제품을 생산한 기업은 소비자에게 신호를 보낼 이유가 없다. 소비자에게 정보를 제공한다는 측면에서 우량 기업의 신호 행위는 바람직하다.

우량 기업이 자신을 다른 기업과 구별하는 일반적인 방법은 상표를 사용하는 것이다. 상표는 특정한 재화나 서비스를 식별하여주는 고유한 신호·상징·문구(文句)이다. 특정 기업이 특정 상표를 사용한다. 상표 자체는 가치가 없다. 상표의 가치는 상표를 사용하는 기업의 가치에서 나온다. 상표는 품질을 보증하는 기능을 하므로 소비자는 좋은 제품을 찾는 비용을 줄일 수 있다.[46) 우량 기업이 특정 상표를 사용할 경우 다른 기업이 비슷한 상표를 사용할 가능성이 있다. 유사한 상표를 사용하면 소비자가 우량 기업을 식별하는 것이 어려워지기 때문이다.

---

46) 고속도로에서 운전을 하다가 *M*이라는 상표를 보면 특정 회사의 햄버거가 연상된다. 상표는 일정한 품질을 보증한다.

제**3**장

부동산 소유권

우리나라 민법은 부동산과 동산을 구분한다. 민법에 의하면 토지와 그 정착물이 부동산, 부동산 외의 것이 동산이다.1) 물건을 부동산과 동산으로 구분하는 이유는 동산은 소재(所在) 장소가 변하지만 부동산은 고정되기 때문이다. 이에 따라 양자는 법적으로 다르게 취급된다. 대체로 부동산의 가치가 동산보다 크다. 물론, 부동산보다 재산적 가치가 큰 동산도 등기(登記)되는 것이 추세이다.2) 예를 들면, 선박, 자동차, 항공기, 건설기계 등은 동산이지만 가치가 부동산보다 작지 않으므로 등기를 통하여 권리관계를 공시(公示)한다.

[표 3-1] 부동산과 동산 비교

	부 동 산	동 산
권리 변동	등기	인도
시효취득3)	10년 또는 20년의 점유	5년 또는 10년의 점유
선의취득	불인정(등기의 공신력이 없음)	인정
제한물권4)	인정	불인정
재판 관할	있음	없음

---

1) 독일과 프랑스는 "지상물(地上物)은 토지에 따른다."라는 원칙에 따라 건물 등 정착물을 독립한 부동산으로 인정하지 않는다.

2) 등기에 대하여서는 제2절에서 논의하였다.

3) 어떠한 사실 상태가 일정한 기간 계속되면 그 상태를 진실한 권리관계로 인정하여 법률 효과를 발생시키는 것이 시효(時效)이다. 시효취득은 제2장에서 설명하였다.

4) 다른 사람의 물건에 대하여 제한적 지배를 허용하는 물권. 제한물권은 용익물권(지상권, 지

제1절에서는 부동산의 사유와 공유에 대하여 논의하였다. 부동산을 공유하면 소유권과 관련된 분쟁이 발생하지 않는다. 분쟁이 발생하는 이유는 부동산을 사유하기 때문이다. 동산 거래와 구별되는 부동산 거래의 특징인 등기와 시효취득은 제2절에서 설명하였다. 부동산은 점유자와 소유권자가 다를 수 있고 가격이 높기 때문에 거래의 안정성을 확보하는 것이 중요하다. 이러한 이유로 부동산 거래를 등기하고 시효취득에 있어서 장기간의 점유를 요구한다. 제3절과 제4절은 정부가 사인(私人)의 부동산에 제한을 가하는 것을 다루었다. 제3절은 정부가 부동산을 수용(收用)하는 문제를, 제4절은 정부가 사인의 부동산 개발을 제한하는 문제를 분석한 것이다.

제1절　사유와 공유[5]

부동산 사유의 장점은 외부성을 줄일 수 있다는 것이다. 부동산의 사유를 위하여 정부는 소유권을 설정하고 보호한다. A와 B가 인접한 부동산을 소유한 경우 각자 소유권을 행사하는 과정에서 상대방에게 부정적인 영향을 미칠 수 있다. A와 B가 적법하게 소유권을 행사하더라도 부동산이 인접하면 부정적인 외부성이 발생한다. 이러한 측면에서 A와 B의 소유권은 충돌한다.

A와 B가 부동산을 공유하면 소유권을 설정하고 보호할 필요가 없다. 이것이 공유의 장점이다. 반면, A와 B가 부동산을 과잉 개발할 수 있다.[6] 부동산 개발로 얻은 이득은 개인에게 돌아가지만 비용은 공동으로 부담하기 때문이다. 이 문제를 공유자원의 비극(tragedy of commons)이라고 한다. 공유자원의 비극이 발생하는 이유는 인간의 이기심이 공공심(公共心)보다 큼에도 불구하고 자원을 공유하기 때문이다. 공유자원의 비극을 해결하는 방법으로써 공공심

역권, 전세권)과 담보물권(유치권, 저당권, 질권)으로 나뉜다.

5) 내용 중 일부는 김윤상(2011)에서 인용.

6) 과잉 개발은 혼잡의 문제이다. 혼잡은 상대적인 개념이다. 자원의 양에 비하여 인구가 많으면 혼잡이 발생한다. 자원이 적더라도 인구가 많지 않으면 혼잡이 발생하지 않는다. 산업화 이전에는 자원의 양에 비하여 인구가 적었기 때문에 많은 경우 공유가 허용되었다.

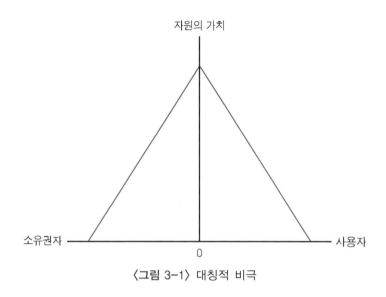

〈그림 3-1〉 대칭적 비극

제고와 공유를 제한하는 것을 생각할 수 있다. 공공심을 제고하는 것이 근본적인 대책이지만 이는 어려운 일이므로 사유가 현실적인 대안이다.

공유로 인한 자원의 과다 사용이 문제인 것과 마찬가지로 사유로 인한 자원의 과소 사용도 문제이다. 이를 반공유자원의 비극(tragedy of anti-commons)이라고 한다. 공유자원의 비극과 반공유자원의 비극이 동시에 존재하면 우리는 대칭적 비극(symmetric tragedy)에 직면한다. 〈그림 3-1〉은 대칭적 비극을 나타낸다. 오른쪽이 공유자원의 비극이고 왼쪽은 반공유자원의 비극이다. 오른쪽에서는 사용자가 많아짐에 따라 자원의 가치가 감소하고, 왼쪽에서는 소유권자가 많아짐에 따라[7] 자원의 가치가 감소한다.

반공유자원의 비극이 발생하는 원인은 두 가지이다. 하나는 권리의 파편화(破片化)이고 다른 하나는 권리의 부조화(不調和)이다.

소유권자가 너무 많아서 권리가 파편화되면 자원을 효율적으로 사용할 수 없다. 예를 들어, 토지가 여러 필지(筆地)로 분할되면 효율적으로 사용할 수 없다. 분할된 토지를 병합하는 데 거래비용이 많이 들기 때문에 비효율성이 제거되지 않는다. 또한 토지는 연속적이고 고정되어 있으므로 특정한 토지의 이용

---

7) 자원에 대한 사유화가 진행되면 소유권자가 많아진다.

이 다른 토지에 영향을 미친다. 문제는 소유권자의 이윤을 극대화하는 행위가 사회적으로 비효율적일 수 있다는 것이다. 이를 권리의 부조화라고 한다. 권리의 부조화는 공간적, 시간적 측면에서 나타난다. 도시를 건설할 때 녹지나 공원이 필요하지만 소유권자는 자신의 토지를 이러한 용도로 사용하지 않는 것이 공간 부조화의 예이다. 부동산은 개발되면 복구가 어렵기 때문에 시간적 측면에서도 부조화가 나타난다. 소유권자가 생각하는 최적 개발 시기와 사회적으로 최적인 개발 시기가 다를 수 있다.

부록 9. 동산 · 부동산 구분에 대한 헨리 조지(Henry George)의 비판[8]

토지사유제가 정의에 어긋난다는 사실을 이해하는 데 가장 큰 장애로서 관습적인 재산 분류 방식을 들 수 있다. 철학적인 근거도 없이 법률적으로 동산과 부동산으로 구분한다는 것이다. 진정 자연스러운 물건의 구분은 노동의 생산물과 자연의 부존물로 가르는 것이다. 이를 정치경제학의 용어로 표현한다면 부와 토지이다. 이 두 종류는 본질에 있어, 그리고 상호 관계에 있어, 대단히 다른데 이를 다 같이 재산이라고 분류한다면 재산권의 정의성과 부정의성, 또는 옳고 그름을 논할 때 사고의 혼란이 생긴다.

주택과 대지는 다 같이 소유의 대상으로서 재산이고 또 법적으로 다 같은 부동산에 속한다. 그러나 이 두 가지는 성질이나 상호관계에 있어 대단히 다르다. 주택은 인간의 노동에 의해 생산되며 정치경제학상 부의 범주에 속하지만, 대지는 자연의 일부이며 정치경제학상 토지의 범주에 속한다. 부의 본질적 성격은 노동의 구체적 결과라는 점, 인간의 노력에 의해 생긴다는 점, 그리고 그 존재와 부존재 및 증가와 감소는 인간에 의존한다는 점이다. 토지의 본질적 성격은 노동의 결과가 아니라는 점, 그리고 인간의 노력과는 무관하게, 그리고 인간 자체와도 무관하게 존재한다는 점이다.

이러한 구분이 이해되면 다음과 같은 사실도 따라서 이해된다. 자연적 정의는 부의 사유를 인정하고 토지의 사유를 부인한다. 노동 생산물에 대한 사유의 정당성이 인정된다면 곧 토지 사유는 부인된다. 부의 소유를 인정하면 노동에 대한 적절한 대가를 보장함으로써 모든 사람에게 평등한 조건을 부여하지만, 토지

---

8) 헨리 조지(2017)를 인용.

의 사유를 인정하면 노동하는 자에 대한 자연의 대가를 노동하지 않는 자가 취할
수 있게 함으로써 인간의 평등권을 부정한다.

부록 10. 일조권(日照權)[9]

　　일조권이란 태양의 직사광선을 향유하는 권리이다. 일조를 둘러싼 분쟁은 한
국과 일본에서만 나타나는 현상이다. 영국의 경우 20년 이상 빛을 누려온 사람에
게 채광권(right of light)을 보장하지만 이는 직사광선이 아닌 하늘을 볼 수 있는
권리이다. 일조권에 대한 오해는 이 권리가 있어야 사람들이 햇빛을 볼 수 있다
는 생각이다. 법원이 일조권을 인정한다는 것은 남쪽 거주자의 일조량을 뺏어서
북쪽 거주자에게 줌을 의미한다. 또한 일조권이 인정되면 남쪽 건물의 높이가 낮
아져서 건물 총량이 줄어든다.[10]

　　〈그림 3-2〉에서 화살표는 햇빛의 방향이다. 두 건물의 높이는 동일하다. 일
조권을 인정한다는 것은 남쪽 건물이 북쪽 건물을 가리지 못하게 함을 의미하므
로 $b_0 b_1$을 가리는 $a_1 a_2$를 지을 수 없다. 태양 광선은 평행이므로 $b_0 b_1$과 $a_1 a_2$의
크기가 같다. 일조권을 통하여 북쪽 건물이 누리는 일조량과 남쪽 건물이 잃는
일조량은 일치한다. 일조권의 인정 여부에 따른 일조량과 건물 총량을 정리하면
[표 3-2]와 같다.

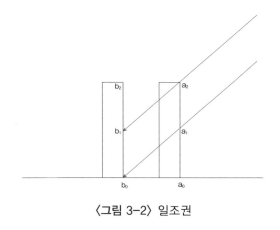

〈그림 3-2〉 일조권

---

9) 김정호(2016)에서 인용.

10) 직사광선이 들지 않는 층(層)이라도 있는 것이 낫다면 북쪽 건물의 일조권을 보호하지 않는
　　것이 효율적이다.

[표 3-2] 일조권의 비효율성

	일 조 량	건물 총량
일조권 인정(1)	$a_0a_1 + b_0b_2$	$a_0a_1 + b_0b_2$
일조권 불인정(2)	$a_0a_2 + b_1b_2$	$a_0a_2 + b_0b_2$
1-2	0	$-a_1a_2$

부록 11. 권리금[11]

건물을 빌리는 사람(임차인)이 빌려주는 사람(임대인)에게 지불하는 임차료 외에 앞에 빌려서 살던 사람(전 임차인)에게 지불하는 돈을 권리금이라고 한다. 임차인은 전 임차인에게 지불한 권리금을 임대인에게 청구할 수 없다.

장소적 이익에 대한 대가로서의 권리금[12]의 경우 임차인과 전 임차인의 권리금 수수(授受)는 근거가 없다. 장소적 이익의 근원은 임대인 소유 건물의 입지(立地)이므로 이에 따르는 권리금은 임대인과 임차인이 거래하여야 한다. 특정한 점포가 갖는 고객 및 명성에 대한 대가로서의 권리금은 영업권(goodwill)이므로 전 임차인과 임차인 또는 임대인과 임차인이 거래할 수 있다. 시설비 명목의 권리금은 부속물매수청구권이나 비용상환청구권을 통하여 보장될 여지가 있으나 그 가능성과 범위가 크지 않다. 그동안 법원은 임차인이 권리금 지급으로 취할 수 있는 이득을 권리가 아닌 시혜(施惠) 또는 반사적 이익으로 간주하였다. 아래 판결은 이러한 법원의 시각을 보여준다.[13]

• 권리금은 성질상 임대차 기간이 종료된 후 다른 임차인이 건물을 임차하는 경우에 전 임차인이 그 건물에서 영업을 하면서 받은 장소적 이익 및 확보된 고객에 대한 대가로서 임차인으로부터 지급받을 수 있는 은혜적인 것으로서 임대인이 임차인에게 지급하여야 할 것은 아니다.

---

11) 김정욱(2011)에서 인용.
12) 다른 말로 바닥 권리금이라고 한다.
13) 「서울지방법원 1992. 8. 21. 선고 92가합26838 판결문」을 인용.

현행 상가임대차보호법에 의하면 임대인이 "정당한 사유" 없이 계약 연장을 거부하여서 임차인의 권리금 회수를 방해하면 권리금에 해당하는 손해배상을 하여야 한다. 또한 최근에는 법원이 정당한 사유를 좁게 해석함으로써 권리금에 대한 임대인의 책임을 강화하였다. 아래 사례가 그 예이다.[14]

A는 2008년부터 상가를 임차하여서 커피숍을 운영하여 왔다. 2012년 이 상가를 매수한 B와 임대차 기간을 2015년 11월로 연장하였다. 계약 만료일이 다가오자 B는 A에게 나가 달라며 소송을 하였고 2016년 11월까지 건물을 비우라는 판결이 확정되었다. A는 권리금을 주고 들어올 새로운 임차인을 구하고 있었다. B는 2016년 10월 A에게 "상가를 남에게 빌려주지 않을 것이다. 아들이 여기서 커피숍을 할 것"이라고 말하였다. 이렇게 되면 A는 권리금을 못 받는다. A는 권리금을 물어내라고 소송을 제기하였다.

대법원은 "임대인이 정당한 사유 없이 계약 갱신을 하지 않겠다는 의사를 분명히 표시하였다면 임차인이 새로운 임차인을 데려오지 않았더라도 임대인에게 손해배상을 청구할 수 있다"라고 하였다. 우리 가족이 직접 장사할 것이라며 임대차 계약을 거부한 것은 정당한 사유에 해당하지 않는다.

제2절 등기와 시효취득

1. 등기

대체로 부동산 가격은 높기 때문에 거래의 안정성을 확보하는 것이 중요하다.[15] 거의 모든 나라에서 부동산 거래를 등록하고 그 내용을 기록하는 이유는

---

14) 조선일보, 2019. 7. 12에서 인용.

15) 예를 들어 생각하여 보자. A가 부동산을 매입하려고 한다. 부동산 가격이 v, 상대방이 합법적인 소유자인지를 확인하는 비용은 c이다. A의 소유권이 유지될 확률은 $p(c)$이다. A가 비용을 많이 지출할수록 소유권은 확실하여진다($p'(c) > 0$, $p''(c) < 0$). 이 상황에서 A의 기대이득은 $p(c)v - c$이다. $p(c)v - c$의 극대화 1계 조건은 $p'(c)v - 1 = 0$이다. 이를 정리하면 $p'(c) = \dfrac{1}{v}$이다. 부동산 가격이 높을수록 더 많은 비용을 소유권 확인에 지출한다는 것을 알 수 있다.

부동산을 매입하려는 사람에게 정보를 제공함으로써 소유권과 관련된 위험을 제거하기 위하여서이다. 이 제도를 등기[16]라고 한다.

정보가 완전하면 부동산을 점유하고 있다는 사실 자체가 소유권의 정당성을 보증한다. 왜냐하면, 다른 사람이 소유권자의 의사에 반하여서 부동산을 점유하는 즉시 반환될 것이기 때문이다. 그러나 현실에서는 정보가 완전하지 않다. A가 B의 부동산을 매입할 경우 B가 그 부동산을 합법적으로 취득하였는지는 불확실하다. A는 소유권을 제3자에게 빼앗길 위험에 노출된다. 이러한 위험이 제거되지 않으면 부동산 거래가 위축될 수밖에 없다.

등기제도가 완전하면 소유권과 관련된 위험이 제거된다. 다만, 부동산 거래를 등록하고 그 내용을 기록하려면 비용이 소요되므로 완전한 등기제도를 운영하는 것이 비효율적일 수 있다. 현실에서 등기 내용과 실제 권리관계가 완전히 일치하지는 않는다. A가 소유권자로 등기되었더라도 소유권자가 아닐 수 있다. B가 등기 내용을 믿고 A의 부동산을 매입한다면 이 거래는 유효한가? 유효하다면 등기에 공신력(公信力)이 있다. 등기에 의해 공시된 내용을 믿고 거래한 자는 등기 내용이 실제 권리관계와 다르더라도 보호되는 것이 등기의 공신력이다. 영미법계 국가에서는 공신력이 없는 등기제도를 Recording System, 공신력이 있는 등기제도를 Registration System이라고 한다.[17]

Recording System하에서 거래당사자는 부동산 거래를 등록하고 그 내용을 기록한다. 부동산을 매입하려는 사람은 개별 부동산에 대한 기록을 열람할 수 있다. 다만, Recording System에서는 등기의 공신력이 없기 때문에 부동산을 매입하는 사람은 소유권을 제3자에게 빼앗길 위험에 대비하여야 한다. 소유권자로 등기된 사람으로부터 부동산을 매입하여도 실제 소유권자가 반환을 요구하면 대항할 수 없다.

Registration System에서는 법원이 부동산 거래를 조사하여 실제 소유권자

---

16) 등기는 게르만법이 발달시킨 독창적인 제도이다. 등기는 1135년 Martin 교구에 거주하는 상인들이 부동산등록대장에 거래 내용을 등록하는 관행으로부터 시작되었다.

17) 우리나라 민법은 부동산 물권의 변동은 등기하여야 효력이 발생한다고 규정하였다. 이를 형식주의라고 한다. 그러나 우리나라 민법은 부동산 등기 신청에 대한 형식적 심사로 인하여 등기의 공신력을 인정하지 않는다. 등기 신청에 대하여 실질적인 심사를 하면 등기에 공신력을 부여할 수 있다.

가 누구인지를 확인한 후 거래 내용과 소유권자를 등기한다. 또한 법원은 권리증(certificate)을 발급한다. 이것은 소유권을 증명하는 문서이다. 부동산을 매입한 사람은 권리증을 받음으로써 소유권이 인정된다. 이 제도를 시행하면 상당한 비용이 소요되므로 법원이 등록비를 징수한다.[18]

두 개의 제도 중에서 무엇이 우월한가? 앞의 사례를 다시 생각하여 보자. 부동산을 점유하고 있는 *A*의 주관적 가치는 시장가격보다 높다. *C*는 소유권자이지만 이 부동산을 점유하지 않으므로 주관적 가치가 없다. 주관적 가치가 시장가격보다 높으므로 *A*의 입장에서는 손해를 배상받는 것보다 부동산을 소유하는 것이 유리하다. 반면, *C*의 입장에서 부동산을 소유하는 것과 손해를 배상받는 것은 무차별하다. 따라서 Registration System을 통하여 *A*의 소유권을 인정하는 것이 효율적이다.[19]

2. 시효취득

소유권자가 아닌 사람이 소유권자의 의사에 반하여서 일정 기간 지속적, 공개적으로 부동산을 점유하면 소유권을 취득한다. 이를 시효취득 또는 악의적(惡意的)[20] 점유에 의한 권원(權原)[21] 취득이라고 한다.[22] 시효취득이 인정되면 소유권자는 토지를 돌려받을 수 없고 보상도 받지 못한다. 소유권자는 소유물 원칙이나 책임 원칙을 통하여 보호되지 않으므로 시효취득은 소유권에 대한 제한이다.

---

18) *A*가 소유권자로 등기된 *B*의 부동산을 매입하였는데 실제 소유권자인 *C*가 부동산 반환을 요구한 경우 Registration System에서는 *A*의 소유권이 인정된다. *C*는 정부로부터 손해를 배상받는다.

19) Registration System이 Recording System보다 효율적이라는 주장에 대하여 다음과 같은 반론이 있다. 첫째, 법원이 *A*에게 부동산의 주관적 가치에 해당하는 손해배상액을 지급하면 두 제도는 무차별하다. 둘째, Recording System을 통하여 *C*가 부동산을 소유하더라도 *A*가 *C*의 부동산을 매입할 수 있다. *A*는 부동산의 시장가격보다 높은 금액을 지불할 의사가 있기 때문이다.

20) 자신이 점유한 부동산이 다른 사람의 소유라는 사실을 아는 것이다.

21) 물건을 점유하거나 사용(수익)하는 정당한 원인.

22) 시효취득을 인정하는 이유는 등기제도가 완전하지 않기 때문이다. 등기제도가 완전하면 시효취득이 필요하지 않다. 우리나라 민법에서는 20년간 소유 의사를 갖고 평온, 공연(公然)하게 부동산을 점유하면 소유권이 인정된다.

시효취득을 인정하는 논거는 세 가지이다. 첫째, 시효취득이 인정되면 소유권자는 자신의 권리 위에서 잠들지 않는다. 소유권자는 다른 사람이 자신의 부동산을 점유하는지를 살피게 된다. 또한 적극적으로 부동산을 개발할 유인이 생긴다. 물론, 서둘러서 부동산을 개발하는 것이 언제나 바람직하지는 않다. 둘째, 상당한 시간이 지나면 사람들의 기억이 희미하여지고 물적 증거가 사라지므로 누가 소유권자인지를 판단하기 어렵다. 이러한 상황에서는 부동산을 점유한 사람을 소유권자로 간주하는 것이 합리적이다. 셋째, 시효취득은 합법적으로 소유권을 취득한 사람을 보호하는 기능을 한다. 예를 들어 보자. A가 B의 부동산을 매입하여 20년간 점유하고 있다. C는 이 부동산이 자신의 것이라고 주장한다. 조사한 결과, 20년 전에 B가 C의 부동산을 A에게 매각한 것으로 밝혀졌다. 시효취득이 인정되면 A는 부동산을 반환하지 않는다.

이상의 논거 중에서 설득력이 가장 큰 것은 세 번째 주장이다. 여기에서 하나의 의문이 생긴다. 합법적으로 소유권을 취득한 사람을 보호하는 것이 시효취득의 목적이라면 점유 기간이 필요한가? 앞의 사례에서 A는 20년이 지나기 전까지 소유권을 상실할 위험에 노출된다. A가 B의 부동산을 매입한 시점에서 소유권을 인정하면 안 되는가?

시효취득에 필요한 기간을 최소한으로 줄이거나 최대한 늘리는 것은 바람직하지 않다.[23] 예를 들어 생각하여보자. A가 두 개의 부동산을 소유하고 있다. 부동산 1은 B(실제 소유권자는 C)로부터 매입한 것이고 부동산 2는 D가 무단으로 점유 중이다. A는 두 가지 위험에 노출된다. 하나는 C에게 부동산 1을 빼앗길 위험이고 다른 하나는 D에게 부동산 2를 빼앗길 위험이다. 시효취득에 필요한 기간을 줄이면(늘리면) 첫 번째 위험은 감소(증가)하지만 두 번째 위험이 증가(감소)한다.[24]

3. 효율적인 소유권 확인

앞에서 논의하였듯이 부동산 소유권을 확인하여서 불확실성을 완전히 제

---

23) 시효취득에 필요한 최적 기간이 존재한다.

24) 미국의 경우 시효취득에 필요한 기간은 주(州)마다 다르다. 최소 1년에서 최대 30년이며 평균은 14년이다.

거하는 것은 비효율적이다. 다음과 같은 경우를 가정하자. A가 부동산을 점유하고 있다. A가 부동산을 개발하면 그 가치는 v이다. 부동산이 A의 것일 확률은 p이다. 소유권자를 확인하는 비용은 S이다. 실제 소유권자(B)가 부동산으로부터 얻는 효용은 q의 확률로 r_h, $1-q$의 확률로 r_l이다. 또한 $r_h > v > r_l$이다.

A가 소유권자를 확인하지 않으면 부동산을 개발하므로 그 가치는 v이다. A가 소유권자를 확인한 경우 부동산이 누구의 것이든 B의 효용이 r_h이면 개발하지 않는 것이, B의 효용이 r_l이면 개발하는 것이 효율적이므로 그 가치는 $qr_h + (1-q)v - S$이다. 따라서 A가 소유권자를 확인하는 것이 효율적인 조건은 $qr_h + (1-q)v - S > v$이다. 이를 정리하면 식 (3.1)이 성립한다.

$$q(r_h - v) > S \tag{3.1}$$

A가 소유권자를 확인한 결과 B가 소유권자이면 A는 부동산을 개발하기 전에 B와 거래를 한다. 문제가 되는 것은 소유권자를 확인하지 않고 A가 부동산을 개발한 후에 B가 반환을 요구한 경우이다. 이때 B의 소유권이 인정된다면 B는 둘 중 하나를 선택한다. 첫째, A에게 소유권을 넘기고 대가를 받는다. 이는 책임 원칙을 통한 소유권 보호에 해당한다. 둘째, 개발로 인한 부동산 가치의 증가분을 A에게 지불하고 부동산을 소유한다. 이는 소유물 원칙을 통한 소유권 보호이다. 우리의 관심사는 A가 효율적으로 소유권자를 확인하는가이다. A가 소유권자를 확인하는 조건이 식 (3.1)과 일치하면 효율적으로 소유권자를 확인한다고 할 수 있다. A가 효율적으로 소유권자를 확인한다는 것을 증명하여 보자.

먼저, A가 소유권자를 확인하지 않고 부동산을 개발한 경우를 생각하여 보자. A가 소유권자이면 A의 이득은 v이다. 반면, B가 소유권자인 경우 B가 부동산으로부터 얻는 효용이 r_h이면 부동산을 A에게 매각하므로 A의 이득은 $v - r_h$이고,[25] B가 부동산으로부터 얻는 효용이 r_l이면 A에게 $v - r_l$을 지불하고 부동산을 매입하므로 A의 이득은 $v - r_l$이다. 따라서 A가 소유권자를 확인하지 않으면 A의 기대이득은 식 (3.2)가 된다.

---

25) $v - r_h < 0$이다.

$$pv + (1-p)(q(v-r_h) + (1-q)(v-r_l)) \qquad (3.2)$$

다음으로, A가 소유권자를 확인하는 경우를 생각하여 보자. A가 소유권자인 경우 B가 부동산으로부터 얻는 효용이 r_l이면 A가 부동산을 개발하므로 A의 이득은 $v-S$이고, B가 부동산으로부터 얻는 효용이 r_h이면 A는 부동산을 B에게 매각하므로 A의 이득은 r_h-S이다. 반면, B가 소유자권자인 경우 B가 부동산으로부터 얻는 효용이 r_l이면 A가 부동산을 개발하므로 A의 이득은 $v-r_l-S$이고, B가 부동산으로부터 얻는 효용이 r_h이면 A가 부동산을 매입하지 않으므로 A의 이득은 $-S$이다. 따라서 A가 소유권자를 확인하면 A의 기대이득은 식 (3.3)이 된다.

$$p((1-q)(v-S) + q(r_h-S)) + (1-p)((1-q)(v-r_l-S) - qS) \qquad (3.3)$$

식 (3.3)이 식 (3.2)보다 커야 A가 소유권자를 확인한다. 이 조건을 정리하면 식 (3.1)이 성립한다. 부동산을 점유한 사람이 그것을 개발하더라도 소유권이 실제 소유권자에게 주어진다면 점유자의 입장에서는 소유권이 상실될 위험이 있으므로 효율적으로 소유권자를 확인한다.[26]

부록 12. 등기의 공신력[27]

음식점을 하는 A는 B로부터 아파트를 구입하였다. 정상적인 거래이었다. 아파트 등기부를 보니 B가 올라 있었다. 남들이 하는 것처럼 공인중개사를 두고 서류도 빠짐없이 작성하였다. 그런데 6개월 후 A에게 소장(訴狀)이 날아왔다. B의 조카인 C가 그 아파트는 자신이 상속받아야 할 아파트인데 B가 가로채서 매각하였으니 아파트를 내놓으라는 것이었다.

A로서는 날벼락이었다. 사연을 알아보니 B가 내연남과 짜고 니코틴 원액을

---

26) 부동산을 점유한 사람이 실제 소유권자에 비하여 적은 비용으로 소유권자를 확인할 수 있다면 소유권 확인의 책임을 부동산점유자에게 부과하는 것이 효율적이다. 이는 최소비용회피자 책임 부담 원칙이 적용된 예에 해당한다.

27) 조선일보, 2019. 7. 5에서 인용.

주입하여서 남편을 살해한 것이 밝혀졌다. B는 남편이 죽은 뒤 아파트를 상속받아 등기하고 1개월도 지나지 않아서 A에게 매각한 것이다. 살인자로 밝혀진 B는 무기징역을 선고받았고 상속자인 C가 A에게 아파트를 돌려달라고 소를 제기한 것이다.

아파트가 정상적으로 거래되었지만 두 명의 주인이 생겼다. A와 C 모두 억울하고 황당하다. 아파트는 누구의 소유인가? 우리나라 민법에는 등기의 공신력을 인정한다는 조항이 없다. 또한 법원은 판례를 통하여 공신력을 인정하지 않고 있다. 실제 소유권자가 나타나면 등기부는 말소된다. A는 억울하겠지만 우리나라 민법은 실제 소유권자를 인정한다. 이 아파트의 상속자, 즉 실제 소유권자는 C이다. A와 C의 소송에서 법원은 C의 손을 들었다.

A는 B에게 손해배상의 책임을 물을 수 있다. 그러나 B는 무기징역 형을 받은 상태이다. B와 같이 상대방이 경제력이 없으면 손해가 보전(補塡)되지 않는다. 공인중개사에게 주의 의무가 있지만 공인중개사가 범죄를 알기 어려우므로 책임을 물을 수 없다. 부동산 권리에 하자(瑕疵)가 발생할 때 손해를 보전하는 권원보험에 가입할 수 있지만 보전 범위는 제한적이다.

제3절 **수 용**

정부나 기업이 공적인 사용(public use)을 위하여 사인의 부동산을 강제로 취득하는 것을 수용이라고 한다. 물론, 정부나 기업은 정당한 보상을 하여야 한다. 이 절에서는 수용과 관련된 세 가지 문제를 다루었다. 첫째, 어떠한 경우에 수용을 허용하여야 하는지에 대하여 논의하였다. 둘째, 정당한 보상이 무엇인지에 대하여 설명하였다. 셋째, 간단한 모형을 통하여 수용과 보상이 부동산 소유권자의 개발에 미치는 영향을 분석하였다.

1. 개념

수용의 핵심은 강제성(coerciveness)이다. 수용 권한을 가진 정부나 기업이 보상금을 지급하고 부동산을 취득하려는 경우 소유권자는 이를 거부할 수 없다. 정부나 기업이 소유권자에게 대가를 지불한다는 점에서 수용은 책임 원칙이 적용된 예에 해당한다. 기본적으로 수용은 소유권자의 권리를 침해하는 것이기 때문에 제한적으로 허용된다. 어떠한 경우에 수용이 허용되는가? 이에 관하여서는 두 개의 주장이 있다. 하나는 공공사업에만 수용이 인정된다는 주장이다. 이에 따르면 기업은 부동산을 수용할 수 없다. 다른 하나는 사업 주체와 무관하게 사업 특성상 사인의 부동산을 병합할 필요성이 인정되면 수용이 가능하다는 주장이다.28)

첫 번째 주장에 대하여 다음과 같은 반론이 있다. 정부가 공공사업을 시행하는 데 드는 비용을 세금으로 충당하는 것은 당연하다. 그러나 사인의 부동산을 병합할 필요가 없는 경우에도 정부가 수용할 수 있다는 주장은 설득력이 떨어진다. 예를 들어, 정부가 경찰력을 강화하기 위하여 세금을 징수하는 것은 정당하지만 경찰서를 짓기 위하여 사인의 부동산을 수용할 필요는 없다. 민간 경비업체와 마찬가지로 정부가 부동산을 매입하면 된다.

두 번째 주장은 소유권자의 버티기(hold out)로 인하여 사업이 지연 또는 무산될 가능성이 큰 경우 수용을 허용하여야 한다는 것이다. 대규모 개발에 있어서 부동산 병합이 필요하면 소유권자의 협상력이 커져서 사업자와 소유권자의 거래가 성사되기 어렵다. 대규모 개발이 지연 또는 무산되면 사업자의 손실이 크기 때문에 소유권자가 무리한 요구를 할 가능성이 있다.

현실적으로 문제가 되는 것은 기업이 대규모 개발을 하는 경우이다. 첫 번째 주장을 따르면 수용이 인정되지 않는다. 두 번째 주장에 의하면 소유권자의 버티기가 개발의 걸림돌이 될 경우 수용이 인정된다. 기업의 대규모 개발에 있어서 대체로 수용을 허용하는 것이 현실이다. 다만, 기업의 수용을 허용하는 논거는 부동산 병합이 아닌 공적 사용이다. 예를 들어 생각하여 보자. 기업이 특정 지역에 대규모 공장을 건설하려고 한다. 이를 위하여 기업은 사인의 부동산을 병합하여야 한다. 만약, 소유권자의 버티기로 인하여 공장 건설이 지연된다면 법원이 기업의 수용을 허용할 수 있다. 공장이 건설되지 않으면 생산과

---

28) 대규모 개발의 경우 사인의 부동산을 매입하여 병합하는 것이 필요하다. 공원, 고속도로와 같은 공공사업, 쇼핑센터, 아파트 등의 민간사업이 그 예이다.

고용이 늘지 않고 지방정부가 조세수입을 잃기 때문이다. 공장이 지어지면 기업이 이윤을 얻지만 공익적 측면에서 파급 효과가 있다. 이러한 측면에서는 사인의 부동산이 공적으로 사용된다고 할 수 있다.

2. 정당한 보상

정부나 기업이 사인의 부동산을 수용한 경우 정당한 보상을 하여야 한다. "정당한"은 추상적인 개념이므로 얼마를 보상하는 것이 정당한지에 대하여 다양한 견해가 존재한다. 대체로 법원은 "정당한"을 공정한 시장가격으로 해석한다. 문제는 부동산에 대한 소유권자의 주관적 가치가 시장가격보다 높다는 것이다. 정부나 기업이 부동산의 시장가격에 해당하는 보상금을 지불하면 결과적으로 소유권자를 과소 보상하게 된다.

부동산을 수용하는 과정에서 소유권자를 과소 보상하면 어떠한 문제가 발생하는가? 〈그림 3-3〉에서 한계편익(mb)은 수용으로 인하여 발생하는 공익을, 한계비용(mc)은 수용으로 침해되는 소유권자의 사익을 나타낸다. 또한 mc_1은 정당한 보상이 이루어진 경우를, mc_2는 과소 보상된 경우를 나타낸다. 〈그림 3-3〉에서 확인되듯이 소유권자를 과소 보상하면 수용이 과도하게 이

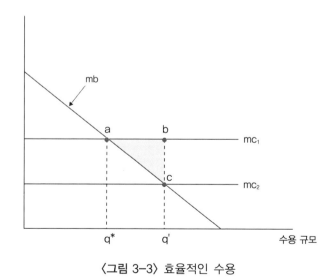

〈그림 3-3〉 효율적인 수용

루어진다. 과도한 수용으로 인한 사회적 비용은 abc이다. 수용이 q^*에서 q'으로 증가하면 공익의 증가분은 $acq'q^*$이지만 사익의 감소분이 $abq'q^*$이기 때문이다.

3. 수용과 개발

정부나 기업에 의한 수용의 가능성은 소유권자의 개발에 어떠한 영향을 미치는가? A가 부동산 개발을 위하여 x를 투자하면 부동산 가치는 $v(x)$이다. 부동산 가치는 개발 규모가 클수록 증가하지만 한계가치는 감소한다. 즉, $v'(x) > 0, v''(x) < 0$이다. 부동산이 수용될 위험이 없으면 A는 $v(x) - x$를 극대화한다. $v(x) - x$가 극대화되는 개발 규모는 〈그림 3-4〉의 x'이다.

정부나 기업이 p의 확률로 A의 부동산을 수용한다고 가정하자. 정부나 기업이 부동산을 수용하여서 개발하면 Π의 공익이 발생한다. 정부나 기업은 수용의 대가로서 A에게 $C(x)$를 지급한다.[29] 따라서 부동산의 사회적 가치는 식 (3.4)이다. 부동산의 사회적 가치는 정부나 기업이 수용하면 Π, A가 개발하면 $v(x)$이지만 부동산 개발에 x가 투자되었기 때문이다. 보상금은 정부나 기업

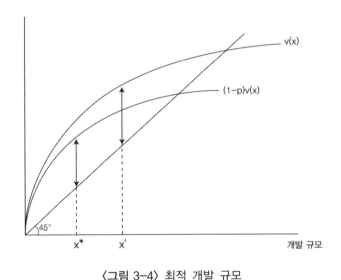

〈그림 3-4〉 최적 개발 규모

---

29) $C'(x) > 0$이다. A가 개발 규모를 늘리면 보상금이 증가한다.

으로부터 A로의 소득 이전이므로 부동산의 사회적 가치에 포함되지 않는다.

$$pII + (1-p)v(x) - x \qquad\qquad (3.4)$$

식 (3.4)의 II는 개발 규모와 독립적으로 결정되므로 식 (3.4)를 극대화하는 문제는 $(1-p)v(x)-x$를 극대화하는 것과 동일하다. $(1-p)v(x)-x$를 극대화하는 개발 규모는 〈그림 3-4〉의 x^*인데 이는 x'보다 작다. 부동산이 수용되면 A의 투자가 매몰되므로 수용의 가능성을 고려할 경우 최적 개발 규모는 작아진다. A는 x^*를 선택하는가? 즉, 소유권자는 사회적으로 바람직한 개발 규모를 선택하는가? 이 사례에서 A의 기대이득은 식 (3.5)이다. 부동산이 수용되면 $C(x)$의 보상금을 받고, 자신이 부동산을 개발하면 그 가치가 $v(x)$이기 때문이다. 식 (3.5)를 극대화하는 것은 $(1-p)v(x)-x$를 극대화하는 것과 다르므로 A의 개발 규모는 x^*가 아니다.

$$pC(x) + (1-p)v(x) - x \qquad\qquad (3.5)$$

만약, 정부나 기업이 부동산의 시장가격에 해당하는 보상금을 A에게 지급한다면 $C(x) = v(x)$이므로 식 (3.5)는 $v(x)-x$가 된다. 앞에서 설명하였듯이 $v(x)-x$를 극대화하는 개발 규모는 x^*보다 크다. 정부나 기업이 정당한 보상을 하면 소유권자는 과도한 개발을 한다. 소유권자의 입장에서는 실질적으로 토지가 수용될 가능성이 없으므로 도덕적 해이(moral hazard)가 나타난다. 물론, 정부나 기업이 보상을 하지 않으면 소유권자의 과도한 개발을 방지할 수 있다.[30] 이 경우에는 정부나 기업의 도덕적 해이가 나타난다. 소유권자를 보상하지 않는다면 정부나 기업이 과도하게 토지를 수용한다.

정부 또는 기업과 소유권자의 도덕적 해이를 동시에 방지하는 법적 원칙은 무엇인가? 어떠한 법적 원칙을 적용하여야 효율적인 수용과 최적 개발을 유도하는가? 개발 규모가 최적일 때의 부동산 가치에 해당하는 보상금을 소유권자에게 지급하는 법적 원칙을 생각할 수 있다. $C(x) = v(x^*)$이면 소유권자의 기

---

30) $C(x) = 0$이면 식 (3.5)는 $(1-p)v(x)-x$가 된다.

대이득은 $pv(x^*) + (1-p)v(x) - x$이다. $pv(x^*)$는 개발 규모와 무관하므로 소유권자는 $(1-p)v(x) - x$가 극대화되는 x^*를 선택한다. 또한 정부나 기업은 수용으로 발생하는 공익이 $v(x^*)$보다 클 때 부동산을 수용하므로 효율적이다.[31)]

부록 13. 알 박기 판결[32)]

권리의 행사가 주관적으로 오직 상대방에게 고통을 주고 손해를 입히려는 데 있을 뿐 이를 행사하는 사람에게 아무런 이익이 없고 객관적으로 사회 질서에 위반된다고 볼 수 있으면 그 권리의 행사는 권리 남용으로서 허용되지 아니한다.

이 사건 콘도(A 소유)는 주변 풍광이 수려한 한려해상국립공원 지역에 있는 숙박 시설로서 주차장의 반대쪽은 남해에 면(面)하여 있는 사실, 반면 이 사건 토지(B 소유)는 콘도의 주차장 내에 있거나 도로로 사용 중인 길쭉한 형태의 토지인데 그 위치나 형상 및 면적 등에 비추어 사실상 다른 용도로는 사용, 수익이 곤란하다고 여겨질 뿐만 아니라 이 사건 구조물의 추가 설치로 B가 얻을 수 있는 이익은 아무것도 없는 사실, A가 공시 지가의 수배에 달하는 가격에 이 사건 토지를 매도할 것을 제의하였으나 B는 이에 응하지 않고 있는 사실 등을 알 수 있다.

사정이 이와 같다면 B가 이 사건 구조물을 설치한 행위는 외형상으로는 정당한 권리의 행사로 보이나 실질적으로 이 사건 토지가 자기 소유임을 기화로 A 소유인 콘도의 사용, 수익을 방해하고 나아가 A에게 고통이나 손해를 줄 목적으로 행한 것이라고 볼 수밖에 없다고 할 것이므로 B의 구조물 설치 행위는 정당한 권리 행사의 한계를 벗어난 것으로서 권리 남용에 해당한다고 볼 여지가 충분하다.

---

31) $v(x^*)$는 소유권자의 사익이므로 결과적으로 정부나 기업은 수용으로 인하여 발생하는 공익이 침해되는 사익보다 클 때 부동산을 수용한다.

32) 「2014다42967 건물 등 철거에 관한 대법원 판결문」을 요약.

   제3절에서는 정부나 기업이 부동산을 수용하는 문제에 대하여 논의하였다. 정부는 공익을 위하여 사인의 부동산 개발을 제한할 수 있다. 수용에 비하여 개발 제한은 소유권을 침해하는 정도가 약하지만 개발 제한으로 인하여 부동산 가격이 크게 하락하면 실질적으로 부동산이 수용되었다고 할 수 있다. 합리적인 부동산 소유권자는 개발이 제한될 가능성을 고려하여서 개발 규모와 시기를 결정한다. 또한 개발 제한의 가능성은 부동산 가격에 영향을 미친다. 이 절에서는 부동산 개발에 대한 제한이 개발 규모와 시기, 부동산 가격에 미치는 영향을 분석하였다.

1. 개발 규모

   다음과 같은 경우를 가정하자. A가 부동산을 소유하고 있다. A는 이 부동산을 개발하거나(d) 방치한다(u). 부동산 개발에는 x의 비용이 소요된다. 부동산 가치는 개발되면 $v_d - x$, 방치되면 v_u이다. 또한 $v_d - x > v_u$이다. A가 부동산을 개발하면 p의 확률로 부정적인 외부성(E)이 발생한다. 부정적인 외부성이 발생한다고 하여서 언제나 정부가 부동산 개발을 제한하는 것은 아니다. 부정적인 외부성이 개발 이익보다 클 때 부동산 개발이 제한된다.[33] 정부가 부동산 개발을 제한하기 위한 조건은 $E > v_d - v_u$이다.

   A가 부동산을 개발한 경우 그 가치는 $pv_u + (1-p)v_d - x$이다. 부동산 가치는 부정적인 외부성이 발생하면 v_u,[34] 부정적인 외부성이 발생하지 않으면 v_d이기 때문이다. A가 부동산을 개발하기 위한 조건은 식 (3.6)이다. 이를 정리하면 식 (3.7)이 성립한다.

---

33) 부정적 외부성의 방지를 공익, 개발 이익을 사익으로 해석하면 보호되는 공익이 침해되는 사익보다 클 때 부동산 개발이 제한된다고 할 수 있다.

34) 보상 없이 부동산 개발이 제한되는 경우를 가정하였다.

$$pv_u + (1-p)v_d - x > v_u \tag{3.6}$$

$$(1-p)(v_d - v_u) > x \tag{3.7}$$

정부가 개발 제한으로 인한 A의 손실($v_d - v_u$)을 보상하면 A는 어떻게 행동하는가? 이 경우 A가 부동산을 개발하기 위한 조건은 식 (3.8)이다. 이를 정리하면 식 (3.9)가 성립한다. 식 (3.9)를 식 (3.7)과 비교하면 부등호의 왼쪽이 더 크다. 정부가 소유권자의 손실을 완전하게 보상하면 부동산이 과잉 개발된다는 것을 알 수 있다.

$$p(v_u + (v_d - v_u)) + (1-p)v_d - x > v_u \tag{3.8}$$

$$v_d - v_u > x \tag{3.9}$$

정부가 보상 없이 개발을 제한할 수 있다면 A의 입장에서 부동산 개발이 제한될 가능성이 증가한다($q > p$). 이 경우 A가 부동산을 개발하기 위한 조건은 식 (3.10)이다. 식 (3.10)의 부등호의 왼쪽이 식 (3.7)의 부등호의 왼쪽보다 작으므로 부동산이 과소 개발된다.

$$(1-q)(v_d - v_u) > x \tag{3.10}$$

소유권자의 효율적인 개발과 정부의 효율적인 개발 제한을 동시에 유도하려면 완전한 보상과 무보상을 혼합한 법적 원칙이 필요하다. 식 (3.11)과 같은 법적 원칙을 가정하자.

$$\begin{aligned} C(x) &= 0, & E &\geq v_d - v_u \\ &= v_d - v_u, & E &< v_d - v_u \end{aligned} \tag{3.11}$$

식 (3.11)을 적용할 경우 부동산 개발로 인하여 발생하는 부정적인 외부성이 개발 이익과 같거나 개발 이익보다 크면 정부는 소유권자를 보상하지 않는다. 부동산 개발을 제한하는 것이 효율적이기 때문이다. 부정적인 외부성이 개발 이익보다 작으면 정부는 소유권자를 완전하게 보상한다. 이 경우에는 부동산 개발을 제한하는 것이 비효율적이기 때문이다. 이 법적 원칙하에서 정부는 부정적인 외부성이 개발 이익과 같거나 개발 이익보다 클 때 부동산 개발을 제한한다. 또한 소유권자는 보상 없이 개발이 제한되는 것을 피하기 위하여 부정적인 외부성이 개발 이익보다 작을 때 부동산을 개발한다.

2. 개발 시기

정부가 보상 없이 사인의 부동산 개발을 제한하면 조기(早期) 개발이 이루어질 수 있다. A가 부동산을 소유하고 있다. 이 부동산이 문화재로 지정되면 개발이 제한된다. 문화재로 지정되더라도 정부가 개발 이익을 보상한다면 A는 개발을 서두를 이유가 없다. 그러나 제대로 보상받지 못한다면 A는 문화재로 지정되기 전에 부동산을 개발할 것이다. A의 조기 개발은 비효율적이다. A의 부동산이 문화재로서 가치가 크다면 이를 개발하지 않아야 한다.

이상의 논의를 2기간 모형(two-period model)에 적용하여 보자. A가 부동산을 소유하고 있다. 부동산 가치는 이번 기(期)에 개발하면 v_0, 다음 기에 개발하면 $v_1(> v_0)$이다. 부동산을 개발하면 p의 확률로 $E(> v_1)$의 부정적인 외부성이 발생한다. 부정적인 외부성이 발생하면 정부가 부동산 개발을 제한한다. 보상금은 C이다. 외부성의 발생 여부는 다음 기에 알 수 있다.

이 상황에서는 이번 기에 부동산을 개발하지 않는 것이 효율적이다. 다음 기에 부정적인 외부성이 발생하지 않으면 부동산을 개발하고, 부정적인 외부성이 발생하면 부동산을 개발하지 않아야 한다. 부동산의 가치는 이번 기에 개발하면 $v_0 - pE$, 이번 기에 개발하지 않으면 $(1-p)v_1$[35]이다. 이번 기에 부동산을 개발하지 않는 것이 효율적일 조건은 식 (3.12)이다. 이를 조작하면 식 (3.13)이 유도된다. $v_1 > v_0$, $E > v_0$[36]이므로 식 (3.13)이 항상 성립한다. 이 사

---

35) 이번 기에 부동산을 개발하지 않으면 다음 기에 부동산을 개발하거나(부정적인 외부성이 발생하지 않을 경우) 개발하지 않는다(부정적인 외부성이 발생할 경우). 따라서 부동산의 가치는 $(1-p)\times v_1 + p\times 0 = (1-p)v_1$이다.

36) $E > v_1$, $v_1 > v_0$이므로 $E > v_0$이다.

례에서 부동산의 조기 개발은 비효율적이다.

$$(1-p)v_1 > v_0 - pE \qquad (3.12)$$

$$(1-p)(v_1 - v_0) + p(E - v_0) > 0 \qquad (3.13)$$

A는 이번 기에 부동산을 개발하지 않는가? A의 이득은 이번 기에 부동산을 개발하면 v_0[37], 부동산을 개발하지 않으면 $(1-p)v_1 + pC$[38]이다. 따라서 A가 이번 기에 부동산을 개발하지 않을 조건은 식 (3.14)이다. 이를 조작하면 식 (3.15)가 유도된다. 정부가 보상 없이 부동산 개발을 제한하면 $C = 0$이므로 식 (3.15)가 성립하지 않을 수 있다. 정부가 부정적인 외부성에 해당하는 보상금을 지급하면 $C = E$이므로 식 (3.15)는 식 (3.13)이 된다. 이 경우에는 부동산의 조기 개발이 방지된다.

$$(1-p)v_1 + pC > v_0 \qquad (3.14)$$

$$(1-p)(v_1 - v_0) + p(C - v_0) > 0 \qquad (3.15)$$

3. 부동산 가격

정부가 보상 없이 개발을 제한하면 부동산 가격은 $pv_u + (1-p)v_d - x$이다.[39] 정부가 소유권자에게 보상금을 지급하고 개발을 제한하면 부동산 가격은 식 (3.16)이 된다. 만약, 정부가 개발 이익에 해당하는 금액을 소유권자에게 보상금으로 지급한다면 $C = v_d - v_u$이므로 부동산 가격은 $v_d - x$이다. 정부가 정당한 보상을 하고 개발을 제한하면 부동산 가격이 개발의 기대이익 $(p(v_d - v_u))$[40]만큼 상승한다는 것을 알 수 있다.

---

37) A는 부정적인 외부성을 자신의 비용으로 인식하지 않는다.
38) A는 다음 기에 부정적인 외부성이 발생하지 않으면 부동산 개발로 v_1의 이득을 얻고, 부정적인 외부성이 발생하면 보상금을 받는다.
39) 제1항을 참조.
40) $(v_d - x) - (pv_u + (1-p)v_d - x) = p(v_d - v_u)$

$$p(v_u + C) + (1 - p)v_d - x \hspace{4cm} (3.16)$$

부록 14. 그린벨트와 정당한 보상[41]

　헌법재판소 전원재판부는 그린벨트를 규정한 도시계획법 제21조에 대하여 헌법불합치 결정을 내렸다. 헌법재판소는 "그린벨트를 둔 것은 환경 보존 및 국가 보안상 필요에 의한 것으로 공공의 이익에 부합하므로 합헌"이라고 밝혔다. 그러나 헌법재판소는 "개발 제한에 따른 보상 규정을 두지 않은 점은 공공의 필요에 따라 제한할 경우 정당한 보상을 하여야 한다고 규정한 헌법 제23조의 취지에 어긋나며 국민의 재산권을 침해한 것"이라고 밝혔다.

　또한 "그린벨트의 경우 공공의 이익 보장이라는 측면이 강하므로 재산권 침해에 대한 보상은 침해의 정도가 아주 심하거나 형평에 크게 어긋나는 경우에 한하여 이루어져야 한다."라고 하였다. 헌법재판소는 도시계획법 제21조의 효력과 관련하여서 "헌법불합치 결정은 보상 규정을 두라고 하는 것이지 법의 효력까지 중단시키는 것이 아니다"라며 "마음대로 토지를 이용하는 것은 여전히 규제 대상"이라고 덧붙였다.

　그린벨트에 대한 보상이 필요하다는 헌법재판소 결정에도 불구하고 일부 지방자치단체는 유사한 규제를 도입하여 보상을 회피하였다. 서울시가 지정한 비오톱(biotope)이 대표적이다. 비오톱은 특정 생물 군집이 생존할 수 있는 환경 조건을 갖춘 지역이다. 비오톱 1등급에 해당하면 개발이 금지된다는 점에서 그린벨트와 유사하다.

---

41) 한국경제신문과 연합뉴스에서 인용.

불법행위

이 장은 다음과 같이 구성되었다. 제1절에서는 민사법(civil law)과 형사법 (criminal law)의 차이를 설명한 후 민사법에 해당하는 계약과 불법행위(tort)를 비교하였다. 또한 주의 의무, 과실의 개념에 대하여 서술하였다. 제2절의 주된 내용은 불법행위로 발생한 손해를 배분하는 책임 원칙을 설명한 것이다. 여기 에서는 과실 원칙(negligence rule), 기여과실 원칙(contributory negligence rule), 비교과실 원칙(comparative negligence rule), 엄격책임 원칙(strict liability rule)을 다루었다. 제3절은 주의 모형이다. 가해자가 사고를 방지하는 일방 주의 모형 과 가해자와 피해자가 사고를 방지하는 쌍방 주의 모형에 대하여 서술하였다. 기타 문제는 제4절에서 논의하였다. 제4절의 내용은 지인(知人) 간 분쟁, 정보 의 비대칭성, 보험, 행위 수준, 오류와 불확실성이다.

제1절 개 관

개념적으로 법은 민사법과 형사법으로 구분된다. 양자의 차이는 각각이 추 구하는 목적에서 드러난다. 민사법의 목적은 가해자[1]로 하여금 피해자[2]의 손

---

1) 가해자는 영어로 wrongdoer이다. 즉, 가해자는 잘못된 행위를 한 사람이다. 잘못된 행위를 하면 다른 사람에게 손해가 발생한다.

2) 다른 사람의 잘못된 행위로 인하여 손해가 발생한 사람이다.

[표 4-1] 민사법과 형사법 비교

	민 사 법	형 사 법
고소(기소)	사인	국가(검사)
입증 내용	책임 유·무	유·무죄
입증 기준	증거 우위의 증명 (진실일 확률이 50% 초과)	합리적 의심의 여지가 없는 증명
입증 책임	원고	국가(무죄추정 원칙)
재판 결과	손해배상 또는 금지·이행명령	징역형 또는 벌금형

해를 배상하게 하는 것이다. 민사법의 목적은 가해자를 처벌하는 것이 아니다. 가해자는 자신이 유발한 피해자의 손해를 배상하면 된다. 반면, 형사법의 목적은 가해자를 처벌함으로써 유사한 범죄가 발생하는 것을 방지하고, 가해자를 교화(敎化)하며, 국가가 피해자를 대신하여 가해자에게 복수3)하는 것이다. 민사법과 형사법의 특징을 요약하면 [표 4-1]과 같다.

민사법의 측면에서 가해자와 피해자가 나타나는 대표적인 경우는 계약과 불법행위이다. 계약은 법적 구속력이 있는 약속이다. 일방이 약속을 지키지 않으면, 즉 계약을 이행하지 않으면4) 상대방에게 손해가 발생한다. 일방의 위법5)한 행위6)로 인하여 다른 일방에게 손해가 발생하는 경우도 있다. 이를 불법행위라고 한다.

불법행위의 예로는 교통사고, 의료사고, 공해, 산업재해, 명예훼손이 있다. 불법행위에 있어서 가해자는 고의 또는 과실이 있을 때 피해자의 손해를 배상하는 것이 원칙이다. 과실은 주의 의무를 준수하지 않는 것을 의미한다. 현실에서는 고의나 과실이 없어도 자신의 행위로 인하여 다른 사람에게 손해가 발생하는 경우가 있다. 이 경우에는 불법행위가 성립하지 않는다.

불법행위법(tort law)의 목적은 피해자의 손해를 보전하는 것이다. 법원은

---

3) 잘못된 행위를 한 사람에 대한 처벌은 인간의 자연스러운 감정이며 정의를 실현하는 것이다.
4) 계약을 이행하지 않은 일방을 가해자라고 할 수 있다.
5) 법에 의하여 부과된 의무를 준수하지 않는 것.
6) 작위(作爲), 부작위(不作爲), 말을 포함한다.

책임 원칙7)을 적용하여서 피해자의 손해를 가해자와 피해자에게 배분한다. 법원이 특정한 책임 원칙을 선택하는 기준은 무엇인가? 법경제학적 측면에서 법원은 불법행위를 효율적인 수준으로 억제하여야 한다. 교통사고를 근절하는 것이 목적이라면 자동차를 운전하지 않으면 된다. 그러나 이것은 비효율적이다. 자동차를 운전하지 않으면 이동 시간이 많이 소요된다. 법원의 목표는 교통사고와 이동 시간을 효율적인 수준으로 유지하는 것이어야 한다.

법원이 적용하는 책임 원칙은 다음과 같다. 첫째, 가해자가 손해를 배상하지 않는 책임 원칙이 있다. 이를 비책임 원칙(no liability rule)이라고 한다. 둘째, 가해자가 피해자의 모든 손해를 배상하는 책임 원칙을 엄격책임 원칙이라고 한다. 비책임 원칙이 적용되면 피해자가 배상을 받지 못하므로 결과적으로 모든 손해를 부담한다. 엄격책임 원칙하에서는 가해자가 모든 손해를 부담한다. 셋째, 엄격책임 원칙과 비책임 원칙을 섞은 것이 과실 원칙이다. 가해자의 과실 유·무에 따라 엄격책임 원칙과 비책임 원칙 중 하나가 적용된다. 과실 원칙의 경우 가해자의 과실이 있으면 엄격책임 원칙이, 가해자의 과실이 없으면 비책임 원칙이 적용된다. 과실 원칙하에서 피해자는 가해자의 과실이 있다는 것을 입증하여야 한다.

과실이 있는 경우 책임을 지는 것이 일반적인 정의 관념에 부합한다. 이러한 측면에서 무과실 책임에 해당하는 엄격책임 원칙은 정의롭지 않다.8) 엄격책임 원칙을 적용하는 이유는 그것이 효율적인 경우가 있기 때문이다. 가해자와 피해자 중 일방이 상대적으로 적은 비용으로 불법행위를 방지할 수 있다면 그에게 엄격책임 원칙을 적용하여서 불법행위를 방지하도록 하는 것이 효율적이다.9)

우리나라의 경우 독립적인 불법행위법이 존재하지 않는다. 단일 법전으로서의 불법행위법은 없다. 민법에 불법행위에 관한 조항이 있을 뿐이다. 이 조

---

7) 제2장에서 논의한 책임 원칙과 동일한 개념이다.

8) 가해자에게 엄격책임 원칙이 적용되면 결과적으로 피해자에게 비책임 원칙이 적용되므로 비책임 원칙도 정의롭다고 할 수 없다.

9) 식당에 가면 "손님이 물건을 분실할 경우 업소가 책임지지 않습니다."라는 문구가 있다. 학교 운동장에는 "학교가 사고에 대한 책임을 지지 않습니다."라는 표지판이 있다. 이는 손님이나 운동장 사용자에게 엄격책임 원칙이 적용된 것이다. 손님이나 운동장 사용자가 상대적으로 적은 비용으로 도난이나 안전사고를 방지할 수 있기 때문이다.

항이 실질적으로 불법행위법의 기능을 한다. 민법 제750조에 의하면 고의 또는 과실에 의한 위법행위로 타인에게 손해를 가한 자는 그 손해를 배상하여야 한다. 일반적인 불법행위가 성립하려면 가해자의 고의 또는 과실[10], 가해 행위의 위법성, 가해자의 책임 능력, 가해 행위에 의한 손해 발생이 있어야 한다. 민법에는 고의가 무엇을 의미하는지에 대한 규정이 없다. 과실을 정의한 규정도 없다.

과실은 부주의(不注意)로 인하여 손해가 발생한다는 사실을 알지 못하고 행위를 하는 것을 의미한다. 주의 의무를 지키지 않아서 타인에게 손해가 발생하면 과실이 성립한다. 우리나라 민법에서 과실은 추상적 과실과 구체적 과실로 나뉜다. 추상적 과실은 선량한 관리자의 주의 의무, 즉 가해자가 속한 직업, 지위에 있는 표준적인 사람에게 요구되는 주의 의무를 준수하지 않을 때 성립한다. 구체적 과실은 자기 재산을 위한 경우와 동일한 주의 의무를 위반한 경우에 인정된다. 우리나라 민법은 합리적인 인간을 대상으로 하므로 선관주의(善管注意)[11] 의무가 원칙이고, 일반적으로 과실은 추상적 경과실[12]을 의미한다. 구체적 과실은 주의 의무를 경감(輕減)할 필요가 있는 경우에 인정된다.

A가 B의 자동차를 관리하는 경우를 가정하자. 만약, A가 B로부터 대가를 받고 자동차를 관리한다면 A에게 부과되는 의무는 선관주의이다. A는 선량한 관리자로서 B의 자동차를 관리하여야 한다. 반면, A가 대가를 받지 않고 자동차를 관리한다면[13] A는 자신의 자동차를 관리하는 정도로 B의 자동차를 관리하면 된다. 이때 A에게 부과되는 의무는 선관주의보다 가볍다. 대가를 받지 않고 자동차를 관리하는 A에게 선관주의 의무를 요구하는 것은 부당하다.

---

10) 민법상 고의와 과실이 개념적으로 구분되지만 책임 요건으로서는 양자를 구분하지 않는다. 형사법에서는 원칙적으로 고의범이 처벌되고 과실범은 법률에 특별한 규정이 있는 경우 예외적으로 처벌된다.

11) 선량한 관리자의 주의를 축약한 단어이다.

12) 주의 의무를 위반한 정도에 따라 과실은 경과실과 중과실로 나뉜다. 경과실은 주의 의무를 약간 게을리 한 경우, 중과실은 주의 의무를 현저하게 위반한 경우이다.

13) A를 무상수치인(無償受置人)이라고 한다.

부록 15. Donoghue v. Stevenson

불법행위가 인정된 최초의 판결은 Donoghue v. Stevenson이다. 1926년 8월 26일 저녁 Donoghue는 친구인 Minghella와 Glasgow에 위치한 카페에서 음료수를 마시다가 병 안의 달팽이를 발견하였다. Donoghue는 음료수를 만든 Stevenson을 상대로 손해배상을 청구하였고 재판에서 이겼다. 이 사건의 내용을 요약하면 다음과 같다.

- Donoghue가 마신 음료수는 Minghella가 주문하고 돈을 지불하였다.
- Minghella가 마신 음료수에는 달팽이가 없었다.
- 음료수는 불투명한 병에 담겨 있었다.

이 사건 전에도 생산자가 소비자에게 손해배상을 한 판례가 있었으나 계약 불이행에 한정되었다. 이 사건 전까지 생산자의 일반적인 주의 의무는 인정되지 않았다. 생산자는 계약 관계에 있는 소비자에 대하여 주의 의무를 부담하였다.

Donoghue는 Stevenson과 계약 관계에 있지 않았다.14) 또한 Donoghue가 음료수를 주문하지 않았으므로 카페 주인과의 계약도 없다. Minghella의 음료수에는 문제가 없었으므로 그녀가 카페 주인을 고소할 수 없었다. 이 상황에서 Donoghue는 음료수 생산 과정에서의 과실을 이유로 소송을 제기하였다. Donoghue가 승소하였다는 것은 법원이 일반적인 의미의 과실을 인정하였음을 의미한다.

과실이 인정되려면 주의 의무가 부과되어야 한다. 주의 의무를 지키지 않은 것이 과실이기 때문이다. Stevenson은 음료수를 만드는 과정에서 어느 정도의 주의를 하였어야 하는가? 법원은 병이 불투명하여서 Donoghue가 달팽이가 있는지를 알 수 없었다는 사실에 주목하였다. 이 상황에서는 Stevenson이 더 많은 주의를 하였어야 한다는 것이 법원의 판단이었다.15) 법원은 판결문에 선한 사마리아인의 비유를 인용하였다.16)

---

14) 카페 주인이 Stevenson과 계약 관계에 있었다.

15) 병이 투명하였다면 음료수를 마시기 전에 불순물이 있는지를 살피지 않은 Donoghue의 과실이 인정되었을 것이다.

16) 선한 사마리아인의 비유는 신약 누가복음 제10장, 제30~37절에 나온다. 그 내용을 요약하면 다음과 같다. 한 유대인이 강도에 의하여 다쳤을 때 제사장과 레위인은 그냥 지나갔지만 이

부록 16. 핸드 규칙(Hand Rule)

핸드 판사는 United States v. Carroll Towing Co.에서 과실 유·무를 판단하는 기준을 제시하였다. 이를 핸드 규칙이라고 한다. 사건은 단순하다. Carroll Towing Co.의 부주의로 인하여 승객들이 피해를 입고 다른 배가 손상되었다. 승객들과 다른 배의 선주가 Carroll Towing Co.의 과실을 이유로 손해배상을 청구하였다. 핸드 판사는 Carroll Towing Co.의 과실을 인정하면서 과실 유·무를 판단하는 기준을 아래와 같이 제시하였다.

• 선주는 사고를 예방하기 위하여 주의하여야 한다. 그러나 선주에게 부과되는 주의 의무는 제한적이다. 선주의 주의 의무는 세 가지 변수에 의하여 결정된다. 사고가 발생할 확률(p), 손해액(L), 주의비용(c)이 그것이다. 비용이 편익보다 작음에도 불구하고 주의하지 않는 것이 과실이다. $c < pL$[17]일 때 과실이 인정된다.[18]

우리나라 대법원은 온라인게임 제공자의 신원 확인 의무와 관련된 사건에서 아래와 같이 핸드 규칙을 적용하였다.[19]

• 관련 인터넷 기술의 발전 수준, 해당 게임의 특성, 운영 주체로서의 서비스 제공자의 영리적 성격, 규모, 기술적 수단의 도입에 따른 일반 이용자에 대한 이익과 불이익 및 이에 따른 경제적 비용, 명의 도용 행위로 인한 피해의 정도, 가해자와 피해자의 관계 등을 종합하여 과실 여부를 판단하여야 한다.

방인인 사마리아인이 그를 도와주었다. 예수는 이들 중에 누가 진정한 이웃인가라는 질문을 하였다. 이 비유에서 우리가 주목하여야 할 사실은 자신에게 위험이 없었음에도 불구하고 위험에 처한 다른 사람을 돕지 않은 제사장과 레위인은 이웃이 아니라는 것이다. 자신이 위험에 처하지 않는 한도 내에서 이웃을 돕는 것은 무거운 주의 의무가 아니다. 이것은 합리적인 주의 의무이다. 선한 사마리아인의 비유를 구체화한 것이 Neighbor Rule과 선한 사마리아인법(Good Samaritan Law)이다.

17) 주의를 하면 사고가 발생하지 않으므로 사고의 기대손해액인 pL을 주의에 따른 편익이라고 할 수 있다.

18) 주의 수준을 한 단위 높일 때 증가하는 비용과 감소하는 손해액이 일치할 때의 주의 수준이 최적이므로 $c < pL$은 주의 수준이 최적에 못 미칠 때 성립한다.

19) 권순건(2011)에서 인용.

또한 의료사고와 관련된 사건에서 대법원은 의사가 작은 메스(mess) 조각을 제거하기 위하여 추가되는 비용이 그러한 조치에 의하여 예방될 수 있는 손실보다 크기 때문에 의사의 과실이 인정되지 않는다고 하면서 다음과 같이 판시(判示)하였다.[20]

- 의료사고에 있어서 의사의 과실을 인정하려면 의사가 결과 발생을 예견할 수 있었음에도 불구하고 결과 발생을 예견하지 못하거나, 결과 발생을 회피할 수 있었음에도 불구하고 결과 발생을 회피하지 못한 과실이 검토되어야 한다.

제2절 책임 원칙

현실적으로 피해자(원고)가 가해자(피고)를 고소하면 법원이 특정한 책임 원칙을 적용하여서 불법행위로 발생한 손해를 가해자와 피해자에게 배분한다. 불법행위로 인한 분쟁은 당사자의 협상(거래)을 통하여 해결되기 어렵다. 거래비용이 크기 때문이다. 법원이 책임 원칙을 적용하여 손해를 배분하는 것은 이 때문이다. 아래에서는 대표적인 책임 원칙에 대하여 설명하였다.

1. 과실 원칙

x축에 가해자의 주의 수준을, y축에 피해자의 주의 수준을 표시하면 과실 원칙하에서 가해자의 배상 책임이 인정되는 경우는 〈그림 4-1〉과 같이 나타난다. 〈그림 4-1〉에서 x^*는 가해자에게 부과된 주의 의무이다. 가해자의 주의 수준이 x^* 이상이면 가해자의 과실은 없다. 피해자의 주의 수준은 가해자의 배상 책임에 영향을 미치지 않는다.

---

20) 권순건(2011)에서 인용.

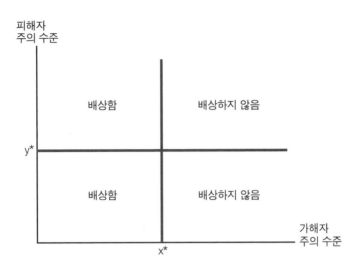

〈그림 4-1〉 손해 배분: 과실 원칙

단순한 과실 원칙을 적용하면 두 가지 문제가 발생한다. 첫째, 가해자의 과실이 없으면 피해자가 충분한 주의를 하더라도 손해를 배상받지 못한다. 이러한 문제가 발생하는 것은 불가피하다. 일방이 손해를 부담하지 않으면 분쟁이 해결되지 않기 때문이다. 둘째, 가해자의 과실이 있으면 피해자가 부주의하더라도 가해자가 손해를 배상한다. 이는 가해자에게 가혹하다. 이 문제는 기여과실 원칙이나 비교과실 원칙을 적용하면 해결이 가능하다.

1) 기여과실 원칙

기여과실 원칙은 독립적인 책임 원칙이 아니라 가해자의 항변 수단이다. 과실이 있는 가해자는 피해자의 과실을 증명함으로써(항변함으로써) 배상 책임에서 벗어날 수 있다. 가해자에게 기여과실의 항변이 허용되면 피해자는 과실이 없어야 손해를 배상받는다. 기여과실 원칙은 부수적인 책임 원칙이므로 엄격책임 원칙과 결합하면 "기여과실의 항변이 인정되는 엄격책임" 원칙이 만들어진다. 또한 기여과실 원칙과 과실 원칙이 결합하면 "기여과실의 항변이 인정되는 과실" 원칙이 된다. 기본적으로 기여과실의 항변이 인정되는 엄격책임 원칙은 엄격책임 원칙이고 기여과실의 항변이 인정되는 과실 원칙은 과실원칙이다. 기여과실 원칙하에서 가해자의 배상 책임이 인정되는 경우를 그림으로 나

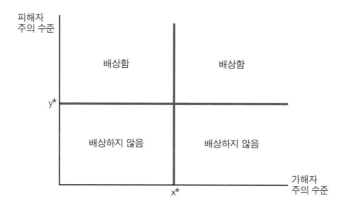

A. 기여과실의 항변이 인정되는 엄격책임 원칙

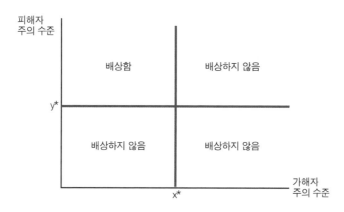

B. 기여과실의 항변이 인정되는 과실 원칙

〈그림 4-2〉 손해 배분: 기여과실 원칙

타낸 것이 〈그림 4-2〉이다.[21]

　기여과실의 항변이 인정되는 엄격책임 원칙하에서 피해자가 손해를 배상받으려면 가해자의 항변이 없어야 한다. 즉, 피해자의 과실이 없어야 한다. 결과적으로 피해자에게 주의 의무가 부과된다. 이 상황에서 가해자는 피해자가 주의 의무를 준수한다는 것을 안다. 가해자는 주의 의무를 지켜도 배상 책임에서 벗어날 수 없지만 주의 의무를 지킨다. 주의 의무를 준수할 때 손해배상액

21) y^*는 피해자에게 부과된 주의 의무이다.

이 최소가 되기 때문이다.[22]

기여과실의 항변이 인정되는 과실 원칙의 경우 가해자는 자신의 과실이 없거나 피해자의 과실이 있으면 배상 책임에서 벗어난다. 즉, 가해자는 자신의 과실이 있고 피해자의 과실이 없을 때 손해를 배상한다. 피해자는 주의 의무를 지켜도 가해자가 주의 의무를 준수하면 손해를 배상받지 못하지만 주의 의무를 지킨다. 주의 의무를 지키지 않는 경우에 비하여 비용이 적기 때문이다.[23] 가해자는 피해자가 주의 의무를 지킨다는 것을 안다. 결과적으로 가해자는 기여과실의 항변을 할 수 없으므로 주의 의무를 준수하여 배상 책임에서 벗어난다.

과실원칙, 기여과실의 항변이 인정되는 엄격책임 원칙, 기여과실의 항변이 인정되는 과실 원칙 중에서 하나를 적용하면 가해자와 피해자가 주의 의무를 지킨다. 그러나 가해자와 피해자의 과실이 없는 경우 과실 원칙이나 기여과실의 항변이 인정되는 과실 원칙을 적용하면 피해자가, 기여과실의 항변이 인정되는 엄격책임 원칙을 적용하면 가해자가 손해를 부담한다. 또한 가해자와 피해자의 과실이 있을 때 과실 원칙을 적용하면 가해자가, 기여과실의 항변이 인정되는 엄격책임 원칙이나 기여과실의 항변이 인정되는 과실 원칙을 적용하면 피해자가 손해를 부담한다.[24]

2) 비교과실 원칙

가해자의 기여과실의 항변이 허용되면 피해자가 불리하여진다. 가해자의 과실이 90%, 피해자의 과실이 10%이어도 기여과실의 항변이 인정되면 가해자가 배상 책임에서 벗어난다. 비교과실 원칙을 적용하면 이 문제를 해결할 수

---

22) 이 사실은 〈그림 4-4〉에서 확인된다.

23) 대체로 주의비용이 손해배상액보다 적다.

24) 가해자와 피해자가 순차적으로 행동하는 경우가 있다. 가해자가 행위를 한 후 피해자가 행위를 하면 기여과실의 항변이 인정되는 과실 원칙이 과실 원칙보다 우월하다. 가해자가 주의 의무를 준수하지 않은 경우 과실 원칙하에서는 피해자가 주의할 유인이 없지만 기여과실의 항변이 인정되는 과실 원칙하에서는 피해자가 주의 의무를 지킨다. 동일한 논리로 피해자가 행위를 한 후 가해자가 행위를 하는 경우에는 과실 원칙이 우월하다. 가해자와 피해자가 순차적으로 행동하는 경우 나중에 행동하는 일방이 책임을 부담하는 것이 효율적이다. 나중에 행동하는 일방이 상대적으로 적은 비용으로 불법행위를 방지할 수 있기 때문이다.

있다. 비교과실 원칙은 "순수한" 비교과실 원칙과 "수정된" 비교과실 원칙으로 나뉜다. 순수한 비교과실 원칙을 다른 말로 과실상계(過失相計)라고 한다. 예를 들어, 가해자의 과실이 40%, 피해자의 과실이 60%이면 가해자가 손해의 40%를 배상하는 것이 과실상계이다. 수정된 비교과실 원칙하에서는 상대적으로 과실이 큰 피해자가 모든 손해를 부담한다.[25]

이론적으로 순수한 비교과실 원칙이 수정된 비교과실 원칙보다 우월하다. 전자에 있어서는 가해자와 피해자가 과실의 크기에 비례하는 손해를 부담하기 때문이다. 그러나 현실적으로 가해자와 피해자의 과실의 크기를 정확하게 측정하는 것은 불가능하다. 이러한 이유로 순수한 비교과실 원칙을 적용하면 행정 비용이 많이 소요된다. 수정된 비교과실 원칙하에서는 가해자와 피해자 중에서 누구의 과실이 큰지를 판단하면 되므로 법원의 부담이 작다.

앞에서 설명한 과실원칙과 기여과실의 항변이 인정되는 과실원칙은 비교과실 원칙의 특수한 형태이다. 과실원칙이나 기여과실의 항변이 인정되는 과실 원칙하에서 가해자와 피해자가 주의 의무를 준수하므로 비교과실 원칙하에서도 가해자와 피해자는 주의 의무를 지킨다. 과실 원칙, 기여과실의 항변이 인정되는 과실 원칙, 비교과실 원칙의 효과는 가해자와 피해자가 주의 의무를 지키지 않을 때, 즉 쌍방의 과실이 있을 때 달라진다. 과실 원칙하에서는 가해자가, 기여과실의 항변이 인정되는 과실 원칙하에서는 피해자가 손해를 부담하지만 순수한 비교과실 원칙 하에서는 가해자와 피해자가 손해를 분담한다.[26]

2. 엄격책임 원칙

거래를 통하여 재화는 그것으로부터 가장 높은 효용을 얻는 사람이 소유한다. 예를 들어, 특정한 재화로부터 얻는 효용이 A는 100원, B는 110원, C는 120원이면 처음에 A가 이 재화를 갖고 있더라도 거래를 통하여 C에게 이전된다. 그러나 불법행위로 발생한 손해를 배분하는 데는 상당한 거래비용이 소요

---

25) 가해자와 피해자의 과실이 각각 50%이면 어떻게 되는가? 가해자와 피해자의 과실이 같은 경우 가해자가 손해를 부담하는 법적 원칙과 피해자가 손해를 부담하는 법적 원칙이 존재한다.
26) 수정된 비교과실 원칙하에서는 가해자 또는 피해자가 손해를 부담한다.

된다. 이 경우에는 가장 적은 비용으로 불법행위를 방지할 수 있는 사람이 책임을 부담하는 것이 효율적이다. 이를 최소비용회피자 책임 부담 원칙이라고 한다.

운전자 A가 무단 횡단하는 보행자 B를 친 경우 A의 주의 의무는 전방 주시, B의 주의 의무는 횡단보도를 이용하는 것이다. A와 B의 주의비용(care cost)이 교통사고로 인한 손해액보다 적으므로 쌍방은 주의 의무를 지켜야 한다. 이 경우에는 쌍방의 과실을 상계한다. 운전자 A가 심야에 고속도로를 무단 횡단하는 보행자 B를 친 경우는 어떠한가? A의 주의 의무는 전방 주시와 언제든지 급정거할 수 있는 속도로 운전하는 것이고, B의 주의 의무는 무단 횡단하지 않거나 지하 통로로 이동하는 것이다. 이 경우에는 B의 주의비용이 A에 비하여 적기 때문에 최소비용회피자인 B가 책임을 부담하는 것이 효율적이다.

불법행위에 있어서 가해자와 피해자의 과실의 크기를 따지지 않고 가해자가 손해를 부담하는 것이 엄격책임 원칙이다. 엄격책임 원칙은 가해자에게 불리한 책임 원칙이다. 가해자가 최소비용회피자이면 그에게 엄격책임 원칙을 적용하여야 불법행위가 효율적으로 방지된다. 최소비용회피자 책임 부담의 법리가 적용된 책임 원칙이 엄격책임 원칙이다.

엄격책임 원칙은 Escola v. Coca-Cola Bottling Co.판결을 통하여 확립되었다. 사건의 개요(概要)는 다음과 같다. 식당 종업원인 Escola가 콜라를 운반하는 도중에 병이 폭발하여서 손을 크게 다쳤다. Escola는 Coca-Cola Bottling Co.의 과실로 인하여 사고가 발생하였으므로 손해를 배상하여야 한다고 주장하였다. Coca-Cola Bottling Co.는 콜라를 병에 주입하고 밀봉(密封)하는 과정에서 과실이 없었다고 하였다. 이 사고가 발생하기 전에도 콜라병이 폭발하였다는 증언이 있었으나 물적 증거인 병 조각이 법원에 제출되지 않았다.[27]

법원은 만장일치로 Coca-Cola Bottling Co.의 배상 책임을 인정하였다. 판결 이유는 두 가지로 갈렸다. 다수 의견은 과실 원칙을 적용하는 것이었다. Coca-Cola Bottling Co.의 과실을 입증하는 물적 증거가 없으나 정황상 Escola에 의하여 병이 폭발하였다고 할 수 없다는 것이 다수 의견이었다. 과실

---

[27] 사고 직후 다른 종업원이 병 조각을 수거(收去)하여서 버렸다.

추론(過失推論)28)의 법리가 적용된 것이다. 반면, 트레이너(Traynor) 판사는 엄격책임 원칙을 적용할 것을 주장하였다. 소비자가 제품을 소비하는 과정에서 사고가 발생하면 과실과 상관없이 생산자가 책임을 져야 한다는 것이다. 엄격책임 원칙을 적용하면 과실을 입증할 필요가 없으므로 과실추론의 법리를 적용할 이유가 없다.

소비와 관련된 사고에 엄격책임 원칙을 적용하는 이유는 무엇인가? 트레이너 판사의 주장에 따르면 일반적으로 소비와 관련된 사고를 적은 비용으로 방지할 수 있는 주체는 생산자이다. 생산자가 최소비용회피자이므로 사고의 책임을 지는 것이 효율적이다.29) 생산자가 과실이 없더라도 최소비용회피자이므로 손해를 부담하여야 한다는 것이 트레이너 판사의 생각이었다.

부록 17. 징벌적 손해배상

불법행위를 효율적인 수준으로 억제하려면 가해자가 피해자의 손해를 자신의 손해로 인식하여야 한다. 그래야지만 외부성이 제거된다. 피해자에 대한 완전한 배상을 통하여 외부성이 제거되면 불법행위가 효율적인 수준으로 억제된다. 불법행위가 발생하기 전과 후의 피해자의 효용이 같으면 완전한 배상이 이루어졌다고 할 수 있다. 그러나 피해자에 대한 완전한 배상은 불가능하다. 판사와 배심원은 피해자가 아니므로 객관적인 손해를 파악할 수 있으나 주관적인 손해는 측정할 수 없다. 피해자의 육체적·정신적 고통에 대하여는 과소 배상이 문제가 된다.

불법행위를 효율적인 수준으로 억제하려면 적발 가능성을 고려하여야 한다. 피해자의 손해액이 100원, 불법행위가 적발될 가능성이 50%이면 손해배상액이 200원이어야 불법행위가 효율적인 수준으로 억제된다. 모든 불법행위를 적발할 수 없으면 손해배상액이 손해액보다 커야 불법행위가 효율적인 수준으로 억제된

---

28) 사건의 발생 자체가 과실을 성립시킨다는 법리이다. 이는 원고가 피고의 과실을 입증하여야 한다는 일반적인 과실 원칙에 대한 예외이다. 모든 것이 피고의 지배하에 있으면 원고는 모든 상황에 대하여 영향력을 행사할 수 없으므로 원고가 사건의 원인을 입증하는 것은 정의롭지 않다.

29) 이 생각을 제도화한 것이 제조물책임(product liability)이다.

다. 손해배상액이 손해액보다 클 때 이를 징벌적 손해배상이라고 한다.[30] 징벌적 손해배상은 징벌과 손해배상의 합성어이다.

모든 불법행위가 적발되면 완전한 배상으로 불법행위가 효율적인 수준으로 억제된다. 불법행위 중 일부(θ)만 적발되면 피해자의 손해액(D)과 징벌적 손해배상액(P)이 가해자에게 부과된다. 가해자가 인식하는 손해배상액은 $\theta(D+P)$이고 이는 D[31]와 같아야 하므로 징벌적 손해배상액은 식 (4.1)과 같이 결정된다.[32] 식 (4.1)의 $\dfrac{1-\theta}{\theta}$를 징벌 승수(punishment multiplier)라고 한다. 예를 들어, 불법행위가 적발될 확률이 33%($\theta=0.33$)이면 징벌적 손해배상액은 손해액의 두 배이다. 법원이 세 건의 불법행위 중에서 한 건만 적발하면 적발된 가해자는 결과적으로 손해액의 세배를 배상한다.[33]

$$P = \frac{(1-\theta)D}{\theta} \tag{4.1}$$

제3절   주의 모형

불법행위에 대한 법경제학적 분석의 핵심은 불법행위를 효율적인 수준으로 억제하는 주의 수준을 찾는 것이다. 불법행위는 가해자와 피해자가 그것을 방지하기 위하여 어느 정도의 주의를 하느냐에 따라 많이 발생할 수도 적게 발생할 수도 있다. 이러한 이유로 불법행위를 분석하는 모형을 주의 모형(care model)이라고 한다.

가해자나 피해자가 주의하는 데는 비용이 소요되지만 불법행위가 발생할

---

30) 가해자의 입장에서 자신이 유발한 손해액보다 큰 금액을 배상하는 것은 징벌이다.

31) $D = 1 \times D$

32) $\theta(D+P) = D$를 P에 대하여 정리하면 식 (4.1)이 성립한다.

33) 가해자가 배상하는 금액은 피해자의 손해액(D)과 징벌적 손해배상액($2D$)을 합한 것이다. 이는 일벌백계(一罰百戒)에 해당한다. 범죄자 100명 중에서 1명을 처벌하되 죄의 100배에 해당하는 벌을 부과하면 1명을 처벌함으로써 100명의 범죄를 방지할 수 있다.

가능성과 손해액은 주의 수준에 반비례한다. 따라서 불법행위가 전혀 발생하지 않는 것은 최적이 아니다. 불법행위로 인한 손해는 0이 되지만 주의비용이 클 수 있기 때문이다. 불법행위를 효율적인 수준으로 억제하려면 법원이 최적의 주의 의무를 부과하여야 한다.

이 절에서는 불법행위를 분석하는 두 개의 모형을 설명하였다. 첫 번째 모형은 가해자가 불법행위를 방지할 수 있다고 가정한 것이다. 이를 일방 주의 모형이라고 한다. 두 번째 모형은 가해자와 피해자가 불법행위를 방지할 수 있는 경우인데 쌍방 주의 모형으로 불린다. 교통사고의 경우에는 운전자와 보행자가 주의하여야 하므로 쌍방 주의 모형을 적용할 수 있다. 제조물책임은 일방 주의 모형으로 설명이 가능하다. 불법행위의 특성에 따라 일방 주의 모형이나 쌍방 주의 모형을 적용할 수 있다.

제2절에서 설명한 책임 원칙과 주의 모형의 관계는 다음과 같다. 비책임(엄격책임) 원칙하에서 가해자(피해자)가 손해를 부담하지 않으므로 비책임(엄격책임) 원칙은 일방 주의 모형으로 설명이 가능하다. 과실 원칙의 경우에는 가해자에게, 기여과실의 항변이 인정되는 엄격책임 원칙의 경우에는 피해자에게 주의 의무가 부과되므로 일방 주의 모형을 적용할 수 있다. 비교과실 원칙과 기여과실의 항변이 인정되는 과실 원칙은 주의 의무가 쌍방에 부과되는 경우에 해당한다.

1. 일방 주의 모형

대표적인 불법행위인 교통사고를 가정하자. 교통사고 당사자는 운전자(가해자)와 보행자(피해자)이다. 교통사고로 인한 사회적 비용은 운전자와 보행자가 부담하는 비용을 합한 것이다. 사회적 비용이 최소화되는 교통사고 수준을 유지하는 것이 법원의 목표이다. 이를 달성하려면 운전자와 보행자가 최적의 주의 수준을 선택하여야 한다. 다만, 일방 주의 모형에서는 운전자가 교통사고 발생에 영향을 미친다고 가정하므로 운전자의 주의 수준이 높아지면 교통사고가 감소한다.

운전자의 입장에서는 두 종류의 비용이 발생한다. 첫째, 교통사고를 방지하

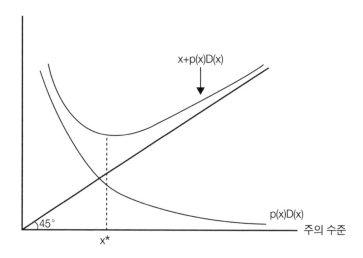

〈그림 4-3〉 최적 주의 수준: 일방 주의 모형

려면 주의하여야 한다. 이를 주의비용이라고 한다. 둘째, 교통사고가 발생하면 보행자의 손해를 배상하여야 한다. 운전자는 주의비용과 손해배상액의 합이 최소화되는 주의 수준을 선택한다. 운전자가 최적의 주의 수준을 선택하여도 교통사고가 발생하지만 그것은 효율적인 교통사고이다.

이상의 논의를 모형화하면 다음과 같다. 가해자의 주의 수준(x)이 높아지면 불법행위가 발생할 확률$(p(x))$과 손해액$(D(x))$은 감소한다. 이에 따라 기대손해액$(p(x)D(x))$이 체감적(遞減的)34)으로 감소한다. 불법행위의 사회적 비용인 $x+p(x)D(x)$가 최소화될 때 최적 주의 수준(x^*)이 정의되는데 이를 그림으로 나타낸 것이 〈그림 4-3〉이다.35) 〈그림 4-3〉에서 주의비용은 45도 직선이고 기대손해액인 $p(x)D(x)$는 원점에 대하여 볼록하므로 양자의 합인 $x+p(x)D(x)$의 형태는 U자이다.

가해자는 최적의 주의 수준을 선택하는가? 법원이 비책임 원칙을 적용하면 가해자는 피해자의 손해를 배상할 필요가 없으므로 주의하지 않는다. 즉, $x=0$이다. 반면, 법원이 엄격책임 원칙을 적용하면 가해자는 피해자의 손해를 자신의 손해로 인식하므로 x^*를 선택한다. 최적의 주의 수준을 유도하는 측면

---

34) 감소율이 감소하는 것이다.
35) 주의 수준을 주의비용$(c(x))$으로 가정하였다. 즉, $c(x)=x$이다.

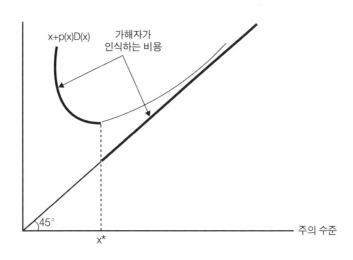

<그림 4-4> 가해자의 주의 수준: 과실 원칙

에서 엄격책임 원칙이 비책임 원칙보다 우월하다. 과실 원칙의 경우에는 문제가 복잡하다. 만약, 법원이 x^*를 주의 의무로 부과한다면 가해자가 인식하는 불법행위의 비용은 식 (4.2)가 된다. 주의 수준이 x^* 이상이면 손해를 배상하지 않기 때문이다. 식 (4.2)를 그림으로 나타낸 것이 〈그림 4-4〉이다. 〈그림 4-4〉를 보면 가해자가 인식하는 비용이 x^*에서 급격하게 감소하므로 가해자는 x^*를 선택한다.

$$x,\ x \geq x^* \tag{4.2}$$
$$x + p(x)D(x),\ x < x^*$$

엄격책임 원칙과 과실 원칙 중에서 무엇이 우월한가? 하나의 평가 기준은 행정 비용이다. 법원이 분쟁을 해결하는 데는 비용이 소요된다. 행정 비용은 소송 한 건을 해결하는 데 드는 비용과 소송 건수의 함수이다. 엄격책임 원칙을 적용하면 소송 한 건의 비용은 적지만 많은 소송이 발생한다.36) 따라서 어느 책임 원칙의 행정 비용이 크다고 단정할 수 없다. 책임 원칙을 평가하는 다른 기준은 오류이다. 책임 원칙을 적용하는 과정에서 법원이 오류를 범하면 불

---

36) 엄격책임 원칙하에서 피해자는 가해자의 과실을 입증할 필요가 없으므로 사건이 단순해진다.

법행위는 효율적인 수준으로 억제되지 않는다. 엄격책임 원칙을 적용하려면 법원이 불법행위로 인한 손해의 크기를 정확하게 파악하여야 한다. 과실 원칙의 경우에는 법원이 최적 주의 수준을 알아야 한다.

2. 쌍방 주의 모형[37)

가해자와 피해자가 불법행위를 방지할 수 있는 경우 불법행위의 사회적 비용은 식 (4.3)이 된다. 식 (4.2)와 비교하면 불법행위를 방지하기 위하여 피해자가 지출하는 주의비용(y)이 추가되고, 불법행위의 발생 확률과 손해액이 가해자와 피해자의 주의 수준의 함수라는 점이 다르다. 식 (4.3)을 최소화하는 가해자와 피해자의 주의 수준을 x^*, y^*라고 가정하자.

$$x + y + p(x,y)D(x,y) \tag{4.3}$$

비책임 원칙이 적용되면 가해자의 주의 수준은 0이다. 피해자는 가해자의 주의 수준이 0이고 손해를 배상받지 못한다는 것을 알기 때문에 과잉 주의를 한다. 피해자가 인식하는 불법행위의 비용은 $y + p(0,y)D(0,y)$이므로 이를 최소화하는 주의 수준(y')은 y^*보다 높다. 가해자와 피해자가 선택하는 주의 수준 $(0, y')$에서 식 (4.3)이 최소화되지 않는다. 같은 논리로 엄격책임 원칙하에서 피해자는 모든 손해를 배상받으므로 불법행위를 방지하기 위하여 주의할 이유가 없다. 즉, $y = 0$이다. 가해자는 피해자의 손해를 자신의 비용으로 인식한다. 가해자가 인식하는 불법행위의 비용은 $x + p(x,0)D(x,0)$이므로 가해자의 주의 수준(x')은 x^*보다 높다. $(x', 0)$도 최적 주의 수준이 아니다.

쌍방 주의 모형에서는 비책임 원칙이나 엄격책임 원칙을 적용하여 최적 주의 수준을 유도할 수 없다. 어느 것을 적용하든 일방의 도덕적 해이가 나타나기 때문이다. 비책임 원칙을 적용하면 가해자의 도적적 해이가 발생하여 피해자의 과잉 주의가 유발된다. 엄격책임 원칙을 적용하면 피해자의 도덕적 해이

---

37) 쌍방 주의 모형에서는 가해자와 피해자가 동시에 주의 수준을 선택하므로 쌍방은 상대방이 합리적으로 주의 수준을 선택한다는 기대하에 자신의 주의 수준을 선택한다.

와 가해자의 과잉 주의가 발생한다.

쌍방 주의 모형에서 불법행위를 효율적인 수준으로 억제하려면 가해자와 피해자의 도덕적 해이를 동시에 방지하여야 한다. 이러한 측면에서 과실 원칙이 다른 책임 원칙보다 우월하다. 과실 원칙이 적용되면 가해자는 배상 책임에서 벗어나기 위하여 최적 주의 수준을 선택한다. 피해자는 손해를 배상받지 못하므로 최적 주의 수준을 선택하여 불법행위로 인한 비용을 최소화한다.[38]

부록 18. 쌍방 과실과 일방 과실[39]

자동차 사고가 났을 때 양쪽 모두 잘못이 있는 것으로 보는 쌍방 과실이 줄어들고 한쪽의 잘못을 100% 인정하는 일방 과실이 늘어날 전망이다. 금융위원회와 금융감독원, 손해보험협회는 피해자가 사고를 피하기 어려운 상황에서 자동차 사고가 났을 때 가해자의 일방 과실을 적용하는 사례를 확대하기로 하였다고 밝혔다. 자동차 사고가 나면 보험료가 올라가는 점을 이용하여 보험사가 일방 과실로 인정할 수 있는 부분을 쌍방 과실로 몰아간다는 운전자의 부정적인 인식을 반영한 조치이다.

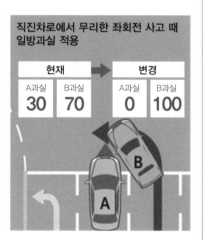

〈그림 4-5〉 일방 과실 사례

---

38) 불법행위로 인한 손해를 최소화하는 것이 아니다.
39) 조선일보, 2018. 7. 12에서 인용.

1. 지인 간 분쟁

불법행위로 인한 분쟁은 두 종류로 구분된다. 하나는 부지인 간 분쟁이고 다른 하나는 지인 간 분쟁이다. 부지인(지인)은 분쟁 전·후로 거래가 없는(있는) 쌍방이다. 부지인 간 분쟁의 대표적인 사례는 교통사고와 명예훼손이다. 지인 간 분쟁의 예로는 공해와 의료사고를 들 수 있다. 교통사고가 발생하기 전 운전자와 보행자는 모르는 사이이다. 분쟁이 해결되면 쌍방은 다시 모르는 사람이 된다. 공해의 경우에는 분쟁과 무관하게 기업이 제품을 생산하고 소비자는 제품을 소비한다. 거래하는 쌍방을 지인이라고 한다.

부지인 간 분쟁과 지인 간 분쟁을 구별하는 이유는 무엇인가? 부지인 간 분쟁의 경우에는 어떠한 책임 원칙을 적용하느냐에 따라 가해자와 피해자의 책임 분담이 달라지지만, 지인 간 분쟁에 있어서는 쌍방이 완전한 정보를 갖고 있는 한 어떠한 책임 원칙을 적용하든 실질적인 책임 분담이 달라지지 않는다.[40] 지인 간 분쟁에서는 가해자에게 부과된 책임이 가격을 통하여 피해자에게 전가(轉嫁)되기 때문이다.

다음과 같은 사례를 가정하자. 기업이 제품을 생산하는 과정에서 공해가 배출되었다. 법원이 엄격책임 원칙을 적용하면 기업의 책임이 증가하므로 생산비가 상승한다. 기업은 증가한 생산비를 모두 부담하는가? 그렇지 않다. 기업은 가격을 인상하여 증가한 책임을 소비자에게 전가한다. 동일한 현상이 의료사고에서도 나타난다. 의료사고에 엄격책임 원칙이 적용되면 의사의 책임이 증가한다. 의사는 증가한 책임을 모두 부담하는가? 의사는 진료비를 인상하여 증가한 책임을 환자에게 전가할 수 있다.

지인 간 분쟁에 있어서는 법원이 책임을 어떻게 배분하든 가해자와 피해자의 실질적인 책임 분담이 달라지지 않는다. 경제학에서는 이를 귀착(incidence)의 문제라고 한다. 아래에서는 지인 간 분쟁에 해당하는 제조물책임, 산업재

---

40) 이에 대하여는 제2항에서 설명하였다.

해, 의료사고에 대하여 논의하였다.

1) 제조물책임

제조물책임은 제품과 관련된 사고가 발생할 경우 소비자의 과실과 상관없이 기업이 손해를 배상하는 제도이다. 제조물책임은 불법행위법과 품질보증제(warranty)[41]의 교집합이라고 할 수 있다. 소비자가 관련된 불법행위에 있어서 과실 원칙 대신 엄격책임 원칙을 적용하는 것이 전반적인 추세이었고, 품질보증제는 기업의 책임 범위가 확대되는 방향으로 발전되어 왔다. 이 두 개의 흐름이 교차하면서 만들어진 제도가 제조물책임이다.

우리나라의 경우 소비자가 배상을 받으려면 제품 결함, 손해 발생, 결함과 손해 간 인과성이 입증되어야 한다. 우리나라의 제조물책임은 책임 요건을 기업의 과실에서 제품 결함으로 변경하였을 뿐 엄격책임 원칙이 적용된 것은 아니다. 소비자의 도덕적 해이를 방지하는 측면에서는 기여과실의 항변이 인정되는 엄격책임 원칙이 단순한 엄격책임 원칙에 비하여 우월하다. 또한 과잉 소비를 막는 점에서는 기여과실의 항변이 인정되는 엄격책임 원칙이 과실 원칙에 비하여 우월하다.[42] 그럼에도 불구하고 제조물책임의 경우 엄격책임 원칙을 적용하는 이유는 기업이 최소비용회피자이기 때문이다.

2) 산업재해

근로계약은 거래이고 기업이 근로자에게 지불하는 임금은 노동의 가격이므로 산업재해는 지인 간 분쟁에 해당한다. 산업재해에는 세 종류의 사고가 포함된다. 첫째, 가장 일반적인 경우로서 위험한 작업 환경으로 인하여 근로자가 상해를 입은 사고이다. 이 경우에는 기업이 가해자, 근로자가 피해자이다. 둘째, 근로자가 작업 중에 제3자에게 상해를 입힌 사고이다. 이때에는 근로자는 가해자, 제3자가 피해자이다. 셋째, 작업 중에 근로자가 다른 근로자를 다치게 한 경우이다. 이러한 사고의 가해자와 피해자는 근로자이다.

---

41) 품질보증제는 제품이 제대로 기능하지 않을 경우 소비자의 과실과 상관없이 기업이 손해를 배상하는 제도이다.
42) 과실 원칙을 적용하면 기업이 주의 의무를 지키는 한 사고로 인한 손해가 가격에 반영되지 않으므로 소비자가 제품을 많이 소비한다. 과잉 소비는 많은 사고를 유발한다.

기업이 가해자, 근로자가 피해자인 경우 과거에는 과실 원칙이 적용되었으나 현재는 엄격책임 원칙을 적용하는 것이 추세이다. 형식적으로는 근로자가 유리해졌다고 할 수 있으나 기업이 증가한 배상 책임을 임금 인하로 상쇄할 수 있다. 사고가 발생하면 근로자가 손해를 배상받지만 임금이 하락하면 실질적으로 나아진 것이 없다.

근로자는 가해자, 제3자가 피해자인 경우 기업에 엄격책임 원칙을 적용하는 것이 일반적이다. 근로자가 아닌 기업에 배상 책임을 부과하는 이유는 기업의 배상 능력이 크기 때문이다. 근로자를 대신하여 기업이 배상 책임을 부담하면 근로자가 유리해지는가? 이 경우에도 기업은 임금을 통하여 책임을 전가할 수 있다. 기업은 일종의 보험료를 징수하는 차원에서 근로자의 임금을 깎거나, 사고를 방지하기 위하여 주의를 한 근로자에게 높은 임금을 지불할 수 있다.

근로자에 의하여 근로자가 상해를 입은 경우에는 기업의 배상 책임이 없다. 이를 Fellow-Servant Rule이라고 한다. 왜 기업에 배상 책임이 부과되지 않는가? 배상 책임을 부과하는 실익(實益)이 없기 때문이다. A가 B에게 100원의 상해를, B가 C에게 100원의 상해를, C가 A에게 100원의 상해를 입힌 경우를 생각하여보자. 기업에 엄격책임 원칙을 적용하면 기업은 A, B, C에게 각각 100원을 지불한 후 임금을 100원씩 삭감할 수 있다.43) 가해자와 피해자가 근로자이면 기업은 근로자의 임금으로 근로자의 손해를 배상할 수 있다.44)

3) 의료사고

의사의 오진(誤診)으로 인하여 환자에게 손해가 발생하는 의료사고도 지인 간 분쟁에 해당한다. 환자가 진료비를 지불하면 의사는 진료라는 서비스를 제공하기 때문이다. 다만, 의료사고는 두 가지 측면에서 제조물책임이나 산업재해와 다르다. 첫째, 공적(公的) 의료보험이 존재하는 경우 의사는 배상 책임을 진료비를 통하여 환자에게 전가할 수 없다. 둘째, 환자는 자신이 받는 진료에 대하여 정확하게 알지 못하므로 과잉 진료가 가능하다.45)

---

43) 사고에 대한 책임을 묻는 측면에서 임금을 삭감하는 것이 가능하다.
44) Fellow-Servant Rule이 적용되면 근로자는 근로자로부터 배상을 받는다. 대체로 근로자의 배상 능력이 크지 않으므로 근로자는 다른 근로자의 부주의를 감시하고 적발하게 된다.
45) 이 문제를 해결하기 위하여 의사에게 고지(告知) 의무가 부과된다. 의사는 진료 내용을 환자

의료사고에 엄격책임 원칙을 적용하는 것을 생각할 수 있다. 엄격책임 원칙이 적용되면 의사는 과잉 진료를 하거나 위험한 진료를 기피한다.46) 현실에서는 의료사고에 과실 원칙이 적용되고 통상적인 진료가 주의 의무로 부과된다. 통상적인 진료는 평범한 의사가 갖고 있는 지식, 기술, 주의를 통한 진료를 의미한다. 의사가 통상적인 진료를 하지 않으면 추상적 과실이 인정된다. 의료사고가 발생하더라도 통상적인 진료를 하였다면 의사의 배상 책임이 없다.47)

2. 정보

지인 간 분쟁의 경우 법원이 어떠한 책임 원칙을 적용하든 가해자와 피해자가 실질적으로 부담하는 책임은 변하지 않는다고 하였다. 이 명제가 성립하려면 하나의 조건이 충족되어야 한다. 우리는 소비자가 사고의 발생 확률과 손해액을 정확하게 안다고 가정하였다. 그러나 현실에서 소비자는 제품에 대한 완전한 정보를 갖지 않는다. 정보가 불완전하면 소비자는 사고로 인한 손해의 크기를 정확하게 알지 못한다. 소비자가 손해의 크기를 과소평가하는 것이 문제이다. 만약, 소비자가 손해의 크기를 과대평가한다면 기업이 자발적으로 소비자에게 정보를 제공하므로 정보의 비대칭성이 사라진다.

아래에서는 소비자가 완전한 정보를 갖는 경우 법원이 손해를 어떻게 배분하든 가해자와 피해자가 부담하는 책임이 변하지 않는다는 것과, 소비자의 정보가 불완전하면 책임 원칙의 효과가 있다는 것을 간단한 모형을 통하여 증명하였다.

에게 알려야 한다. 이 의무를 이행하는 데는 비용이 들기 때문에 의사가 모든 정보를 제공할 필요는 없다. 고지에 따른 편익이 비용보다 큰 정보, 즉 진료의 핵심적인 내용을 고지하면 된다.

46) 공적 의료보험 하에서는 의사가 진료비를 인상할 수 없기 때문이다.

47) 엄격책임 원칙을 적용하되 의료사고별 손해배상액을 법으로 정하는 제도가 가능하다. 이를 시행하려면 의료사고를 심각한 정도에 따라 분류하고 손해배상액을 산정하여야 한다. 이 제도가 도입되면 환자와 의사는 소송에 소요되는 시간과 비용, 불확실성을 줄일 수 있다.

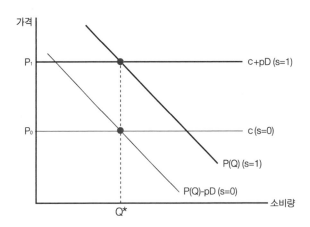

〈그림 4-6〉 엄격책임 원칙과 비책임 원칙하에서 소비량과 가격의 결정

1) 정보가 완전한 경우

가해자와 피해자의 책임을 0 또는 100%로 부과하여야 하는 것은 아니다. 가해자와 피해자의 책임이 각각 60%, 40%인 책임 원칙을 적용할 수 있다. 가해자의 책임을 60%로 부과하든 40%로 부과하든 실질적인 배상 책임은 달라지지 않는다. 이를 증명하여 보자.

소비자가 지불하는 가격이 P, 소비량은 Q이다. 제품의 단위당 생산비는 c이다. 제품 한 단위를 소비할 때 사고가 발생할 확률이 p, 사고로 인한 손해액은 D이다. 제품 한 단위의 소비에 따른 기대손해액은 pD이다. 기업과 소비자가 손해를 분담하므로 기업의 책임 비율이 s이면 소비자의 책임 비율은 $1-s$이다. 엄격책임 원칙이 적용되면 $s=1$, 비책임 원칙이 적용되면 $s=0$이다. 수요함수는 $P(Q)-(1-s)pD$이다. 소비로 인한 효용은 $P(Q)$이지만 소비자가 $(1-s)pD$의 손해를 부담하기 때문이다. 같은 논리로 기업의 공급함수는 $c+spD$이다.

엄격책임 원칙이 적용되면 수요함수는 $P(Q)$, 공급함수가 $c+pD$이므로 가격이 P_1, 소비량은 Q^*이다. 비책임 원칙이 적용되면 수요함수와 공급함수가 pD만큼 밑으로 이동하므로 가격이 P_0, 소비량은 Q^*이다. 엄격책임 원칙과 비책임 원칙을 비교하면 가격이 pD만큼 차이가 난다는 것을 알 수 있다.

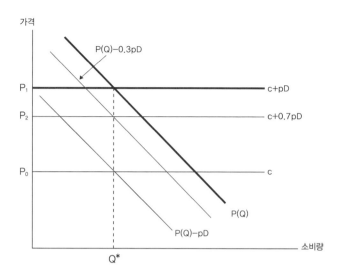

〈그림 4-7〉 기업의 책임 비율이 70%일 때 소비량과 가격의 결정

그렇다면 비책임 원칙이 소비자에게 유리한가? 엄격책임 원칙을 적용하면 소비자는 기대손해액에 해당하는 가격을 더 지불하지만 사고가 발생하면 기업으로부터 손해를 배상받는다.[48] 비책임 원칙하에서 사고가 나면 소비자는 배상을 받지 못하지만 낮은 가격을 지불한다.[49] 엄격책임 원칙하에서 소비자는 기업에 보험료를 지불한다고 할 수 있다.[50]

　　엄격책임 원칙을 적용하든 비책임 원칙을 적용하든 소비량은 일정하다. 엄격책임 원칙을 적용하면 비책임 원칙과 비교하여 수요함수와 공급함수가 pD 만큼 위로 이동하기 때문이다. 따라서 자원 배분이라는 측면에서 엄격책임 원칙과 비책임 원칙의 효과는 동일하다. 일반적으로 법원은 사고로 인한 손해를 기업과 소비자에게 분담시킨다. 기업과 소비자의 책임 비율이 7 : 3인 경우를

---

48) 소비자가 주의하고 기업이 가격을 낮추는 협상이 가능하지만 일단 가격이 인하되면 소비자가 주의하지 않는다. 사고가 발생하면 기업이 손해를 배상하기 때문이다.

49) 기업이 안전한 제품을 만들고 가격을 인상하는 것이 가능하지만 일단 가격이 인상되면 기업이 안전한 제품을 만들지 않는다. 사고가 발생하면 기업이 손해를 배상하지 않아도 되기 때문이다.

50) 비책임 원칙하에서는 소비자가 낮은 가격을 부담하므로 보험에 가입하여서 사고 위험을 제거할 수 있다. 위험을 기업이 부담하는 방식(엄격책임 원칙)과 보험회사가 부담하는 방식(비책임 원칙) 중 무엇이 효율적인가?

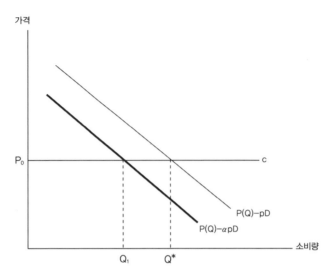

A. 위험을 과대평가한 경우: $\alpha > 1$

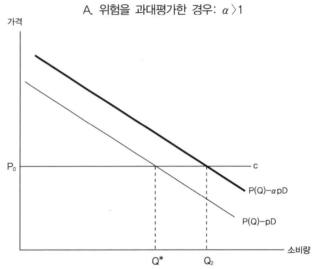

B. 위험을 과소평가한 경우: $\alpha < 1$

〈그림 4-8〉 비책임 원칙하에서 소비량과 가격의 결정: 정보가
불완전한 경우

생각하여 보자. $s = 0.7$이므로 수요함수는 $P(Q) - 0.3pD$, 공급함수는 $C + 0.7pD$
이다. 이 경우에도 소비량은 Q^*이다. 비책임 원칙과 비교하여 수요함수와 공
급함수가 $0.7pD$만큼 위로 이동하기 때문이다. 이를 그림으로 나타낸 것이 〈그

림 4−7〉이다.51)

2) 정보가 불완전한 경우

소비자는 사고가 발생할 확률을 αp로 인식한다. $\alpha > 1$이면 위험을 과대평가한 것이고 $\alpha < 1$이면 과소평가한 것이다. 이에 따라 수요함수는 $P(Q) - (1-s)\alpha pD$, 공급함수는 $c + spD$가 된다.

이 상황에서 엄격책임 원칙을 적용하면 수요함수가 $P(Q)$, 공급함수는 $c + pD$이므로 소비량과 가격은 정보가 완전한 경우와 동일하다. 그러나 비책임 원칙을 적용하면 수요함수가 $P(Q) - \alpha pD$, 공급함수는 c이다. 비책임 원칙하에서 $\alpha > 1$이면 수요함수가 밑으로 크게 이동하므로 과소 소비(Q_1)가 발생한다. 동일한 논리로 $\alpha < 1$이면 과잉 소비(Q_2)가 발생한다. 이를 그림으로 나타내면 〈그림 4−8〉과 같다.

요약하면, 비책임 원칙하에서 소비자가 사고 위험을 과대평가하면 과소 소비가, 사고 위험을 과소평가하면 과잉 소비가 발생한다. 따라서 소비자가 사고 위험을 제대로 인식하지 못하면 엄격책임 원칙이 비책임 원칙보다 우월하다. 이러한 측면에서 엄격책임 원칙은 정보를 대체한다.

3. 보험

불법행위는 발생할 수도 발생하지 않을 수도 있다. 이를 위험이라고 한다. 대체로 사람들은 위험을 싫어하므로 보험에 가입하여 사고 위험을 제거한다. 교통사고를 생각하여 보자. 교통사고가 발생하면 손해보험52)에 가입한 피해자(보행자)는 보험회사에 보험금을 청구한다. 가해자(운전자)가 책임보험53)에 가입하였다면 보험회사가 피해자에게 보험금을 지급한다. 대다수 사람들은 보행자이면서 운전자이므로 잠재적인 피해자이자 가해자이다. 따라서 손해보험과

---

51) 비책임 원칙과 비교하여 가격이 $0.7pD$만큼 상승한다(P_2). 이 경우에도 소비자는 보험에 가입하여 $0.3pD$의 손해가 발생할 위험을 제거할 수 있다. 보험료는 비책임 원칙에 비하여 낮다.

52) 피해자의 손해를 보험회사가 부담한다.

53) 가해자의 배상 책임을 보험회사가 부담한다.

책임보험에 가입하는 것이 일반적이다. 모든 사람들이 보험에 가입하면 교통사고로 인한 분쟁은 보행자와 운전자가 가입한 보험회사가 해결한다. 보행자와 운전자는 보험료를 납부함으로써 실질적으로 손해를 분담한다.

보험회사가 분쟁을 해결하면 책임 원칙이 필요하지 않은가? 법원이 엄격책임 원칙을 적용하면 보행자는 손해보험에 가입하지 않지만 운전자가 책임보험에 가입한다. 실질적으로 운전자가 손해를 부담한다. 과실 원칙이 적용되면 운전자는 주의 의무를 지켜서 배상 책임에서 벗어나므로[54] 보행자가 손해보험에 가입한다. 이 경우에는 보행자가 실질적으로 손해를 부담한다. 법원이 어떠한 책임 원칙을 적용하느냐에 따라 실질적으로 손해를 부담하는 주체가 달라진다.

4. 행위 수준

우리는 가해자와 피해자의 주의 수준이 불법행위가 발생할 확률과 손해액을 결정한다고 가정하였다. 그러나 불법행위는 다른 행위의 부수적인 결과이므로 특정한 행위를 많이 할수록 불법행위가 증가한다. 운전자가 교통사고를 내는 것은 운전을 하기 때문이다. 운전자의 주의 수준 외에 운전 거리가 최적이어야 교통사고로 인한 사회적 비용이 최소화된다. 교통사고의 경우에는 운전 거리가 운전자의 행위 수준이다.

일방 주의 모형에 행위 수준이라는 변수를 추가하여 보자. 가해자의 행위 수준이 a, 이 행위로 인한 편익은 $B(a)$이다. 불법행위의 사회적 비용은 $x + p(x)D(x)$이다. 불법행위의 사회적 비용은 행위 수준에 비례한다. 행위 수준이 높아지면 편익이 커지지만 불법행위의 사회적 비용도 증가하므로 양자의 차이를 극대화하여야 한다. 이 문제를 수식으로 표현하면 식 (4.4)와 같다.

$$Max_{a,x} \ B(a) - a(x + p(x)D(x)) \hspace{3cm} (4.4)$$

가해자의 주의 수준과 행위 수준이 독립적으로 결정된다면[55] 식 (4.4)는

---

54) 주의비용이 보험료보다 적다고 가정하였다.

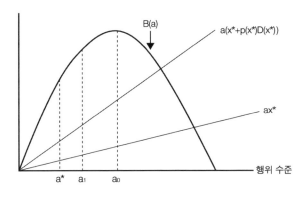

〈그림 4-9〉 최적 행위 수준

두 부분으로 분해된다. 첫 번째 문제는 불법행위의 사회적 비용$(x + p(x)D(x))$을 최소화하는 주의 수준을 찾는 것이다. 두 번째 문제는 최적 주의 수준이 선택된 상황에서 최적 행위 수준(a^*)을 찾는 것이다. 이는 식 (4.5)로 표현된다.

$$Max_a\ B(a) - a(x^* + p(x^*)D(x^*)) \tag{4.5}$$

최적 행위 수준은 무엇인가? 식 (4.5)의 $x^* + p(x^*)D(x^*)$는 상수이므로 식 (4.5)를 그림으로 나타내면 〈그림 4-9〉가 된다. 〈그림 4-9〉의 곡선$(B(a))$과 직선$(a(x^* + p(x^*)D(x^*)))$의 차이가 가장 클 때 최적 행위 수준이 정의된다. 법원이 어떠한 책임 원칙을 적용하여야 가해자가 최적 주의 수준과 행위 수준을 선택하는가?

비책임 원칙을 가정하여 보자. 가해자는 $B(a)$가 최대화되는 주의 수준과 행위 수준을 선택한다. 피해자의 손해를 배상하지 않기 때문이다. 주의 수준은 0, 행위 수준은 〈그림 4-9〉의 a_0이 되는데 이는 최적 수준보다 높다. 또한 엄격책임 원칙하에서 가해자는 식 (4.4)를 극대화하므로 최적 주의 수준과 행위 수준을 선택한다. 과실원칙을 적용하면 어떻게 되는가? 법원이 최적 주의 수준 (x^*)을 주의 의무로 부과하면 가해자는 이를 선택하고 $B(a) - ax^*$를 극대화한다. $B(a) - ax^*$를 극대화하는 행위 수준(a_1)도 최적보다 높다. 과실 원칙 하에

---

55) $a = a(x)$, $x = x(a)$가 아니다.

서 가해자는 주의 의무를 지키면 배상 책임에서 벗어나므로 특정한 행위를 최적 수준으로 억제할 이유가 없다.[56]

가해자와 피해자의 주의와 행위를 최적 수준으로 유도할 수 있는가? 이 문제는 불법행위에 관한 가장 일반적인 경우에 해당한다. 지금까지 우리가 논의한 책임 원칙을 적용하여서는 가해자와 피해자의 주의와 행위를 최적 수준으로 유도할 수 없다. 과실원칙, 기여과실의 항변이 인정되는 엄격책임 원칙, 기여과실의 항변이 인정되는 과실 원칙 중에서 하나를 적용하면 가해자와 피해자의 주의 수준은 최적이 된다. 그러나 과실원칙이나 기여과실의 항변이 인정되는 과실 원칙하에서 피해자의 행위 수준이 최적이지만 가해자의 행위 수준은 최적보다 높다. 또한 기여과실의 항변이 인정되는 엄격책임 원칙하에서 가해자의 행위 수준이 최적이지만 피해자의 행위 수준은 최적보다 높다.[57]

5. 오류와 불확실성

법원이 책임 원칙을 적용하는 데 있어서 오류가 발생할 수 있다. 불법행위의 원인, 가해자의 과실 유·무, 손해배상액을 결정하는 과정에서 오류가 발생한다. 법원은 제3자로서 가해자와 피해자가 제공하는 정보를 바탕으로 판결을 하므로 오류가 발생하는 것은 불가피하다.

법원이 피해자의 손해액을 제대로 파악하지 못하면 어떠한 일이 벌어지는가? 엄격책임 원칙하에서 법원이 손해액을 과대평가하면 가해자가 인식하는 손해액이 증가하므로 주의 수준이 최적보다 높아지고, 법원이 손해액을 과소평가하면 주의 수준이 최적에 못 미친다. 그러나 법원이 과실 원칙을 적용하면 손해액이 잘못 추정되어도 가해자가 주의 의무를 준수하여서 배상 책임에서 벗어난다.[58]

---

56) 가해자가 불법행위의 비용을 $ap(x^*)D(x^*)$만큼 덜 인식하므로 특정한 행위를 과도하게 한다는 해석이 가능하다.

57) 가해자와 피해자가 주의 의무를 준수한 경우 과실원칙이나 기여과실의 항변이 인정되는 과실원칙이 적용되면 피해자가, 기여과실의 항변이 인정되는 엄격책임 원칙이 적용되면 가해자가 손해를 부담하므로 손해를 부담하지 않는 일방의 행위 수준이 최적보다 높다.

과실 원칙의 경우에는 주의 의무를 부과하는 과정에서 오류가 발생한다. 최적이 아닌 주의 의무가 부과되더라도 그것을 지켜서 배상 책임에서 벗어나는 것이 유리하므로 가해자는 무거운 주의 의무가 부과되면 과잉 주의를 하고, 가벼운 주의 의무가 부과되면 과소 주의를 한다.

이상에서 논의한 오류는 부정확성이지 불확실성이 아니다. 과실 원칙하에서 최적이 아닌 주의 의무가 지속적으로 부과되는 것은 불확실성이 아니다. 법원이 손해액을 결정하는 과정에서 오류가 무작위(無作爲)로 발생하면 이는 불확실성이다. 다만, 무작위로 발생하는 오류의 평균은 0이므로 법원이 결정한 손해액이 단기적으로 너무 많거나 적더라도 상쇄되므로 장기적으로 손해액이 일정하다. 이 경우에는 불확실성이 있어도 최적 주의 수준이 선택된다.[59] 무작위로 발생하는 오류가 상쇄되지 않는 경우가 있다. 과실 원칙하에서 법원이 무작위로 높거나 낮은 주의 의무를 부과하면 가해자는 높은 주의 수준을 선택한다.[60] 이 경우에는 불확실성이 과도한 주의를 유발한다.

부록 19. 손해액의 추정[61]

법원이 손해액을 결정하는 과정에서 발생하는 큰 문제는 손해의 크기를 화폐 단위로 측정하는 것이다. 가장 먼저 생각할 수 있는 방법은 아래와 같이 지불의사금액을 추정하는 것이다. 예를 들어 생각하여 보자. A가 자신이 키우는 개를 잃을 확률이 $\frac{1}{200000}$ 이다. A가 이 위험을 없애는 대가로 10원을 지불할 의사가 있다면 개의 가치는 2백만 원이다.

---

58) 법원이 손해액을 지나치게 과소평가하면 가해자는 피해자의 손해를 배상하더라도 주의 의무를 지키지 않는다. 이러한 경우는 이례적(異例的)이다.

59) 교통사고를 가정하여 보자. 법원이 손해액을 과대평가하면 운전자는 저속 운전을 하므로 교통사고가 과도하게 억제된다. 법원이 손해액을 과소평가하면 고속 운전과 많은 교통사고가 유발된다. 따라서 장기적으로 운전 속도와 교통사고는 최적 수준이 된다.

60) 운전자가 낮은 주의 수준을 선택한 경우 법원이 높은 주의 의무를 부과하면 운전자는 주의비용을 줄일 수 있으나 피해자의 손해를 배상하여야 한다. 운전자가 높은 주의 수준을 선택하면 법원이 낮은 주의 의무를 부과할 경우 필요 이상의 주의비용을 지출하게 된다. 대체로 손해배상액이 주의비용보다 크다.

61) 오정일(2019)에서 인용.

- 이 손해가 발생할 위험을 없애기 위하여 사람들은 돈을 얼마나 지불할 것인가?

지불의사금액은 손해가 발생할 가능성을 없애는 대가를 측정하는 것이지, 손해가 발생한 상황을 가정하고 손해의 가치(크기)를 묻는 것은 아니다. 손해액을 정확하게 추정하려면 수용의사금액(willingness to accept)이라는 개념을 사용할 필요가 있다. 수용의사금액은 아래와 같은 질문을 통하여 추정된다.

- 이 손해를 수용(감수)하는 대가로 사람들은 돈을 얼마나 받을 것인가?

B가 교통사고로 인하여 발가락 두 개를 잃었다. 법원이 손해액을 결정하는 데 있어서 "발가락 두 개를 잃을 위험을 제거하기 위하여 사람들은 돈을 얼마나 지불할 것인가?"를 고려한다면 이는 발가락 두 개에 대한 지불의사금액을 추정하는 것이다. 반면, "발가락 두 개를 잃는 대가로 사람들은 돈을 얼마나 받을 것인가?"가 고려된다면 이는 발가락 두 개에 대한 수용의사금액을 추정하는 것이다.

사람들이 합리적이면 지불의사금액과 수용의사금액이 일치한다. 발가락 두 개를 잃지 않기 위하여 1억 원을 지불할 의사가 있다면 그것을 잃는 대가로 1억 원을 요구할 것이다. 그러나 대체로 수용의사금액이 지불의사금액보다 크다. 사람들이 손실을 기피하기 때문이다.

실제 재판에 적용되는 법적 원칙은 완전한 배상이다. 구체적으로 아래와 같은 질문을 통하여 손해액을 추정한다. 아래에서 "편안함"은 피해를 입기 전과 후가 무차별하다는 뜻이다. 피해를 입은 것과 피해를 입은 후 배상받은 것이 무차별하면 완전한 배상이 이루어졌다고 할 수 있다.

- 돈을 얼마나 받아야 피해자가 편안함을 느낄 것인가?

이론적으로 완전한 배상이 앞의 두 방법에 비하여 우월하다. 피해가 발생한 후를 기준으로 손해액을 추정한다는 측면에서 지불의사금액의 단점이 보완되었고, 피해를 수용하는 대가를 묻지 않는다는 점에서 수용의사금액의 단점이 보완되었다. 다만, 완전한 배상 원칙을 적용하면 피해자로부터 정보를 얻을 수 없다. 완전한 배상을 위하여 돈을 얼마나 지급하여야 하는지를 제3자인 법원이 결정하기 때문이다. 손해액을 지불의사금액이나 수용의사금액을 통하여 추정하든 완전한 배상 원칙을 적용하여 추정하든 오류가 발생한다. 전자의 경우에는 피해자가 후자에 있어서는 법원이 오류를 범(犯)한다.

제**5**장

계 약

    민법의 대원칙은 사적 자치(自治)이다. 사적 자치는 과실 책임과 계약 자유의 원칙에 의하여 뒷받침된다. 법을 위반하지 않는다면 개인은 자유롭게 계약을 체결할 수 있다. 계약은 자유롭게 체결되지만 약속[1]이므로 원칙적으로 이행되어야 한다. 이러한 의미에서 계약을 자유의 실로 짠 그물이라고 한다. 법학적 관점에서 계약은 이행되어야 하지만 법경제학적 시각에서는 효율적인 계약이 이행되어야 한다. 비효율적인 계약은 이행하지 않아도 된다. 이를 효율적인 계약 파기(破棄)[2]라고 한다.

    후생경제학의 제1정리에 의하면 시장이 경쟁적일 때 합리적인 쌍방이 완전한 정보를 갖고 자발적으로 행(行)한 거래는 효율적이다.[3] 계약은 거래이므로 후생경제학의 제1정리는 효율적인 계약 파기의 논거가 된다. 후생경제학의 제1정리가 성립하기 위한 조건이 충족되지 않으면[4] 계약을 이행하는 것이 비효율적이므로 계약 파기가 인정된다. 우리나라 민법은 이를 계약이 무효이거나

---

1) 계(契), 약(約), 속(束)은 모두 묶는다는 뜻의 한자어이다.

2) A가 100원을 지불하고 B는 재화를 공급하는 계약을 가정하자. 만약, C가 B에게 120원의 가격을 제시한다면 B는 A와의 계약을 파기하고 C에게 재화를 공급하는 것이 효율적이다. A보다 효용이 높은 C가 이 재화를 소유하기 때문이다. A와 B는 C가 더 지불한 20원을 나누어 갖는다.

3) 시장을 통한 자원 배분이 효율적인 이유는 거래당사자가 자신에게 이로운 거래를 하기 때문이다. 자신에게 이로운 것이 무엇인지는 본인이 가장 잘 안다. 자발적 합의에 의한 거래, 즉 정상적인 계약은 쌍방에 이득이 되므로 효율적이다.

4) 이에 대하여는 제3절에서 논의하였다.

계약을 취소할 수 있는 경우라고 한다.

넓은 의미에서 계약 파기는 불법행위에 해당한다. 엄격책임 원칙을 적용하여서 최소비용회피자가 불법행위를 방지하게 하는 것이 효율적이듯이, 효율적인 계약 파기를 인정함으로써 특정 재화로부터 가장 높은 효용을 얻는 사람이 그것을 소유하게 하는 것이 효율적이다. 불법행위를 효율적인 수준에서 억제하는 것이 불법행위법의 목적이듯이, 계약법(contract law)의 목적은 효율적인 계약 파기를 유도하는 것이다. 또한 계약 파기에 대하여도 쌍방 주의 모형을 적용할 수 있다. 계약 파기의 상대방이 효율적인 신뢰지출(reliance expenditure)[5]을 하여야 하기 때문이다.

효율적인 계약 파기를 유도하는 방법은 두 가지이다. 첫째, 계약 파기 시 배상할 금액을 미리 정할 수 있다. 이를 손해배상액의 예정(liquidated damages)이라고 한다. 손해배상액의 예정은 불법행위에서 소유물 원칙을 통하여 권리를 보호하는 것과 유사하다. 둘째, 계약이 파기된 후 법원이 배상 원칙(damages rule)을 통하여 손해를 배상할 수 있다. 배상 원칙은 불법행위에서의 책임 원칙과 유사한 기능을 한다.

불법행위의 경우 손해배상으로 권리 보호가 충분하지 않으면 법원이 가해자에게 이행·금지명령을 한다. 계약 파기에 있어서도 손해배상으로 손해가 보전되지 않으면 법원이 계약 이행을 명령하는데 이를 이행강제라고 한다. 입증 책임의 측면에서도 계약 파기는 불법행위와 유사하다. 불법행위의 경우 피해자가 가해자의 과실을 입증하여야 손해를 배상받는다. 계약 파기의 경우에는 계약의 무효나 취소를 주장하는 자가 무효나 취소의 사유가 있음을 입증하여야 한다.

이 장은 다음과 같이 구성되었다. 제1절에서는 법학적 관점에서 계약을 정의하고, 계약 파기에 따른 손해를 계약당사자 간에 배분하는 배상 원칙을 설명하였다. 제2절은 효율적인 계약 파기와 신뢰지출을 분석하는 모형에 관한 내용이다. 또한 계약 파기의 위험을 누가 부담하는 것이 효율적인지에 대하여 서술하였다. 제3절에서는 민법상 계약이 무효 또는 취소가 되는 경우를 제시하고 이것이 효율적인 계약 파기와 논리적으로 어떻게 연결되는지를 설명하였다. 계약과 관련된 기타 문제는 제4절에서 다루었다.

---

5) 신뢰지출은 제1절에서 설명하였다.

계약과 배상 원칙

계약은 거래에 관한 합의이다. 계약당사자 중 일방이 계약을 이행하지 않으면 상대방은 손해를 배상받거나 이행을 강제할 수 있다는 점에서 계약은 법적 구속력이 있는 합의이다. 계약은 세 가지 요소로 구성된다. 세 가지 요소는 청약(offer), 승낙(acceptance), 약인(consideration)[6]이다. 계약은 합의이므로 일방의 청약과 상대방의 승낙이라는 요소를 갖는다. 그러나 청약과 승낙만으로 계약이 성립하지 않는다. 계약이 성립하려면 약인이 있어야 한다.

아래와 같은 두 개의 약속을 가정하자. a와 b는 공통적으로 청약과 승낙이라는 요소를 갖고 있다. 삼촌이 조카에게 돈을 주겠다는 청약을 하고 조카가 이를 승낙하였다. 그러나 a에는 약인이 없고 b에는 "금주와 금연을 하면"이라는 약인이 있다. 따라서 a는 계약이 아니다.[7] b의 경우 5,000만 원을 받는 대신 조카가 금주, 금연의 의무를 부담한다.[8] 조카가 이 의무를 이행하지 않으면 돈을 받을 수 없다.

---

a. 조카가 만 20세가 되면 삼촌이 5,000만 원을 준다.
b. 조카가 만 20세가 될 때까지 금주와 금연을 하면 삼촌이 5,000만 원을 준다.

일방이 계약을 파기하여서 상대방이 손해를 입은 경우 얼마를 배상하여야 하는가? 다음과 같은 사례를 가정하자. A가 B로부터 재화를 구입하는 계약이 체결되었다. A는 B에게 100원을 지불하였다. 또한 A는 계약이 이행될 것을 믿고 10원을 지출하였다.[9] B가 계약을 이행하면 A는 120원의 효용을 얻는다. 만약, B가 계약을 파기한다면 A에게 얼마를 배상하여야 하는가?

---

6) 약인은 일방이 받는 권리나 이익 또는 다른 일방이 부담하는 불이익이나 손실을 뜻한다.
7) A를 증여(贈與) 계약이라고 한다. 삼촌이 조건 없이 조카에게 돈을 주는 것은 증여이다. 증여 계약은 이행 전에 취소할 수 있기 때문에 엄밀한 의미에서 계약이 아니다.
8) 금주와 금연의 대가로 5,000만 원을 받는 것이 지나치므로 B는 계약이 아니라고 생각할 수 있다. 삼촌이 온전한 정신 상태에서 자발적으로 약속하였다면 B는 계약이다. 조카가 성인이 될 때까지 금주와 금연을 하는 것에서 그가 얻는 효용은 자신이 가장 잘 알기 때문이다.
9) 이를 신뢰지출이라고 한다.

계약이 이행되면 A가 얻는 효용을 배상하는 원칙을 생각할 수 있다. 이를 이행이익 배상(expectation damages) 원칙이라고 한다. 이 사례에 이행이익 배상 원칙을 적용하면 B는 120원을 배상하여야 한다. A가 계약 이행을 믿고 지출한 모든 금액을 배상하는 원칙을 적용할 수도 있다. 이는 신뢰이익 배상(reliance damages) 원칙에 해당한다. 이 사례에 신뢰이익 배상 원칙을 적용하면 B는 110원을 배상하여야 한다. 끝으로 B가 A로부터 받은 금액을 돌려주는 배상 원칙을 적용하는 것이 가능하다. 이는 수령이익 배상(restitution damages) 원칙이다. 이 배상 원칙을 적용하면 B는 100원을 배상한다.

이 사례에서 A가 B에게 100원을 지불한 후 추가적으로 10원을 지출한 이유는 재화로부터 얻는 효용이 110원보다 높기 때문이다. 따라서 이행이익이 가장 크고 다음이 신뢰이익이며 수령이익이 가장 작다. A(B)의 입장에서는 이행이익 배상 원칙이 가장 유리(불리)하다. 이행이익은 주관적이기 때문에 법원이 이행이익의 크기를 정확하게 측정하는 것은 어렵다. 시장가격과 이행이익의 차이가 크면 법원은 신뢰이익 배상 원칙을 적용할 수밖에 없다. 예를 들어, B가 A의 결혼식에 사용될 꽃을 제때 공급하지 못하였다면 얼마를 배상하여야 하는가? B는 꽃값만 배상하면 되는가? 결혼식을 망쳤으므로 많은 금액을 배상하여야 하는가?

[표 5-1] 배상 원칙

	이행이익 배상	신뢰이익 배상	수령이익 배상
논거	• 교환 이론 • 금반언(禁反言)[10]	금반언	부당이득 반환[11]
시점	계약 이행 후[12]	계약 체결 전[13]	계약 체결 전
기준	계약 파기의 상대방	계약 파기의 상대방	계약을 파기한 일방
배상금액	교환의 이익	지출한 비용	수령한 이익

---

10) 행위자가 특정한 의사표시를 한 이상 그것을 부정하는 주장을 할 수 없다는 법리이다.
11) 법률상 원인 없이 타인의 재산이나 노무(勞務)에 의하여 재산적 이익을 얻고 이로 말미암아 타인에게 손해를 준 자에 대하여 이익의 반환을 명하는 것이다.
12) 배상을 통하여 계약이 이행된 후와 무차별하게 만드는 것을 의미한다.
13) 배상을 통하여 계약이 체결되기 전과 무차별하게 만드는 것을 의미한다.

효율적인 계약 파기와 신뢰지출

계약 이행에 따른 손실이 이득보다 크면 파기하는 것이 효율적이다. 법원의 목표는 효율적인 계약 파기와 신뢰지출을 유도하는 것이 되어야 한다. 신뢰지출은 계약이 체결된 후 이행 전에 이루어지므로 계약이 파기되면 신뢰지출의 가치는 0이 된다. 즉, 신뢰지출이 매몰될 위험이 존재한다.

1. 기본 모형

B가 집을 지어서 A에게 공급하는 계약을 가정하자. A가 지불한 가격은 p, 효용은 v이다. B는 건설비(c)가 가격보다 낮을 것으로 예상하지만 확실하지 않다. A는 지불한 가격보다 높은 효용을 얻고 B는 건설비보다 높은 가격을 받을 것으로 예상하기 때문에 계약이 체결된다. A는 계약 이행을 믿고 신뢰지출(r)을 한다. B가 계약을 파기하면 A에게 손해배상액(D)을 지불하여야 한다.

이 사례에서 B는 언제 계약을 파기하는가? 계약 파기의 이득이 손실보다 크면 B가 계약을 파기한다. 계약을 파기하면 건설비를 아낄 수 있지만 손해배상을 하여야 한다. 따라서 B는 $c > D$일 때 계약을 파기한다. 효율적인 계약 파기는 어떻게 정의되는가? $c > v$이면 계약을 파기하는 것이 효율적이다.[14] B의 효율적인 계약 파기를 유도하려면 $c > D$와 $c > v$가 동시에 성립하여야 하므로 $D = v$이어야 한다. 계약 파기 시 B가 A의 효용에 해당하는 금액을 지불하게 하면 효율적인 계약 파기가 유도된다.[15]

앞에서 설명한 세 가지 배상 원칙을 적용하면 효율적인 계약 파기가 유도되는가? B가 계약을 파기한 경우 A가 주택으로부터 얻는 효용에 해당하는 금액을 배상하는 것이 이행이익 배상이므로 이행이익 배상 원칙하에서 B는 효율적인 계약 파기를 한다. 신뢰이익 배상 원칙이 적용되면 $D = p + r$이다. A

---

14) 계약이 파기되면 주택이 공급되지 않으므로 A는 주택으로부터 효용을 얻지 못한다. 따라서 v를 계약 파기에 따른 손실이라고 할 수 있다.

15) 만약, A가 계약을 파기한다면 지불한 돈을 돌려받지 못하는 것으로 충분하다.

가 계약을 체결한 이유는 $v > p + r$이기 때문이다. 신뢰이익 배상 원칙이 적용되면 결과적으로 $v > D$이므로 계약 파기가 과도하게 이루어진다. 효율적인 계약 파기를 유도하는 측면에서 이행이익 배상 원칙이 신뢰이익 배상 원칙보다 우월하다.[16]

2. 확장된 모형

기본 모형에서는 A가 주택 가격으로 p를 지불하고 r의 신뢰지출을 하면 계약이 이행될 경우 v의 효용이 발생한다고 가정하였다. 그러나 신뢰지출이 늘면 효용이 증가하고 한계효용은 감소한다. 이를 수식으로 표현하면 식 (5.1)과 같다. 건설비는 q의 확률로 낮거나(c_l) $1 - q$의 확률로 높다(c_h). 건설비가 낮을 때는 계약을 이행하는 것이, 건설비가 높으면 계약을 파기하는 것이 효율적이다.[17] 다른 조건은 기본 모형과 동일하다.

$$v = v(r), v'(r) > 0, v''(r) < 0 \qquad\qquad (5.1)$$

이 사례에서 계약의 가치는 $q(v(r) - r - c_l) - (1 - q)r$이다. 이를 정리하면 $qv(r) - r - qc_l$이 된다. $qv(r) - r - qc_l$을 극대화하는 신뢰지출(r^*)은 $qv(r) - r$을 극대화한다. 반면, 건설비가 항상 c_l이면(불확실성이 없으면) 계약의 가치는 $v(r) - r - c_l$이므로 이를 극대화하는 신뢰지출(r')은 $v(r) - r$을 극대화한다. $q < 1$이므로 $r^* < r'$이다. 이는 〈그림 5-1〉에서 확인된다. 계약 이행이 불확실하면 신뢰지출이 매몰될 수 있으므로 r^*가 r'보다 작다.

이 사례에서 A는 효율적인 신뢰지출을 하는가? 즉, A가 r^*를 선택하는가? A는 신뢰지출로 인한 효용 증가와 계약 파기 시 신뢰지출이 매몰될 위험을 고려하여 신뢰지출의 크기를 결정한다.

---

16) 수령이익 배상 원칙하에서 B가 계약을 파기하면 p를 배상한다. $v > p$이므로 이 경우에도 계약 파기가 과도하게 이루어진다.

17) $c_h > v > c_l$이다.

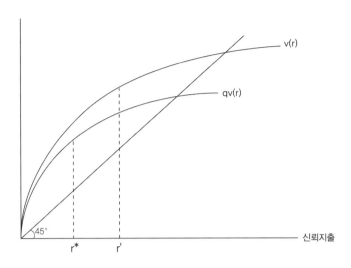

〈그림 5-1〉 효율적인 신뢰지출

이행이익 배상 원칙을 가정하여 보자. B가 계약을 파기하면 A는 계약 이행 시 자신이 얻는 효용에 해당하는 손해배상액을 받으므로 실질적으로 계약 파기의 위험을 부담하지 않는다. 따라서 A는 r'을 선택한다. r'은 과도한 신뢰지출이다. 이행이익 배상 원칙을 적용하면 A의 도덕적 해이가 나타나서 효율적인 신뢰지출이 유도되지 않는다. 신뢰이익 배상 원칙하에서 B가 계약을 파기하면 A는 $p+r$의 손해배상액을 받으므로 계약의 가치는 $q(v(r)-p-r)$이다. 이를 극대화하는 신뢰지출은 $v(r)-r$을 극대화하므로 A의 신뢰지출은 r'이 된다. 신뢰이익 배상 원칙을 적용하여도 A의 도덕적 해이를 방지할 수 없다. 동일한 논리로 수령이익 배상 원칙하에서 A가 인식하는 계약의 가치는 $q(v(r)-p-r)-(1-q)r$이다. 이를 정리하면 $qv(r)-r-qp$가 된다. $qv(r)-r-qp$를 극대화하는 신뢰지출은 $qv(r)-r$을 극대화하므로 A의 신뢰지출은 r^*가 된다. 수령이익 배상 원칙이 적용되면 신뢰지출이 매몰될 위험이 있기 때문에 A의 도덕적 해이가 방지된다.

이상의 논의를 요약하면 다음과 같다. 효율적인 계약 파기를 유도하는 측면에서는 이행이익 배상 원칙이 가장 우월하고 신뢰이익 배상 원칙이 다음이며 수령이익 배상 원칙이 가장 열등하다. 그러나 효율적인 신뢰지출을 유도하는 측면에서는 수령이익 배상 원칙, 신뢰이익 배상 원칙, 이행이익 배상 원칙의 순서로 순위를 매길 수 있다. 특정한 배상 원칙을 적용하여서는 효율적인 계약 파기와 신뢰지출을 동시에 유도할 수 없다.[18] 효율적인 계약 파기와 신뢰 지출을 동시에 유도하려면 계약당사자 쌍방의 도덕적 해이를 방지하여야 한다. 쌍방의 도덕적 해이를 방지하는 배상 원칙의 예로서 다음과 같은 것이 있다.

불법행위에서의 과실 원칙과 유사한 배상 원칙을 계약 파기에 적용하는 것이 가능하다. 불법행위에 있어서 과실 원칙을 적용할 경우 가해자의 과실이 없으면 비책임 원칙이 과실이 있으면 엄격책임 원칙이 적용되듯이, 배상 원칙을 신뢰지출에 연동(連動)할 수 있다. 즉, 계약 파기의 상대방이 효율적인 신뢰지출을 하면 이행이익 배상 원칙을, 과도하게 신뢰지출을 하면 수령이익 배상 원칙을 적용할 수 있다.[19] 이 배상 원칙을 앞의 사례에 적용하면 A는 효율적인 신뢰지출을 하고, B는 계약 파기 시 이행이익을 배상하여야 하므로 효율적인 계약 파기를 한다.

손해배상액을 $v(r^*)$로 고정한 배상 원칙을 적용할 수도 있다. 이는 이행이익 배상 원칙에 해당하지만 손해배상액이 정하여져 있으므로 신뢰지출과 손해배상액이 독립적으로 결정된다. 앞의 사례에 이 배상 원칙을 적용하면 A의 입장에서 계약 가치는 식 (5.2)가 된다. 식 (5.2)를 정리하면 $qv(r) - p + (1-q)v(r^*)$가 된다. 이를 극대화하는 신뢰지출은 $qv(r) - r$을 극대화하므로 A의 신뢰지출은 r^*가 된다. 또한 B는 계약 파기 시 $v(r^*)$을 배상하여야 하므로 효율적인 계약 파기를 한다.[20]

---

18) 신뢰이익 배상 원칙을 적용하면 두 가지 목표를 달성할 것으로 생각할 수 있다. 그러나 하나의 목표도 달성하지 못할 수 있다.

19) 효율적인 신뢰지출이 주의 의무에 해당한다. 계약 파기의 상대방이 효율적인 신뢰지출을 하면 과실이 없다고 할 수 있다.

20) 본문 사례보다 복잡한 경우를 가정하여 보자. 건설비는 높거나(c_h) 중간 수준(c_m)이거나 낮다(c_l). A의 효용, 건설비, 주택 가격의 크기는 $c_h > v > c_m > p > c_l$이다. 건설비가 c_h이면 계약 파기가 효율적이다. 건설비가 c_m 또는 c_l이면 계약 이행이 효율적이다. 이 사례에서 어떠한 배상 원칙을 적용하면 효율적인 계약 파기가 유도되는가? 계약 파기 시 건설비가 c_m 또는 c_l이면 이행이익을 배상하고 건설비가 c_h이면 수령이익을 배상하는 법적 원칙을 수식으로 표현하면 식 (5.3)과 같다.

$$D = v, \ c = c_m, \ c_l \qquad\qquad (5.3)$$
$$\quad = p, \ c = c_h$$

$$q(v(r) - p - r) + (1-q)(v(r^*) - p - r) \qquad (5.2)$$

3. 효율적인 위험 부담

계약은 이행될 수도 파기될 수도 있다. 계약의 이행은 불확실하므로 계약 파기의 위험[21]이 존재한다. 누가 계약 파기의 위험을 부담하여야 하는가? 누가 계약 파기의 위험을 부담하는 것이 효율적인가? 여기에도 최소비용회피자 책임 부담 원칙이 적용된다. 누가 적은 비용으로 위험을 제거할 수 있는지가 기준이다.

다음과 같은 경우를 가정하자. B가 프린터(printer)를 만들어서 A에게 판다. B가 프린터를 만든 후 A 소유의 건물이 전소(全燒)하여서 프린터를 설치할 수 없게 되었다. 프린터는 A에 특화된 것이기 때문에 다른 용도로 사용할 수 없다. A는 프린터 가격을 지불하여야 하는가? 프린터 가격을 지불하지 않아도 된다면 결과적으로 B가 계약 파기의 위험을 부담한다.

A는 화재보험에 가입할 수 있다. B는 계약 파기의 위험을 프린터 가격에 반영할 수 있다. A가 프린터 가격을 지불하여야 한다면 화재보험에 가입할 것이다. A가 프린터 가격을 지불하지 않아도 된다면 B는 프린터 가격을 인상할 것이다. 이 사례에서 계약 파기의 원인은 화재이다. 일반적으로 B가 적은 비용으로 화재를 예방할 수 있으므로 계약 파기의 위험을 부담하는 것이 효율적이다. A는 프린터 가격을 지불하지 않아도 된다.

B는 효율적인 계약 파기를 하는가? 건설비가 c_m인 경우 계약을 이행하면 $c_m - p$의 손실이 발생하지만 이는 계약 파기 시 손실인 $v-p$보다 작으므로 B는 계약을 이행한다. 건설비가 c_l이면 계약 이행 시 $p-c_l$의 이득이 발생하지만 계약 파기 시 $v-p$의 손실이 발생하므로 B는 계약을 이행한다. 건설비가 c_h이면 계약을 이행할 경우 $c_h - p$의 손실이 발생하지만 계약을 파기할 경우 손실이 없으므로 B는 계약을 파기한다. A는 효율적인 신뢰지출을 하는가? B가 계약을 파기할 경우 p만 돌려받으므로 A의 도덕적 해이가 방지된다. 식 (5.3)과 같은 배상 원칙이 단순한 이행이익 배상 원칙보다 우월하다.

21) 엄밀한 의미에서 불확실성과 위험은 다른 개념이지만 혼용(混用)한다.

부록 20. 부동산 이중매매와 배임(背任)죄[22]

부동산 매매계약에서 계약금만 지급된 단계에서는 계약금을 포기하거나 그 배액(倍額)을 상환함으로써 계약의 구속력에서 벗어날 수 있다. 그러나 중도금이 지급되고 나면 계약이 취소되거나 해제되지 않는 한 매도인은 부동산소유권을 이전할 의무에서 벗어나지 못한다. 만약, 매도인이 부동산을 제3자(제2매수인)에게 처분하고 소유권이전 등기를 하면 배임죄가 성립한다. 그런데 대법원은 다음과 같은 입장을 유지하고 있다. 매도인이 제2매수인에게 부동산을 매도하고 소유권이전 등기를 마치면, 제2매수인이 유효하게 소유권을 취득한 이상 제1매수인에 대한 소유권이전 등기 의무가 이행불능이 되므로, 제1매수인은 손해배상을 청구할 수 있을 뿐이다.

중도금 지급 이전에는 매도인이 해약금(解約金)을 지불하면 계약을 해제할 수 있으므로 제1매수인은 책임 원칙에 따라 보호된다. 중도금 지급 이후에는 매도인이 계약을 임의로 해제할 수 없는 단계에 이르게 되므로 제1매수인은 소유물 원칙의 보호를 받는다. 그런데 매도인이 제2매수인에게 소유권이전 등기를 해준 경우, 소유물 원칙을 관철하려면 제1매수인이 그와 같은 소유권이전 등기의 말소를 구하고, 자신의 명의(名義)로 소유권이전 등기를 할 수 있어야 한다. 그러나 대법원은 제1매수인에 대한 소유권이전 등기 의무가 이행불능이 된다고 하면서 권리 보호의 정도를 손해배상에 그치도록 한 결과, 소유물 원칙에 따른 보호가 책임 원칙에 따른 보호로 격하되었다.

우리 민법은 계약에 대한 이행청구권을 인정하고 있어 소유물 원칙에 의해 계약당사자의 지위를 보호하는 것으로 평가되지만, 대법원은 이행청구권을 유명무실하게 만들었다. 이러한 상황에서 매도인의 이중매매를 배임죄로 처벌하면, 매도인은 처벌을 감수하여야 제2매수인에게 부동산을 매도할 수 있다. 형사법의 개입으로 매도인에 대한 보호 방식이 소유권 원칙으로 격상된 것이다.

---

22) 홍진영(2019)을 인용하여 수정.

제3절 계약의 무효와 취소[23]

제2절에서 논의한 바와 같이 계약을 이행하는 것보다 파기하는 것이 효율적인 경우가 있다. 우리나라 민법은 계약이 체결되더라도 무효이거나 계약을 취소할 수 있는 경우를 규정하고 있다. 이 절에서는 계약이 무효이거나 취소되는 경우를 제시하고 그 이유를 효율성 측면에서 설명하였다.

1. 불능(不能)

계약을 이행하는 것이 물리적으로 불가능하면 무효이다. 예를 들어, A가 1억 원을 지불하고 B는 용(龍)을 판매하는 계약이 체결되더라도 B는 계약을 이행하지 않아도 된다. 현실에서 용은 존재하지 않으므로 계약을 이행하는 것이 불가능하기 때문이다. 물리적으로 이행이 불가능한 계약을 체결한 쌍방은 합리적이지 않다. 계약 이행이 물리적으로 가능하여도 실질적으로 불가능할 때 이를 경제적 불능이라고 한다. A가 1억 원을 지불하고 B는 바다에 빠진 다이아몬드를 찾아주는 계약은 무효이다. 이를 이행하려면 천문학적인 비용이 소요되기 때문이다. 이 계약을 이행하는 것은 비효율적이다. 경제적 불능이 인정되면 계약을 이행하지 않아도 된다.

2. 사정변경(事情變更)

계약 체결 시의 상황이 변하여서 일방이 계약을 파기할 수 있다. 계약 체결 시 쌍방이 이득을 얻는다고 판단하였으나 상황이 변하여 계약이 이행되면 일방이 손실을 입을 수 있다. 계약을 이행할 경우 일방에 부당한[24] 결과가 발생한다면 계약을 변경하거나 취소하여야 한다. 이를 사정변경 원칙이라고 한다.

---

23) 우리나라 민법은 무효와 취소를 구별하지만 계약이 파기된다는 측면에서는 구별의 실익이 없다.
24) "부당한"은 계약 체결 시 기대한 이득을 얻지 못한다는 뜻이다.

예를 들어 생각하여 보자. *A*가 외국인 *B*에게 6,000달러를 지불하고 자동차를 구입하는 계약을 체결하였다. 자동차로부터 *A*가 얻는 효용은 800만 원, *B*가 얻는 효용은 5,000달러이다. 환율은 1달러가 1,000원이다. 이 계약이 이행되면 *A*는 200만 원의 이득을, *B*는 1,000달러의 이득을 얻는다. 그런데 계약 이행 시점에서 환율이 달러당 1,500원이 되었다. 계약이 이행되면 *A*는 100만 원[25])의 손실을 입는다. 환율이 급등한 상황에서 *A*가 계약을 이행하는 것이 부당하면 계약을 변경하거나 취소하는 것이 효율적이다.

계약당사자가 합리적이고 충분한 정보를 갖고 있다면 미래를 정확하게 예측하므로 완전한 계약이 체결될 수 있다. 모든 상황을 고려하여서 계약을 체결한다면[26]) 분쟁이 방지된다. 그러나 계약당사자는 미래를 정확하게 예측할 능력이 없고 정보가 부족하다. 또한 완전한 계약을 체결하는 데는 많은 비용이 소요된다. 미래에 발생할 수 있는 모든 상황을 예측하는 것은 불가능하고 가능하더라도 비효율적이다. 불완전한 계약을 체결하되 분쟁이 발생하면 사정변경 원칙을 적용하는 것이 효율적이다.[27])

3. 의사무능력(意思無能力)

자기(自己) 행위의 의미나 결과를 판단하는 정상적인 정신 능력을 의사능력이라고 한다. 의사능력을 판단하는 기준은 보통 사람의 판단 능력이다. 개인은 자신의 의사에 따라 권리를 취득하고 의무를 부담하므로 생각할 능력이 없거나 합리적인 판단을 하지 못하는 사람, 즉 의사무능력자[28])가 체결한 계약은 원칙적으로 무효이다. 의사무능력자는 자신에게 이로운 것이 무엇인지를 모른다. 의사무능력자는 비합리적이므로 충분한 정보를 갖고 자발적으로 계약을 체결하더라도 그것을 이행하는 것이 비효율적일 수 있다.

---

25) *A*는 *B*에게 6,000달러를 지불하기 위하여 900만 원을 지출하지만 자동차의 효용은 800만 원이다. *B*의 이득은 1,000달러로서 변화가 없다.

26) 이를 조건부 계약(contingent contract)이라고 한다.

27) 중요한 계약의 경우에는 조건부 계약을 체결하는 것이 효율적이다. 계약의 변경이나 취소에 따른 비용이 크기 때문이다.

28) 정신이상자, 백치(白痴), 어린 아이, 만취자(滿醉者), 실신자(失神者) 등이 의사무능력자이다.

의사능력이 없다는 것은 의사무능력을 이유로 계약을 무효화하려는 자가 입증하여야 한다. 의사무능력의 입증 책임을 계약을 무효화하려는 자에게 부과하는 이유는 무엇인가? 계약이 무효가 되면 거래의 안정성이 깨진다. 계약을 무효화하려는 자, 즉 거래의 안정성을 깨려는 자가 의사무능력을 입증하는 것이 우리의 정의 관념에 부합한다.

4. 강박(強拍)

계약이 유효할 조건 중 하나는 자발성(自發性)이다. 비자발적인 계약은 그것을 이행하는 것이 비효율적일 수 있으므로 취소가 가능하다. 비자발적인 계약의 대표적인 예는 사기(詐欺)와 강박이다. 일방의 사기 또는 강박에 의하여 체결된 계약은 취소할 수 있다. 사기는 다른 사람의 기망(欺罔)[29] 행위로 인하여 착오에 빠지는 것을 의미한다. 강박은 다른 사람에 의해 공포심이 유발되는 것이다. 사기와 강박은 다른 사람의 간섭에 의하여 발생한다. 다른 사람의 간섭하에 체결된 계약은 자발적인 계약이 아니다.

영화를 보면 일방이 상대방을 협박하여 계약을 체결하는 장면이 나온다. 그러나 현실에서 문제가 되는 강박에 의한 계약은 물리적인 강박이 아니다. 일방이 상대방보다 우월한 지위를 이용하여 유리한 계약을 체결한 것이 강박에 해당하는지가 문제이다. 현실적으로 쌍방이 대등한 위치에서 계약을 체결하는 경우는 드물기 때문이다. 일방이 우월한 위치에서 체결한 모든 계약을 강박이라고 할 수 없다. 우월한 위치에 있는 자가 유리한 계약을 체결하는 것은 시장 경제에서 허용된다.

아래에서 강박에 관한 두 가지 사례를 살펴보았다. 두 가지 사례는 실제 사건이다. 첫 번째 사례에서는 강박이 인정되어 계약이 취소되었으나 두 번째 사례에서는 강박이 인정되지 않았다. 두 사례를 통하여 우리는 효율성이 강박 여부를 결정하는 요인이라는 사실을 확인할 수 있다.

첫 번째 사례는 다음과 같다. 선주가 선원들을 고용하고 출항하였다. 출항 전에 선주와 선원들이 근로계약을 체결하였다. 출항 후 선원들은 임금 인상을

---

29) 기망은 속인다는 뜻이다.

요구하면서 조업을 거부하였다. 새로운 근로계약이 체결되었으나 귀항 후 선주는 선원들에게 처음 계약하였던 임금을 지급하였다. 선원들은 선주를 상대로 손해배상을 청구하였다. 법원은 새로운 근로계약이 강박에 해당하기 때문에 선주가 이행하지 않아도 된다고 판결하였다. 망망대해에서 선주가 다른 선원을 고용할 수 없었으므로 선원들이 독점적인 지위를 이용하여 임금을 인상하였다는 것이 법원의 판단이었다.

두 번째 사례를 살펴보자. 얼음 공장이 식당에 얼음을 공급하는 계약이 체결되었다. 계약 체결 후 생산비가 급등하였다. 얼음 공장이 생산비 급등이라는 사정변경을 이유로 가격 인상을 요구하였고 식당이 이를 받아들였다. 그러나 얼음이 공급된 후 식당은 처음 가격을 지불하였다. 식당은 얼음 공장이 독점적인 지위를 이용하여 가격을 인상하였으므로 강박이라고 주장하였으나 법원이 강박을 인정하지 않았다.

유사한 사건에 대하여 법원은 다른 판결을 내렸다. 선원들의 임금 인상은 강박이 인정되었으나 얼음 공장의 가격 인상은 강박이 인정되지 않았다. 두 사례는 무엇이 다른가? 첫 번째 사례에서 임금이 인상되면 결과적으로 임금은 노동생산성을 초과한다. 이는 비효율적이다. 반면, 두 번째 사례에서는 생산비가 상승하였으므로 얼음 가격을 인상하여야 생산비와 가격이 일치한다. 얼음을 생산하는 비용과 얼음으로부터 얻는 효용(가격)이 같아야 효율적인 생산과 소비가 이루어진다.

요약하면, 첫 번째 사례에서는 계약을 이행하는 것이 효율적이지만 두 번째 사례에서는 계약을 변경하는 것이 효율적이다. 이러한 이유로 선원들의 임금 인상은 강박이지만 얼음 공장의 가격 인상은 강박이 아니다.30)

---

30) 계약이 일방에 현저하게 불리하면 이는 불공정한 계약으로서 무효이다. 불공정한 계약은 일방의 의사무능력, 강박, 착오가 있는 것으로 추정된다. 합리적인 쌍방이 충분한 정보를 갖고 자발적으로 계약을 체결하면 계약이 일방에 현저하게 불리할 수 없기 때문이다. 의사무능력, 강박, 착오를 이유로 계약을 파기할 수 있음에도 불구하고 불공정한 계약을 인정하는 이유는 무엇인가? 의사무능력, 강박, 착오는 그것을 이유로 계약을 파기하려는 자가 입증하여야 한다. 그러나 일방이 불공정한 계약을 주장한 경우에는 상대방이 공정성을 입증하여야 한다. 계약을 파기하려는 일방은 의사무능력, 강박, 착오를 주장하기보다는 불공정성을 주장하는 것이 유리하다.

5. 착오

잘못된 믿음을 바탕으로 계약을 체결하였을 때 이를 착오에 의한 계약이라고 한다. 착오가 계약의 중요한 부분에 해당하고 착오를 일으킨 일방의 중대한 과실이 없으면 계약을 취소할 수 있다. 일방의 착오를 이유로 계약이 취소되면 계약을 신뢰한 상대방에 손해가 발생한다. 반면, 착오를 인정하지 않으면 비효율적인 계약이 이행된다.

경제학적 측면에서 문제가 되는 것은 정보의 비대칭성이다. A가 B보다 많은 정보를 갖고 계약을 체결하였다면 상대적으로 적은 정보를 갖고 계약을 체결한 B는 착오를 이유로 계약을 취소할 수 있는가? 이러한 경우는 현실에서 많이 발생한다. 월세 계약에 있어서 주인은 집에 대하여 세입자보다 많은 정보를 갖는다. 중고차를 매매하는 경우에도 파는 사람이 사는 사람보다 차에 대하여 많이 안다. 세입자나 중고차를 사는 사람은 상대적으로 적은 정보를 가지므로 정보가 비대칭적이다. 세입자나 중고차를 사는 사람은 착오 상태에서 계약을 체결한 것인가?

계약당사자는 유리한 조건에서 계약을 체결하기 위하여 정보를 수집한다. 쌍방이 동일한 정보를 갖고 계약을 체결하는 경우는 드물다. 일방이 상대방에 비하여 많은 정보를 갖고 계약을 체결하는 것이 일반적이다. 만약, A가 B는 모르는 정보를 갖고 자신에게 유리한 계약을 체결하였다면 B는 착오를 이유로 계약을 취소할 수 있는가? 비용을 들여서 정보를 수집한 A에게 유리한 계약이 체결되는 것은 부당한가?

정보를 수집한 일방이 유리한 계약을 체결하는 것은 정당하다. 다만, 이러한 계약을 이행하는 것이 효율적인가라는 문제가 있다. 정보의 비대칭성 하에서 체결된 계약이 유효하려면 그것을 이행하는 것이 효율적이어야 한다. A가 정보를 수집한 이유는 유리한 계약을 체결하기 위하여서이지만 계약의 가치가 증가할 수 있다. 계약의 가치가 증가한다면 A가 수집한 정보는 생산적이다. A가 생산적인 정보를 수집하였다면 정보의 비대칭성을 인정하는 것이 효율적이다. 반면, A가 정보를 수집하여서 단순히 B의 이득을 빼앗는다면 이는 비생산적이다. 계약의 가치가 증가하지 않고 정보 수집에 따른 비용이 발생하기 때문이다.

효율성의 측면에서 착오로 인한 계약 취소를 인정할 수도 인정하지 않을 수도 있다. 일방이 수집한 정보로 인하여 계약의 가치가 증가하면 계약을 이행하는 것이 효율적이므로 착오로 인한 취소를 인정하지 않아야 한다. 반면, 일방이 비생산적인 정보를 수집하였다면 착오로 인한 취소를 인정하는 것이 효율적이다. 착오로 인한 취소를 인정하는 실질적인 방법은 고지 의무를 부과하는 것이다. 고지 의무가 부과되면 계약당사자는 정보를 공유하게 된다. 이에 따라 정보의 비대칭성이 사라진다. 또한 정보를 수집할 유인이 없어지므로 비생산적인 정보가 수집되지 않는다. 문제는 생산적인 정보도 수집되지 않는다는 것이다. 비생산적 정보의 수집만을 방지하려면 비생산적 정보에 대하여만 고지 의무를 부과하여야 한다.

부록 21. Sherwood v. Walker[31]

A와 B가 계약을 체결하였다. 계약체결 이전에 A와 B가 계약목적물로부터 얻는 효용은 U_A, U_B, 계약이 이행될 때 A와 B가 얻는 효용은 V_A, V_B이다. A가 목적물을 인도하고 받는 대가를 P라고 하자. 계약이 체결되려면 $U_A \leq V_A + P, U_B \leq V_B - P$가 성립해야 한다. 계약목적물의 가치에 영향을 미치는 상황 S는 S^1, S^2 중 하나이다. S^i일 때 계약체결 이전 A와 B가 목적물로부터 얻는 효용은 U_A^i, U_B^i, 계약이행 시 A와 B가 얻는 효용은 V_A^i, V_B^i이다. A는 실제 상황이 S^1이 될 확률을 q_A^1로, B는 q_B^1로 평가한다. 결과적으로 U_A, U_B, V_A, V_B는 아래와 같이 정의된다.

$$U_A = q_A^1 U_A^1 + (1-q_A^1) U_A^2 , \ U_B = q_B^1 U_B^1 + (1-q_B^1) U_B^2$$
$$V_A = q_A^1 V_A^1 + (1-q_A^1) V_A^2 , \ V_B = q_B^1 V_B^1 + (1-q_B^1) V_B^2$$

대체로 착오는 실제 상황이 S^i인데 $q_A^i = 0$ 또는 $q_B^i = 0$의 형태로 나타난다.

---

31) 신도철(2012)을 인용하여 수정.

이러한 형태의 착오를 염두에 두면 실제 상황이 S^1일 때 발생 가능한 결과는 (1) 쌍방 착오가 없는 경우$(q_A^1 = q_B^1 = 1)$, (2) A만 착오가 있는 경우$(q_A^1 = 0, q_B^1 = 1)$, (3) B만 착오가 있는 경우$(q_A^1 = 1, q_B^1 = 0)$, (4) 쌍방 착오가 있는 경우 $(q_A^1 = q_B^1 = 0)$이다. (1)의 경우에는 계약 취소가 문제되지 않는다. (2)의 경우에는 $U_A^2 \leq P \leq V_B^1$이어서 계약이 체결되었지만 U_A^1이 U_A^2보다 크면 특히, P보다 크면 A가 계약을 취소하려고 할 것이다. (3)의 경우에는 $U_A^1 \leq P \leq V_B^2$이지만 V_B^1이 V_B^2보다 작으면 특히, P보다 작으면 B가 계약을 취소하고자 할 것이다. (4)의 경우 $U_A^2 \leq P \leq V_B^2$이지만 실제 상황이 S^1이면 쌍방이 계약 취소를 원하지 않거나, 어느 일방이 계약 취소를 원하거나, 쌍방이 계약 취소를 원할 수 있다.

착오에 관한 법경제학적 논의에서 가장 많이 거론되는 판례가 Sherwood v. Walker이다. Walker가 Sherwood에게 암소 한 마리를 80달러에 팔기로 하였다. Walker는 그 소가 새끼를 밸 수 없다고 생각하였다. Sherwood가 그 소가 새끼를 밸 수 없다고 생각하였는지는 분명하지 않다. 소를 인도하기 전에 Walker가 그 소가 새끼를 배고 있는 것을 알았다. 새끼 밴 소의 가격은 750~1,000달러이었다. Walker가 계약을 취소하려고 하였고 Sherwood는 계약 이행을 청구하는 소송을 제기하였다. 다수의견은 쌍방착오 법리에 근거해서 Walker가 계약을 취소할 수 있다고 보았다. 소수의견은 매매가격이 불임의 소 가격보다 높다는 사실을 감안하여 Sherwood는 그 소가 임신(妊娠) 가능하다는 것을 알았다고 판단했다. 즉, 쌍방착오가 아니라 Walker의 일방착오이므로 계약이 유효하다고 했다.

소가 새끼를 낳을 수 있는 상황을 S^1이라고 하면 다수의견은 $q_A^1 = 0, q_A^2 = 1$, $q_B^1 = 0, q_B^2 = 1$이고, 소수의견은 $q_A^1 = 0, q_A^2 = 1, q_B^1 = 0.1, q_B^2 = 0.9$와 같이 정의된다. 나머지 변수들은 A가 무엇을 하는 사람인지, B가 소를 매입한 목적이 무엇인지에 따라 그 값이 달라진다. 예를 들어, A가 수백 마리 소를 키우는 목축업자이고 B가 도축업자이면 임신 가능한 소에 대해서는 A가 B보다 그 가치를 높게 평가하겠지만, 임신 불가능한 소에 대해서는 B가 더 높게 평가할 것이다 $(U_A^1 > V_B^1, U_A^2 < V_B^2)$. 또한, 소를 인도한 후에 소문으로 새끼 밴 사실을 들은 경우보다는 소를 인도하기 전에 조사해서 그 사실을 안 경우에 A의 계약 취소가 인정되기 쉽다.

포스너는 매매가격이 불임의 소 가격보다 높았다는 점에 주목하면서 소가 임신이 가능한 것으로 드러날 때의 이득을 Sherwood가 갖는 것으로 쌍방이 암묵적 합의를 하였다고 보았다. 또한, 그는 판매자가 목적물의 특성을 잘 알 수 있는 위치에 있으므로 착오와 관련된 위험을 부담해야 하고, 구매자의 착오 여부와 관계없이 계약을 취소할 수 없다고 주장하였다. 즉, Walker에게 착오로 인한 취소권을 허용하지 않아야 적은 비용으로 정보를 얻을 수 있는 Walker가 정보를 취득하게 된다.

라스무센(Rasmusen)과 에이리스(Ayres)는 임신 가능성에 대한 정보는 임신 가능한 소를 도축장으로 보내지 않게 하므로 생산적인 정보라고 하였다. 생산적인 정보 획득을 촉진시키려면 구매자가 계획적으로 획득한 정보로부터 이득을 얻게 해야 한다. 이렇게 되면 쌍방착오인지 Walker의 일방착오인지가 중요하다. 쌍방이 소가 임신이 불가능한 것으로 판단하였고 Sherwood가 도축용으로 샀다면 계약 취소를 허용하는 것이 타당하다. Walker만이 착오에 빠졌다면 정보 취득 노력을 보상하기 위해 계약이 유효하다고 해야 한다.[32]

제4절 **기타 문제**

1. 손해배상액의 예정

손해배상액을 미리 정하면 계약이 파기되어도 분쟁이 발생하지 않는다. 계약을 파기한 자가 정해진 금액을 상대방에게 지불하면 된다. 손해배상액을 예정하면 분쟁이 발생하지 않으므로 소송비가 절약된다. 손해배상액의 예정은 계약당사자의 합의에 의하여 이루어지므로 쌍방이 위험을 기피하는 정도가 손해배상액에 반영된다.

다음과 같은 사례를 가정하자. A가 B에게 p_A를 지불하고 재화를 구입하

---

32) 소가 임신 가능한 것으로 보였는데 임신 불가능한 것으로 드러난 경우도 생각해 볼 수 있다. 쌍방이 소가 임신 가능한 것으로 생각하고 매매계약을 체결하였는데 임신이 불가능한 것으로 드러났다면 구매자가 계약을 취소할 수 있다. 구매자가 소의 임신 가능성을 어느 정도 기대하고 계약을 체결했으나 소가 임신 불가능한 것으로 드러나면 구매자는 계약을 취소할 수 있는가? 구매자는 소가 임신이 불가능할 위험을 감수하고 계약을 체결하였으므로 계약은 유효하다.

는 계약이 체결되었다. A의 효용은 v, 생산비는 c이다. 잠재적 소비자인 C가 B에게 $p_C(>v)$를 제시할 수 있다. A가 위험을 기피하는 정도가 B의 두 배이면 A와 B가 부담하는 계약 파기의 위험 비율이 $1:2$가 되어야 한다. A가 위험을 더 기피하므로 상대적으로 작은 위험을 부담하는 것이 효율적이다. 이 사례에서 손해배상액을 얼마로 정하여야 하는가?

B가 A와의 계약을 파기하고 C에게 재화를 팔면 p_C-v의 이득이 발생하므로 위험의 크기는 p_C-v이다. 따라서 A가 $\dfrac{p_C-v}{3}$, B는 $\dfrac{2(p_C-v)}{3}$의 위험을 부담하는 것이 효율적이다. 손해배상의 예정액은 계약 이행 시 A의 효용인 v와 $\dfrac{p_C-v}{3}$의 합이 되어야 한다. 즉, 손해배상의 예정액은 $\dfrac{2v+p_C}{3}$[33)]이다. 계약 파기 시 B의 이득은 $p_A+p_C-\dfrac{2v+p_C}{3}$이다. 이를 정리하면 $p_A+\dfrac{2(p_c-v)}{3}$가 된다. 계약을 파기하면 B의 이득은 $\dfrac{2(p_c-v)}{3}$만큼 증가한다.[34)]

예정된 손해배상액이 계약 파기에 따른 손해액보다 크면 위약금(違約金)의 성격을 갖는다. 위약금은 계약 파기에 대한 금전적 측면에서의 징벌이다.[35)] 또한 위약금은 계약당사자의 신뢰성을 제고하는 수단이다. 건설사가 제때 건물을 완공하지 못할 경우 입주자들에게 위약금을 지급한다면 건설사에 대한 신뢰도가 제고된다. 위약금은 우량 건설사가 자신의 능력을 입주자들에게 알리는 수단이다. 계약을 이행하지 않은 자를 금전적 측면에서 징벌함으로써 계약 이행을 확보하는 제도가 위약금이라면 보너스(bonus)는 계약을 제대로 이행한 자를 금전적 측면에서 보상하여 계약 이행을 보장하는 것이다. 위약금이 채찍이라면 보너스는 당근이다.

다음과 같은 사례를 가정하자. B가 90원을 받고 A에게 재화를 공급한다. 생산비는 80원, A의 효용은 100원이다. B가 계약을 파기하면 A에게 110원을 지불하여야 한다. 손해배상액이 A의 효용보다 크므로 110원은 위약금에 해당한다. 계약 이행 시 B의 이득은 10원, 계약을 파기하면 B의 이득은 $-20(90-110)$

---

33) A가 받는 손해배상은 $\frac{2}{3}$의 확률로 v이고 $\frac{1}{3}$의 확률로 p_C이다.

34) 효율적 계약 파기의 이득인 p_C-v의 $\frac{2}{3}$가 B의 몫이다.

35) 위약금은 징벌적 손해배상과 유사하다.

원이다. 따라서 B가 계약을 이행한다. 이 계약을 보너스 계약으로 바꾸어 보자. 계약 체결 시 A가 B에게 80원을 지불하고 계약이 이행되면 추가로 10원을 지불한다. 10원은 계약 이행에 대한 보너스이다. B의 이득은 계약 이행 시 $10(80-80+10)$원, 계약 파기 시 $0(80-80)$이다. 따라서 B가 계약을 이행한다.

2. 이행강제

계약을 파기한 일방은 상대방의 손해를 배상한다. 다만, 계약 파기로 인한 손해를 배상하는 것으로 충분하지 않으면 법원이 계약의 이행을 명령한다. 이를 이행강제라고 한다. 계약을 이행하도록 강제하는 것이 이행강제이다. A가 B와의 계약을 파기한 경우 법원이 이행강제를 명령하면 A는 계약을 이행하거나 B가 요구하는 금액을 배상하고 계약을 파기한다.36) 법원이 배상 원칙을 적용하는 과정에서 나타나는 문제는 계약 파기로 인한 손해, 즉 계약의 가치를 측정하는 것이다. 이행강제는 이러한 문제를 유발하지 않으면서 효율적인 계약 파기를 유도한다.

이행강제가 효율적인 계약 파기를 유도한다는 사실을 구체적으로 살펴보자. A가 B의 주택을 매입하는 계약이 체결되었다. 주택 가격이 5천만 원, A의 효용은 6천만 원이다. 계약이 이행되기 전에 C가 B에게 6천5백만 원을 제시하였다. B가 C에게 주택을 팔고 A에게 6천만 원을 배상하면 5백만 원을 더 얻을 수 있다. 이 상황에서 법원이 B에게 이행강제를 명령하면 어떠한 결과가 발생하는가?

C가 B에게 6천5백만 원을 제시한 사실을 A가 아느냐 모르느냐에 따라 결과가 달라진다. A가 아는 경우 그는 B로부터 주택을 매입하여 C에게 매각한다. 5백만 원을 A가 갖는다. A가 모른다면 B는 A에게 6천만 원을 지불한 후 6천5백만 원의 가격에 주택을 C에게 판다. 이 경우에는 B가 5백만 원을 갖는다. 전자에 있어서는 A가, 후자의 경우에는 B가 계약 파기의 이득을 갖는다. 어느 경우이든 C가 주택을 매입하므로 결과는 효율적이다.

---

36) 이행강제는 이행·금지명령과 유사한 개념이다. 양자는 소유물 원칙으로 권리가 보호되는 예이다.

법원이 이행강제를 명령하면 계약의 가치를 측정하지 않아도 효율적인 계약 파기가 유도되므로 이행강제가 손해배상에 비하여 우월하다. 그러나 이행강제의 경우 거래비용이 발생한다. 앞의 사례에서 A가 C의 제안을 아는 경우 B가 A에게 주택을 매각하도록 법원이 명령하고 A와 C가 주택을 매매하는 데 비용이 소요된다. 물론, 거래비용은 손해배상의 경우에도 발생한다. A가 C의 제안을 모르면 A와 B 사이에 계약 파기에 관한 소송이 발생하고 B와 C가 주택을 매매하기 때문이다. 거래비용의 측면에서 이행강제와 손해배상 간에 차이가 없다.37)

3. 장기계약

계약당사자의 관계가 장기간 지속될 때 이를 장기계약(long-term contract)이라고 한다. 장기계약을 체결하는 이유는 두 가지이다. 장기계약을 체결하면 주기적으로 계약을 갱신할 필요가 없으므로 거래비용이 절약된다. 또한 장기계약은 특정자산(specific asset)38)에 대한 투자를 가능하게 한다. 예를 들어, 기업이 근로자 교육에 투자를 하는 데 있어서 걸림돌이 되는 것은 이직(移職)이다. 기업이 근로자 교육에 투자하면 노동생산성이 높아지므로 근로자는 더 높은 임금을 제시하는 기업으로 이직할 수 있다. 물적 자본(physical capital)과 달리 인적 자본(human capital)은 근로자에 체화(體化)되므로 이직하면 기업의 교육투자비가 매몰된다.

다음과 같은 경우를 가정하자. 현재(1기) 근로자의 노동생산성은 100원이다. 1기에 기업이 근로자 교육에 100원을 투자하면 2기에 노동생산성은 300원이 된다. 기업이 1기와 2기에 각각 125원의 임금을 지불하면 근로자의 총 임금은 200원에서 250원으로 증가하고 기업은 50(200−100−50)원의 이득을 얻는

---

37) 이행강제와 관련된 소송이 계약 파기에 관한 소송보다 비용이 더 크다고 할 수 없다. A와 C의 거래비용이 B와 C의 거래비용보다 클 이유도 없다.

38) 특정자산은 말 그대로 특정한 거래에 있어서만 가치를 갖는 자산이므로 거래가 중단되면 그 가치가 매몰된다. 특정자산은 다른 용도로 사용할 수 없기 때문에 기회비용(opportunity cost)이 0이다. 예를 들어, 기업 A가 만드는 자동차 부품이 기업 B의 완성차 조립에만 사용되는 경우 계약이 안정적이지 않으면 A는 부품 생산에 필요한 설비 투자를 할 수 없다.

다. 이 계약하에서 근로자와 기업은 교육 투자로 인한 100원의 노동생산성 증가를 반씩 갖는다. 이 계약이 현실에서 유효하려면 근로자가 2기에 이직하지 않아야 한다. 1기에 교육 투자가 이루어지면 노동생산성은 300원이 되므로 2기에 근로자가 125원을 포기하고 이직할 유인이 있다. 근로자가 이직하면 175원의 이득을 얻지만 기업은 175원의 손실을 입는다.39)

부록 21. 장기계약 사례

장기계약의 대표적인 사례로서 연예기획사와 연예인의 계약, 프로야구 팀(team)과 선수의 계약을 들 수 있다. 연예기획사나 팀이 연예인이나 선수와 장기계약을 체결하는 이유는 이들의 이동을 방지하기 위하여서이다. 단기계약을 체결하면 연예기획사나 팀이 연예인이나 선수의 교육과 훈련에 투자할 수 없다.

[표 5-2] 아이돌 그룹의 계약 기간

아이돌 그룹	연예기획사	계약 기간
동방신기		
슈퍼주니어	SM	13년
샤이니		
원더걸스		
2PM	JYP	7년
2AM		
빅뱅	YG	5년
2NE1		

[표 5 − 2]는 아이돌 그룹과 연예기획사 SM, JYP, YG의 계약 기간을 정리한

---

39) 이직 시 근로자가 175원을 배상하여야 한다면 실질적으로 이직이 불가능하다. 이직하는 기업으로부터 받는 최대 임금이 300원이므로 배상액 175원을 빼면 실질적인 임금은 125원이다. 이 금액은 이직하지 않아도 받을 수 있다. 이직 시 근로자가 왜 175원을 배상하여야 하는가? 기업은 1기에 25원의 초과 임금을 2기에 100원의 교육비를 지출하고 근로자가 이직함에 따라 노동생산성 증가의 50%에 해당하는 50원을 잃기 때문이다.

것이다. [표 5−2]를 보면 모든 계약 기간이 5년 이상이다. 흥미로운 사실은 연예기획사별로 계약 기간에 상당한 차이가 있다는 것이다. 계약 기간이 가장 긴 연예기획사는 SM이다. 아이돌 그룹과 장기계약을 체결하는 주된 이유가 연습생에 대한 교육과 훈련 때문이라는 사실을 감안하면 SM이 가장 적극적으로 연습생에 투자한다고 할 수 있다. 아이돌 그룹과 연예기획사의 장기계약에는 문제점도 있다. 장기계약의 전제(前提)는 연예기획사가 연습생의 교육과 훈련에 투자하고 이익을 쌍방이 나누어 갖는 것이다. 따라서 연습생이 낮은 임금을 받는 것이 인정되지만 임금이 지나치게 낮으면 이는 불공정하다. 계약 기간이 지나치게 길면 이 또한 불공정하다. 아이돌 그룹과 연예기획사의 소송에서 아이돌 그룹이 승소(勝訴)한 사례가 많다. 이는 장기계약이 불공정할 수 있음을 입증하는 것이다.

[표 5-3] 프로야구 선수의 계약 기간

	한국	일본	미국
계약 기간	10년	9년	6년

프로야구의 경우 매년 계약을 체결하므로 형식적으로는 장기계약이 체결되지 않는다. 그러나 프로야구에는 신인 선수를 선발하는 드래프트(draft)와 소속 선수에 대한 팀의 유보 조항(reserve clause)이 있다.40) 이로 인하여 실질적으로 선수와 팀이 장기계약을 체결한다. 신인 선수는 드래프트를 통하여 강제적으로 특정 구단과 계약을 체결하고 유보 조항에 의하여 다른 팀으로 이동하지 못한다. 다만, 유보 조항의 효력은 한시적이다. [표 5−3]에서 확인되듯이 유보 조항은 6~10년 동안 유효하다. 우리나라의 경우 10년이 지나면 선수가 팀을 선택할 수 있다. 유보 조항이 적용되지 않는 선수를 자유계약 선수라고 한다.

---

40) 드래프트와 유보 조항은 제9장에서 설명하였다.

제6장

소 송

지금까지 우리는 소유권, 불법행위, 계약 등과 같은 민사법의 실체적 측면을 법경제학적 시각에서 분석하였다. 민사법상 분쟁은 일방이 상대방에게 손해를 입히고도 배상하지 않거나 배상이 미흡할 때 발생한다. 민사법의 핵심은 소유권 침해, 불법행위, 계약 파기로 인하여 발생한 손해를 분쟁당사자 간에 배분하는 것이다.

이 장에서는 민사법의 절차적 측면을 법경제학적 시각에서 분석하였다.[1] 분쟁이 생겨도 당사자가 합의[2]를 통하여 그것을 해결하면 소송(訴訟)이 발생하지 않는다. 분쟁당사자 중 일방이 상대방을 고소[3]하면 소송이 시작된다. 소송에 관한 법이 소송법이다. 소송법은 실체법을 현실에 적용하는 수단이다. 소송법을 시행하는 과정에서 두 종류의 비용이 발생한다. 하나는 행정 비용이다. 법원을 유지하고 소송을 수행하는 데 비용이 든다. 다른 하나는 실체법을 현실

---

1) 민사법의 절차적 측면을 법의 사적 강제(private enforcement), 형사법의 절차적 측면을 법의 공적 강제(public enforcement)라고 한다. 피해자가 가해자를 고소(告訴)하여서 재판을 통하여 손해배상을 받는 것이 사적 강제이라면 검사(檢事)가 피해자를 대신하여 가해자(범죄자)를 기소(起訴)하고 재판을 통하여 형벌을 부과하는 것이 공적 강제이다. 검사가 기소하려면 가해자가 범죄자이어야 한다. 즉, 범죄가 성립하여야 한다.

2) 넓은 의미에서 합의는 조정(mediation)과 중재(arbitration)를 포함한다. 조정은 중립적인 위치에 있는 제3자(조정위원)의 권고에 의하여 분쟁을 해결하는 제도이다. 조정은 민사조정 또는 가사조정과 같은 법원 부설형과 소비자분쟁조정위원회, 환경분쟁조정위원회 등의 행정기관 조정형으로 나뉜다. 중재는 사인인 제3자를 중재인으로 선정하여 분쟁을 해결하는 제도이다. 이는 사적 재판이라고 할 수 있다.

3) 소송을 제기한 자를 원고(plaintiff), 소송이 제기된 자를 피고(defendant)라고 한다.

에 적용하는 과정에서 불가피하게 발생하는 법원의 오류이다. 효율적인 소송법이 적용되면 이러한 비용을 최소화하면서 분쟁을 해결할 수 있다.

합리적인 피해자는 소송 시 예상되는 이득이 손실보다 클 때 소송을 제기한다. 소송의 손실이 이득보다 크면 피해자는 고소하지 않고 가해자와 합의한다. 소송 시 원고(피고)가 예상하는 이득(손실)이 기대손해배상액(expected damages)이다. 기대손해배상액은 원고(피고)가 승소(패소)할 확률과 손해배상액의 곱이다. 손해배상액은 사건(분쟁)의 규모를 나타낸다. 사건 규모가 크면 원고 입장에서는 소송할 유인이 크지만 피고 입장에서는 패소 시 원고에게 지불하는 금액이 크므로 소송할 유인이 작다. 따라서 소송이 발생할 가능성이 높다.

동일한 규모의 분쟁에 대하여 어떤 사람은 소송할 유인이 있지만 다른 사람에게는 소송의 유인이 없다. 왜냐하면, 소송에 소요되는 비용이 사람마다 다르기 때문이다. 소송비는 분쟁을 걸러내는 여과(濾過) 기능을 한다. 소송비가 감당이 되는 분쟁이 소송으로 연결된다. 사람들은 효율적인 소송을 하는가? 개인에게 이로운 소송이 사회적으로도 바람직한가? 개인에게 이로운 소송이 비효율적이면 효율적인 소송을 하도록 법원이 유도하여야 한다.

이 장은 다음과 같이 구성되었다. 제1절의 내용은 효율적인 소송이다. 피해자 개인에게 이로운 소송이 언제나 효율적이지는 않다. 제2절에서는 소송을 하는 이유를 낙관적 기대(optimistic expectation)와 비대칭적 정보(asymmetric information)의 개념을 사용하여 설명하였다. 제1절과 제2절이 "소송은 왜 발생하는가?"라는 문제를 다루었다면 제3절과 제4절에서는 소송과 관련된 구체적인 문제를 논의하였다. 영미법계[4] 국가에서 소송과 소송비에 적용되는 법적 원칙을 제3절에서, 판사와 변호사의 특성은 제4절에서 논의하였다.

---

[4] 영미법(Anglo-American law)은 영국에서 발생하여 영어를 쓰는 국가와 영국 식민지 국가로 퍼져 나간 법체계이다. 보통법(common law)이라고도 한다. 선례(先例)가 구속력을 갖는다는 점에서 대륙법과 구별된다.

효율적인 소송

다음과 같은 사례를 생각하여 보자. A가 정지한 B의 자동차를 뒤에서 충격하였다. B의 자동차 수리비용은 1,000만 원이다. A가 B에게 1,000만 원을 지불하면 분쟁이 해결된다. 그러나 A는 B와 합의하지 않고 소송을 제기하였다. A와 B는 각각 100만 원의 소송비를 부담하였다. 소송 결과, A가 B에게 1,200만 원의 손해배상액을 지불하였다. 합의하지 않고 소송을 함으로써 B가 100만 원의 이득을 얻었으나 A는 300만 원의 손실을 입었다. 쌍방의 이득과 손실의 합은 소송비와 일치한다.

분쟁당사자가 합의하지 않고 소송을 하면 일방이 이득을 얻어도 쌍방의 이득의 합은 부($-$)이다. 쌍방이 각자 소송비를 부담하기 때문이다. 물론, 소송비는 소송대리인(변호사)의 이득이므로 분쟁당사자와 소송대리인의 이득의 합은 0이다. 소송은 비생산적(비효율적)인가? 소송을 통하여 단순히 부가 분쟁당사자에서 소송대리인으로 이전되면 소송은 비생산적이다.

인간의 모든 행위와 제도가 그렇듯이 소송으로 인하여 이득과 손실이 동시에 발생한다. 사회적 이득이 사회적 손실보다 큰 소송은 생산적이다. 앞의 사례를 다시 생각하여 보자. 교통사고를 저지른 경우 고소당할 수 있다면 운전자는 더 많이 주의할 것이다. 이에 따라 교통사고가 감소한다. 이는 소송의 사회적 이득이다. 운전자가 더 많이 주의하면 더 많은 비용이 지출된다. 이는 소송의 사회적 손실이다. 교통사고 감소의 이득이 추가적인 주의비용보다 크면 소송은 생산적(효율적)이다.

어떤 경우에 효율적인 소송이 발생하는지를 간단한 모형을 통하여 살펴보자. 교통사고가 발생할 확률은 운전자가 주의하면 p_c, 주의하지 않으면 p_n이다. 운전자의 주의비용은 x이다. 교통사고 규모는 D, 보행자(원고)와 운전자(피고)의 소송비는 c_P와 c_D이다. 교통사고에 적용되는 책임 원칙은 엄격책임 원칙이다.

교통사고 시 보행자가 고소할 수 있다고 생각하면 운전자가 주의하므로 사고가 발생할 확률은 p_c이다. 이 경우 보행자에게 $p_c c_P$, 운전자에게 $x + p_c(D + c_D)$의 손실이 발생한다. 따라서 교통사고의 사회적 손실은 $x + p_c(D + c_P + c_D)$이다.[5] 만약, 보행자가 운전자를 고소하지 않는다면 운전자는 주의하지 않으므로 사고가 발생할 확률은 p_n이다. 이 경우에는 보행자에게 $p_n D$의 손실이 발생하고 운전자는 손실을 부담하지 않으므로 교통사고의 사회적 손실은 $p_n D$이다.

소송이 효율적이기 위한 조건은 식 (6.1)이다. 이를 정리하면 식 (6.2)가 성립한다. 식 (6.2)에서 부등호의 왼쪽은 소송의 사회적 손실, 부등호의 오른쪽은 소송의 사회적 이득이다. 소송의 사회적 손실은 운전자의 주의비용과 보행자와 운전자가 부담하는 소송비의 합이다. 또한 보행자의 고소가 가능하면 운전자는 주의하므로 교통사고의 손실이 $(p_n - p_c)D$만큼 감소한다. 이는 소송의 사회적 이득이다.

$$x + p_c(D + c_P + c_D) < p_n D \tag{6.1}$$

$$x + p_c(c_P + c_D) < (p_n - p_c)D \tag{6.2}$$

보행자는 언제 운전자를 고소하는가? 소송의 이득이 손실보다 클 때 보행자가 운전자를 고소한다. 보행자 입장에서 소송의 이득이 $p_c D$, 손실은 $p_c c_P$이다. 따라서 보행자의 개인 차원에서 소송이 발생할 조건은 $c_P < D$이다.[6] 이 조건과 식 (6.2)가 일치하지 않는다. 만약, 운전자가 주의하지 않으면 교통사고가 발생하고, 운전자가 주의할 경우 교통사고가 발생하지 않는다면, 즉 $p_n = 1$, $p_c = 0$이면 식 (6.2)는 $x < D$가 된다. 이 경우에는 $x = c_P$일 때 효율적인 소송이 발생한다.[7]

---

5) 엄밀하게 정의하면 보행자의 승소 가능성이 고려되어야 한다. 만약, 보행자의 승소 확률이 q이면 보행자의 손실이 $p_c c_P + p_c(1-q)D$, 운전자의 손실은 $x + p_c c_D + p_c q D$이다. 그러나 양자의 합인 사회적 손실은 $x + p_c(D + c_P + c_D)$로서 변화가 없다.

6) 엄밀하게 정의하면 보행자의 승소 가능성이 고려되어야 한다. 만약, 보행자의 승소 확률이 q이면 소송의 이득이 $p_c q D$, 소송의 손실은 $p_c q c_P$이다. 그러나 보행자가 소송할 조건은 $c_P < D$로서 변화가 없다.

7) $x < c_P$이면 소송이 너무 적게 발생하고 $x > c_P$이면 소송이 너무 많이 발생한다. 두 경우 모두 비효율적이다.

소송 이론

분쟁당사자는 합의를 통하여 분쟁을 해결할 수 있다. 피해자와 가해자 중 일방이 합의할 의사가 없으면 소송이 발생한다. 합의는 분쟁을 협조적(cooperative)으로 해결하는 방식인 반면, 소송은 비협조적인(non-cooperative) 해결 방식이다. 분쟁을 협조적으로 해결하면 협조의 잉여(the cooperative surplus)가 발생한다.8) 구체적으로 협조의 잉여는 무엇인가? 아래의 사례를 통하여 협조의 잉여가 무엇인지를 살펴보자.

피해자가 승소할 확률이 50%이다. 승소할 경우 피해자는 가해자로부터 100원을 받지만 패소하면 한 푼도 받지 못한다. 피해자는 20원의 소송비를 부담한다. 가해자는 피해자와 대칭적이다. 가해자는 50%의 확률로 피해자에게 100원을 지불하여야 한다. 가해자가 부담하는 소송비용은 20원이다. 이 상황에서 합의하지 않고 소송을 하면 피해자의 기대이득이 $30((0.5 \times 100) + (0.5 \times 0) - 20)$원, 가해자의 기대손실은 $70((0.5 \times 100) + (0.5 \times 0) + 20)$원이다.9) 쌍방이 합의하면 40원의 소송비를 아낄 수 있다. 합의로 인하여 절약되는 소송비가 협조의 잉여이다.10)11)

합의를 통하여 분쟁당사자는 소송비를 아끼면서 소송과 동일한 결과를 얻는다. 또한 패소(敗訴)와 오심(誤審)의 위험을 부담하지 않는다. 그렇다면 현실에서 소송이 발생하는 이유는 무엇인가? 분쟁당사자가 협조의 잉여를 포기하는 이유는 무엇인가? 이 장에서는 두 가지 측면에서 소송이 발생하는 원인을 설명하였다.

---

8) 앞의 사례에서 협조의 잉여는 200만 원이다.

9) 피해자의 기대이득과 가해자의 기대손실이 일치하지 않는 이유는 각자 소송비를 부담하기 때문이다.

10) 소송비를 분쟁 해결에 소요되는 거래비용으로 해석하면 절약되는 거래비용이 협조의 잉여이다.

11) 협조의 잉여는 어떻게 배분되는가? 피해자와 가해자의 몫은 합의 조건에 따라 달라진다. 본문 사례에서 협조의 잉여를 1:1로 배분하려면 합의금이 얼마가 되어야 하는가? 합의를 통하여 피해자가 20원의 이득을 얻어야 한다. 소송의 기대이득이 30원이므로 피해자가 합의금으로 50원을 받아야 한다. 이렇게 되면 가해자는 20원의 이득을 얻는다. 합의금(50원)이 소송의 기대손실(70원)보다 작기 때문이다.

피해자가 생각하는 자신의 승소 가능성과 가해자가 생각하는 피해자의 승소 가능성이 다를 수 있다. 이를 비대칭적 기대(asymmetric expectation)라고 한다. 비대칭적 기대에는 낙관적 기대와 비관적 기대(pessimistic expectation)가 있다. 피해자가 자신이 승소할 확률이 70%(60%)라고 기대하는 데 가해자가 피해자의 승소 확률이 60%(70%)라고 생각하면 쌍방은 소송 결과에 대하여 낙관적(비관적)이다. 피해자와 가해자가 자신이 소송에서 이길 확률이 높다고 생각하면 합의가 어렵다. 분쟁당사자가 낙관적 기대를 하면 소송이 발생한다.

분쟁당사자 중 일방이 상대방에 비하여 적은 정보를 가질 수 있다. 이를 비대칭적 정보라고 한다. 교통사고를 생각하여 보자. 가해자는 피해자가 얼마나 큰 피해를 입었는지 잘 모른다. 피해자는 가해자가 주의 의무를 지켰는지 알지 못한다. 가해자가 피해자의 손해를 과대평가하거나 피해자가 가해자의 과실이 있다고 생각하면 합의가 어려우므로 소송이 발생한다.[12]

1. 낙관적 기대 이론[13]

다음과 같은 모형을 가정하자. 피해자가 생각하는 자신의 승소 확률이 p_p, 가해자가 생각하는 피해자의 승소 확률은 p_D이다.[14] 사건 규모는 J이다. 피해자와 가해자가 부담하는 소송비는 c_P와 c_D이다. 피해자의 소송의 기대이득은 $p_p J - c_P$이다. 피해자는 합의금(S)이 $p_p J - c_P$ 이상이어야 합의한다. 즉, 피해자가 합의할 조건은 $S \geq p_p J - c_P$이다. 가해자의 소송의 기대손실은 $p_D J + c_D$이다. 가해자는 합의금이 $p_D J + c_D$ 이하이어야 합의한다. 즉, 가해자가 합의할

---

12) 이 밖에 소송이 발생하는 이유를 위험에 대한 태도로 설명할 수 있다. 현금 50원과 50%의 확률로 100원을 받는 복권(lottery) 중에서 현금 50원을 선호하는 사람은 위험기피자(risk averter)이다. 50원의 현금을 지불하는 것과 50%의 확률로 100원을 지불하는 어음 중에서 후자를 선호하는 사람은 위험선호자(risk lover)이다. 대체로 사람들은 확실한 이득, 불확실한 손실을 선호하므로 이득에 대하여 위험기피자, 손실에 대하여는 위험선호자가 된다. 확실한 이득(합의)과 불확실한 이득(소송) 중에서 피해자는 합의를 선호한다. 확실한 손실(합의)과 불확실한 손실(소송) 중에서 가해자는 소송을 선호한다. 따라서 합의가 이루어지지 않고 소송이 발생한다.
13) 분쟁당사자가 위험에 대하여 중립적이라고 가정하였다.
14) p_D는 가해자가 생각하는 자신의 승소 확률이 아니라는 사실에 주의하여야 한다.

조건은 $S \leq p_D J + c_D$이다.

$S \geq p_P J - c_P$와 $S \leq p_D J + c_D$가 동시에 성립할 때 합의가 이루어진다. 따라서 합의가 성립하기 위한 조건은 식 (6.3)이다. 식 (6.3)에서 부등호의 왼쪽은 소송 시 피해자의 기대이득, 오른쪽은 가해자의 기대손실이다. 합의가 이루어지려면 피해자가 받고자 하는 최소 금액이 가해자가 지불하려는 최대 금액 이하이어야 한다.

$$p_p J - c_P \leq p_D J + c_D \qquad (6.3)$$

식 (6.3)을 정리하면 식 (6.4)가 성립한다. 이로부터 소송이 발생할 조건인 식 (6.5)가 유도된다.[15] $p_p < p_D$(비관적 기대)[16]이거나 $p_p = p_D$(대칭적 기대)이면 식 (6.5)가 성립하지 않는다. $p_p > p_D$(낙관적 기대)이면 식 (6.5)가 성립할 수 있다. 낙관적 기대는 소송이 발생하기 위한 필요조건이다.

$$(p_p - p_D)J \leq c_P + c_D \qquad (6.4)$$
$$(p_p - p_D)J > c_P + c_D \qquad (6.5)$$

식 (6.5)에 의하면 소송 발생은 세 가지 요인에 의하여 결정된다. 첫째, $p_p - p_D$가 클수록 식 (6.5)가 성립할 가능성이 높다. 분쟁당사자의 낙관적 기대가 크면 소송이 쉽게 발생한다. 피해자와 가해자가 큰 착각에 빠지면 합의가 어렵다. 둘째, J가 크면 식 (6.5)가 성립하기 쉽다. 경미한 분쟁에 대한 합의는 쉬우나 규모가 큰 분쟁은 소송을 통하여 해결될 가능성이 높다.[17] 셋째, $c_P + c_D$가 클수록 소송이 발생할 가능성이 낮다. 피해자와 가해자가 부담하는 소송비

---

15) 식 (6.4)가 합의가 이루어질 조건이므로 식 (6.5)는 합의가 안 될 조건이다. 즉, 식 (6.5)는 소송이 발생할 조건이다.

16) $p_p = 60\%$, $p_D = 70\%$이면 피해자는 소송 결과에 대하여 비관적이다. 또한 $1 - p_P = 40\%$, $1 - p_D = 30\%$이므로 가해자도 소송 결과에 대하여 비관적이다.

17) 사건 규모가 크면 피해자의 소송의 기대이득이 크므로 소송할 유인이 크다. 반면, 가해자의 입장에서는 소송의 기대손실이 크므로 합의할 유인이 크다. 따라서 쌍방이 합의할 가능성이 낮다.

는 협조의 잉여이다. 협조의 잉여가 크면 합의할 유인도 크다.[18]

2. 비대칭적 정보 이론[19]

낙관적 기대 이론의 문제점은 합리적인 인간이 지속적으로 잘못된 기대를
한다고 가정하는 것이다. 분쟁당사자가 일시적으로 낙관적 기대를 할 수 있으
나 소송대리인의 도움을 받을 수 있으므로 지속적으로 낙관적 기대를 한다는
가정은 비현실적이다.[20] 이 문제에서 자유로운 것이 비대칭적 정보 이론이다.
아래에서 간단한 모형을 통하여 비대칭적인 정보가 소송의 원인이 된다는 것
을 증명하였다.

교통사고를 가정하자. 승소 확률이 높은(p_h) 피해자와 승소 확률이 낮은(p_l)
피해자가 있다. 과실이 없는 피해자는 소송에서 이길 확률이 높지만 과실이 있
는 피해자는 승소 확률이 낮다. 가해자는 피해자가 승소 확률이 높은지 낮은지
를 알지 못한다. 피해자에 대한 정보가 부족하기 때문이다.[21] 다만, 가해자는 피
해자가 승소 확률이 높은 사람일 확률이 α임을 안다.[22] 소송 시 피해자의 기
대이득은 $p_h J - c_P$ 또는 $p_l J - c_P$이다. $p_h > p_l$이므로 $p_h J - c_P > p_l J - c_P$이다.

피해자가 어떤 유형인지 모르는 상황에서 가해자가 선택할 수 있는 전략은
두 가지이다. 첫 번째 전략은 승소 확률이 높은 피해자의 소송의 기대이득에
해당하는 합의금을 제시하는 것이다. 이 경우 피해자는 소송을 포기하고 합의
한다. 두 번째 전략은 승소 확률이 낮은 피해자의 소송의 기대이득에 해당하는
합의금을 제시하는 것이다. 이 경우에는 승소 확률이 높은 피해자는 소송을 하
지만 승소 확률이 낮은 피해자는 합의한다.[23]

---

18) $p_P = p_D = p$이어도 J_P(피해자가 생각하는 사건 규모)가 J_D(가해자가 생각하는 사건 규모)보
　다 크면 소송이 발생할 수 있다. 이 경우 소송이 발생할 조건은 $p(J_P - J_D) > c_P + c_D$이다.

19) 분쟁당사자가 위험에 대하여 중립적이라고 가정하였다.

20) 소송대리인이 의뢰인의 낙관적 기대를 방치 또는 조장(助長)할 수 있다. 여기에서는 이 가능
　성을 배제하였다.

21) 피해자의 과실은 피해자가 가장 잘 안다.

22) 평균적으로 피해자 10명 중에서 1명이 과실이 있다면 $\alpha = 0.9$이다.

23) 첫 번째 전략을 선택하면 두 유형의 피해자가 구별되지 않는다. 모든 피해자들이 합의하기
　때문이다. 이러한 이유로 첫 번째 전략을 통합전략(pooling strategy)이라고 한다. 두 번째 전

가해자가 분리전략을 선택하면 소송이 발생한다. 가해자는 언제 분리전략을 선택하는가? 분리전략의 기대손실이 통합전략의 기대손실보다 작으면 가해자가 분리전략을 선택한다.[24] 분리전략의 기대손실은 식 (6.6)이다. 식 (6.6)의 첫 번째 항은 승소 확률이 높은 피해자와의 소송에 따른 기대손실, 두 번째 항은 승소 확률이 낮은 피해자에게 지급하는 합의금이다. 통합전략의 기대손실은 $p_h J - c_P$이다. 분리전략이 선택될 조건, 즉 소송이 발생할 조건은 식 (6.7)이다. 이를 정리하면 식 (6.8)이 성립한다.

$$\alpha(p_h J + c_D) + (1 - \alpha)(p_l J - c_P) \tag{6.6}$$

$$\alpha(p_h J + c_D) + (1 - \alpha)(p_l J - c_P) < p_h J - c_P \tag{6.7}$$

$$\frac{1 - \alpha}{\alpha}(p_h - p_l)J > c_P + c_D \tag{6.8}$$

식 (6.8)로부터 다음과 같은 함의(含意)를 얻는다. 사건 규모(J)가 크거나 소송비($c_P + c_D$)가 작으면 소송이 발생할 가능성이 높다. 이 결과는 낙관적 기대 이론과 동일하다.[25] 또한 α가 크면 $\frac{1-\alpha}{\alpha}$는 작으므로 식 (6.8)이 성립하기 어렵다. 피해자가 승소 확률이 높은 원고일 가능성이 크면 가해자는 $p_h J - c_p$의 합의금을 제시하여 소송을 피하는 것이 유리하다. 평균적으로 피해자 100명 중에서 99명이 과실이 없다면($\alpha = 0.99$) 가해자는 소송할 유인이 없다. $p_h J - c_p$의 합의금을 지불하는 것이 가해자에게 유리하다. 끝으로 $p_h - p_l$이 크면 가해자가 분리전략을 선택한다. $p_h = 0.99$, $p_l = 0.01$이면 가해자는 승소 확률이 높은 피해자와 소송을 하더라도 $p_l J - c_p$의 합의금을 제시하는 것이 유리하다. 반면, $p_h = 0.51$, $p_l = 0.49$이면 두 유형의 피해자가 거의 동질적(同質的)이므로 $p_h J - c_p$의 합의금을 제시하여 소송을 피하는 것이 가해자에게 유리하다.

략을 선택하면 두 유형의 피해자가 구별된다. 승소 확률이 높은 원고는 소송을 하고 승소 확률이 낮은 원고는 합의한다. 두 번째 전략을 분리전략(separating strategy)이라고 한다.

24) 가해자가 분리전략을 선택하면 합의금은 작지만 소송비가 발생한다.

25) 식 (6.5)를 참조.

가해자는 두 유형의 피해자를 구별할 실익이 있을 때 분리전략을 선택한다. 즉, 분리전략을 선택함으로써 절약되는 합의금이 추가로 부담하는 소송비보다 커야 한다. 이 조건은 승소 확률이 낮은 피해자의 비율이 높고 두 유형의 피해자가 이질적(異質的)일 때 충족된다.

제3절   영미법 사례

1. 선택적 소송

영미법계의 사법제도는 진화 메커니즘을 갖는다. 즉, 사법제도는 그 자체로 효율적이다. 왜 그러한가? 선택적 소송(selective litigation) 때문이다. 대체로 효율적인 선례보다는 비효율적인 선례가 소송[26] 대상이 될 가능성이 높으므로[27] 비효율적인 선례가 폐기될 가능성이 높다. 판사가 현명하지 않아도 특정한 선례가 소송 대상이 되는 횟수가 늘어나면 언젠가는 폐기된다.[28]

다음과 같은 경우를 생각하여 보자. 한 사회 내에 효율적인 선례와 비효율적인 선례가 한 개씩 있다. 효율적인 선례와 비효율적인 선례가 소송 대상이 될 확률은 α와 β이다($\alpha < \beta$). 소송 결과, 선례는 유지될 수도 폐기될 수도 있다. 법원이 선례를 폐기할 확률은 50%이다. 이 상황에서 효율적인 선례의 기댓값(N)은 식 (6.9)이다.

$$N = (1-\alpha) + \frac{\alpha}{2} + \frac{\beta}{2} \tag{6.9}$$

---

26) 영미법계 국가에서는 선례가 법률이다. 판사가 선례를 따를 수도 폐기할 수도 있으므로 결과적으로 법률이 소송 대상이 된다.

27) 비효율적인 선례에 대하여 선택적으로 소송이 이루어진다고 할 수 있다.

28) 자연에서 열등한 종(種)과 우월한 종이 경쟁하면 장기적으로 우월한 종이 생존한다. 이를 적자생존(適者生存)이라고 한다. 시간이 지남에 따라 적자, 즉 효율적인 종이 살아남는 것은 자연스러운 선택(natural selection)이다. 자연에는 진화 메커니즘이 있다.

식 (6.9)에서 $1-\alpha$는 효율적인 선례가 소송 대상이 되지 않는 경우이다. $\frac{\alpha}{2} = \alpha \times \frac{1}{2}$이므로 두 번째 항은 효율적인 선례가 소송 대상이 되더라도 유지되는 경우이다. $\frac{\beta}{2} = \beta \times \frac{1}{2}$이므로 이는 비효율적인 선례가 소송을 통하여 폐기되는 경우이다. N이 1보다 크면 사법제도는 효율적이다. $(1-\alpha) + \frac{\alpha}{2} + \frac{\beta}{2} > 1$을 정리하면 $\frac{\beta-\alpha}{2} > 0$이 성립한다. $\beta > \alpha$이므로 $\frac{\beta-\alpha}{2} > 0$이다. 선택적 소송에 의하여 사법제도가 진화한다는 것을 알 수 있다.29)

2. 선례구속30) 원칙

판사가 선례를 따라 판결을 내리면 재판비용을 줄일 수 있으나 비효율적인 선례를 폐기할 수 없다. 판사가 효율적인 선례를 따르고 비효율적인 선례는 폐기하는 것이 이상적이다. 그러나 현실에서 판사는 효율적인 선례를 폐기하거나 비효율적인 선례를 유지한다. 전자를 제1종 오류(type-I error), 후자를 제2종 오류(type-II error)라고 한다.31)

판사가 선례를 따르는 것은 효율적인가? 구체적인 사례를 생각하여 보자. 사회적인 환경이 변할 확률이 p이다. 사회적인 환경이 변하면 선례는 비효율적이다. 사회적인 환경이 변함에 따라 판사가 선례를 폐기할 확률이 q이다. 사회적인 환경이 변하지 않았음에도 불구하고 판사가 선례를 폐기할 확률은 r이다.32) 〈그림 6-1〉은 이 사례에서 제1종 오류와 제2종 오류가 발생하는 경우를 보여준다.

---

29) 비효율적인 선례의 기댓값은 $(1-\beta) + \frac{\alpha}{2} + \frac{\beta}{2}$이다. $(1-\beta) + \frac{\alpha}{2} + \frac{\beta}{2} - 1 = \frac{\alpha-\beta}{2} < 0$이므로 비효율적인 선례의 기댓값은 1보다 작다.

30) 과거 법원의 판단이 유사한 사건에 적용된다는 것으로서 영미법의 중요한 원칙이다. 영미법은 현실에서 발견된 법이므로 법체계의 일관성을 유지하고 법률을 축적하기 위하여 선례가 후속 판결을 구속하여야 한다.

31) 제1종 오류와 제2종 오류는 통계학 용어이다. 이에 대하여는 부록에서 설명하였다.

32) q와 r은 조건부 확률(conditional probability)이다.

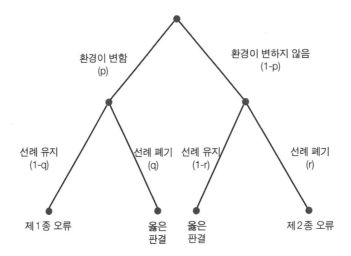

환경이 변함
(p)

환경이 변하지 않음
(1-p)

선례 유지
(1-q)

선례 폐기
(q)

선례 유지
(1-r)

선례 폐기
(r)

제1종 오류

옳은
판결

옳은
판결

제2종 오류

〈그림 6-1〉 선례구속 원칙과 오류

판사가 재량적으로 판결을 내릴 경우 오류가 발생할 확률은 $p(1-q)+(1-p)r$ 이다. $p(1-q)$는 제1종 오류가 발생할 확률이다. 사회적 환경이 변하였는데(p) 선례가 유지되기 때문이다$(1-q)$. $(1-p)r$은 제2종 오류가 발생할 확률이다. 사회적 환경이 변하지 않았는데$(1-p)$ 선례를 폐기하기 때문이다(r). 판사가 선례를 따르면 사회적 환경이 변할 경우에 오류가 발생하므로 확률은 $p(p\times1)$ 이다. 따라서 선례를 따르는 것이 효율적일 조건은 $p<p(1-q)+(1-p)r$이 다. 이를 정리하면 식 (6.10)이 성립한다.

$$\frac{p}{1-p}<\frac{r}{q} \tag{6.10}$$

식 (6.10)에서 사회적인 환경이 안정적이면 $\frac{p}{1-p}$가 작다. $\frac{r}{q}$은 판사가 오류를 범할 가능성을 나타낸다. r(잘못 대응할 확률)이 크거나 q(적절하게 대응할 확률)가 작으면 $\frac{r}{q}$이 크다.[33] 식 (6.10)에 의하면 사회적인 환경의 안정성에 비하여 법원이 오류를 범할 가능성이 크면 선례를 따르는 것이 효율적이다.

---

33) $\frac{p}{1-p}$, $\frac{r}{q}$은 승산비(odd ratio)이다. 승산비에 대하여는 부록에서 설명하였다.

3. 재판과 증거

재판은 불확실하다. 무엇이 진실인지가 명확하면 재판이 이루어지지 않는다. 판사는 원고와 피고의 주장 중에서 어느 것이 진실일 가능성이 큰지 판단한다. 재판은 경제학에서 자주 논의되는 불확실성하에서의 합리적인 의사결정(a rational decision making under uncertainty)에 해당하는가? 재판이 이에 해당하면 판사는 개념상 합리적인 노름꾼(rational gambler)이다. 노름꾼이 도박에서 돈을 잃을 수 있듯이 판사의 판결도 틀릴 수 있다. 불확실성이 존재한다는 점에서 재판과 도박, 판사와 노름꾼은 유사하다.

재판 과정에서 판사는 모든 증거(정보)를 사용할 수는 없다. 소송에는 증거재판주의34)가 적용되므로 판사가 활용할 수 있는 정보에 제한이 있다. 재판은 불확실성하에서의 "제한된" 합리적인 의사결정이다. 노름꾼은 돈을 따기 위하여 모든 정보를 활용하지만 판사는 증거재판주의에 반하지 않는 정보를 사용하여 옳은 판결을 내려야 한다. 이러한 측면에서 재판과 도박은 다르다.

재판과 도박은 입증기준(standard of proof)의 측면에서도 다르다. 판사가 피고의 유죄 확률을 52%로 판단하여도 "피고가 유죄일 확률이 52%이다."라고 판결할 수 없다. 판사는 유죄와 무죄 중에서 하나를 선택하여야 한다. 확률적 판단을 이산적 판결로 바꾸려면 기준이 필요하다. 이를 입증기준이라고 한다. 판사가 판단한 유죄 확률이 입증기준을 초과하면 유죄 판결이 내려진다. 입증기준이 60%이면 피고의 유죄 확률이 52%이어도 무죄 판결이 내려진다. 도박의 경우에는 50%가 기준이다. 노름꾼은 이길 확률이 50%를 초과하면 돈을 건다.

입증기준은 어떻게 적용되는가? 민사재판과 형사재판에 상이한 입증기준이 적용된다. 민사재판에서는 피고가 유죄일 확률이 50%를 초과하면 유죄 판결이 내려진다. 이를 증거우위의 증명이라고 한다. 형사재판의 입증기준은 상대적으로 높다. 형사재판의 경우 유죄가 인정되면 피고는 수감(收監)되거나 목숨을 잃으므로 결백한 피고를 처벌하는 것(제1종 오류)이 범죄자를 석방하는 것(제2종 오류)보다 심각한 문제이다. 형사재판에서는 합리적 의심의 여지가 없

---

34) 증거재판주의는 증거에 의하여만 사실 인정을 허용한다는 형사소송의 원칙이다. 여기에서 증거는 증거 능력이 있고 적법한 증거 조사를 거친 증거를 의미한다.

는 증명35)이 요구된다.

4. 소송비

일반적으로 원고와 피고는 자신의 소송대리인에게 소송비를 지불한다. 그러나 영국식 규칙(the English Rule)하에서는 소송에서 진 일방이 상대방의 소송비를 부담한다. 또한 규칙 68(the Rule 68)36)이 적용되면 원고가 승소하여도 손해배상액이 피고가 제시하였던 합의금보다 작으면 피고의 소송비를 부담한다. 의뢰인(依賴人)은 소송대리인의 보수(報酬)를 소송 결과에 연동시키기도 한다. 이를 성공사례금(contingent fee)이라고 한다.

1) 영국식 규칙

원고와 피고가 각자 자신의 소송비를 부담하는 방식이 미국식 규칙(the American rule)이다. 반면, 영국식 규칙 하에서는 소송에서 진 일방이 상대방의 소송비를 부담한다. 영국식 규칙이 적용되면 원고 또는 피고는 소송비를 부담하지 않거나 상대방의 소송비까지 부담한다. 영국식 규칙이 적용되면 소송이 감소하는가? 영국식 규칙이 적용되면 패소한 자가 상대방의 소송비를 부담하는데 쌍방이 소송 결과에 대하여 낙관적이므로 원고의 기대이득이 증가하고 피고의 기대손실은 감소한다. 이에 따라 소송이 증가한다. 아래에서 이를 증명하였다.

영국식 규칙하에서 원고의 기대이득은 $p_P J - (1-p_P)(c_P + c_D)$, 피고의 기대손실은 $p_D(J + c_P + c_D)$이다. 소송이 발생하려면 $p_P J - (1-p_P)(c_P + c_D)$가 $p_D(J + C_p + C_d)$보다 커야 한다. 이를 정리하면 식 (6.11)이 성립한다. 식 (6.11)과 $(p_P - p_D)J > c_P + c_D$(식 (6.4))를 비교하면 영국식 규칙하에서 소송

---

35) 검사가 완벽하지 않지만 충분히 증명하여 피고가 무죄일지 모른다고 의심하는 것이 합리적이지 않은 때에는 피고를 유죄로 판결하여야 한다. 그러나 유죄라고 할 때 이것이 상식에 비추어 틀림없다고 말할 수 없는 때에는 피고에 대한 범죄사실의 인정 여부에 합리적인 의심이 남은 것이 되고, 검사의 증명은 범죄사실을 유죄로 인정하기에 부족하므로 무죄로 판결하여야 한다(법률신문, 2019. 10. 28에서 인용).

36) 정확한 명칭은 Rule 68 of the Federal Rules of Civil Procedures이다.

이 증가한다는 것을 알 수 있다. 영국식 규칙이 적용되면 사건 규모가 J에서 $J + c_P + c_D$로 증가하는 효과가 있다.

$$(p_P - p_D)(J + c_P + c_D) > c_P + c_D \qquad (6.11)$$

식 (6.11)을 조작하면 식 (6.12)가 성립한다. 식 (6.12)의 부등호의 오른쪽은 원고와 피고가 부담하는 소송비용인데 미국식 규칙에 비하여 $(p_P - p_D)(c_P + c_D)$ 만큼 작다. 이러한 측면에서도 영국식 규칙이 적용되면 소송이 증가한다.

$$(p_P - p_D)J > (1 - (p_P - p_D))(c_P + c_D) \qquad (6.12)$$

2) 규칙 68

패소한 자가 상대방의 소송비를 부담하게 하는 단순한 법적 원칙으로는 소송을 줄일 수 없다. 소송을 하는 쌍방은 자신이 이길 것이라는 낙관적 기대를 하기 때문이다. 규칙 68은 합의를 거부한 원고가 합의금을 초과하는 손해배상을 받지 못할 경우 피고의 소송비를 부담하는 제도이다. 규칙 68은 합리적인 제안을 거부한 원고를 제재(制裁)한다는 측면에서 패소한 원고 또는 피고를 제재하는 영국식 규칙과 다르다. 규칙 68을 적용하면 소송이 감소하는가? 아래에서 간단한 모형을 통하여 규칙 68의 효과를 분석하였다.

손해배상액은 작거나(J_l) 크다(J_h). 손해배상액이 J_l이 될 확률이 α이면 기대손해배상액(J^*)은 $\alpha J_l + (1 - \alpha)J_h$이다. 피고가 제시하는 합의금($S$)은 J_l보다 크고 J_h에 비하여 작다. 규칙 68을 적용할 경우 손해배상액이 J_l이면 원고가 피고의 소송비를 부담하고, 손해배상액이 J_h이면 각자 자신의 소송비를 부담한다. 규칙 68하에서 원고의 기대이득은 식 (6.13)이다. 이를 정리하면 식 (6.14)가 성립한다. 식 (6.14)의 마지막 항인 $p_p \alpha c_D$는 원고에 대한 제재이다. 원고가 승소하여도(p_p) 손해배상액이 합의금보다 작으면(α) 피고의 소송비(c_D)를 부담하지만 손해배상액이 합의금보다 커도 소송비가 감소하지 않는다. 따라서 원고의 기대이득이 감소한다.

$$p_P(J^* - \alpha c_D) - c_P \tag{6.13}$$

$$p_P J^* - c_P - p_P \alpha c_D \tag{6.14}$$

동일한 논리로 피고의 기대손실은 식 (6.15)인데 이를 정리하면 식 (6.16)이 성립한다. 식 (6.16)의 마지막 항은 상환(償還)될 것으로 예상되는 소송비이다. 피고가 패소하여도(p_D) 손해배상액이 합의금보다 작으면 소송비를 돌려받지만 손해배상액이 합의금보다 커도 소송비가 증가하지 않는다. 따라서 피고의 기대손실이 감소한다.

$$p_D(J^* - \alpha c_D) + c_D \tag{6.15}$$

$$p_D J^* + c_D - p_D \alpha c_D \tag{6.16}$$

소송이 발생하려면 원고의 기대이득이 피고의 기대손실보다 커야 한다. 식 (6.14)가 식 (6.16)보다 크다는 조건을 정리하면 식 (6.17)이 성립한다. 이를 $(p_P - p_D)J > c_P + c_D$(식 (6.4))와 비교하면 부등호의 오른쪽은 같지만 왼쪽이 작다. 규칙 68을 적용하면 소송이 감소한다는 것을 알 수 있다. 규칙 68이 적용되면 원고의 기대이득과 피고의 기대손실이 감소하지만 쌍방이 낙관적 기대를 하므로 기대이득의 감소가 기대손실의 감소보다 크다.[37) 이에 따라 소송이 감소한다.

$$(p_P - p_D)J^* - \alpha(p_P - p_D)c_D > c_P + c_D \tag{6.17}$$

3) 성공사례금

의뢰인이 소송대리인에게 보수를 지불하는 방식은 두 가지이다. 하나는 소송 결과와 상관없이 일정한 금액을 지불하는 것이고 다른 하나는 손해배상액

---

37) 원고가 생각하는 자신의 승소 확률이 70%, 피고가 생각하는 원고의 승소 확률은 60%이면 원고의 기대이득은 70%의 확률에 의하여, 피고의 기대손실은 60%의 확률에 의하여 그 크기가 결정된다.

의 일부를 지불하는 것이다.[38] 후자를 성공사례금이라고 한다. 성공사례금 계약을 활용하면 가난한 사람도 소송을 할 수 있다. 의뢰인은 승소한 경우에만 소송대리인에게 보수를 지불하므로 예상되는 손해배상액이 소송비에 대한 담보(collateral)가 된다.

소송에 있어서 소송대리인의 시간과 노력은 중요한 투입 요소이다. 문제는 의뢰인이 소송대리인이 시간과 노력을 충분히 투입하는지를 평가하는 것이 어렵다는 데 있다. 성공사례금은 소송대리인에게 열심히 일할 동기를 부여한다. 승소하여야 보수가 지급되므로 소송대리인이 소송 결과에 이해관계를 갖게 된다. 소송 전에 보수가 정해지면 승소의 이득이 내부화되지 않으므로 소송대리인이 열심히 일하지 않는다.

소송대리인의 시간과 노력을 x, 비용을 $c(x)$, 승소 확률을 $p(x)$라고 가정하면 의뢰인의 기대이득은 $p(x)J - c(x)$이다.[39] 소송대리인에게 손해배상액의 일부(α)를 주는 것이 성공사례금이므로 소송대리인의 기대이득은 $\alpha p(x)J - c(x)$이다. $\alpha = 1$이 아니면 주인·대리인 문제가 완전히 해결되지는 않는다.[40] 소송대리인은 소송 결과를 비교적 정확하게 예측하고 소송이 충분히 많으면 위험을 분산 또는 통합시킬 수 있다. 따라서 소송대리인이 의뢰인으로부터 소송을 매입하여서 위험을 부담하는 것이 효율적이다.[41] 이 경우에는 소송대리인(대리인)이 소송당사자(주인)가 되므로 주인·대리인 문제가 사라진다.[42]

---

38) 피고는 지불하지 않게 된 손해배상액의 일부를 소송대리인에게 지불한다.

39) 의뢰인을 원고로 가정하였다.

40) $\alpha < 1$이면 소송대리인이 상대방과 합의할 가능성이 상대적으로 높다. 의뢰인이 상대방과 합의할 조건은 $S > p(x)J - c(x)$이지만 소송대리인이 상대방과 합의할 조건은 $\alpha S > \alpha p(x)J - c(x)$이므로 $S > p(x)J - \dfrac{c(x)}{\alpha}$이기 때문이다.

41) 의뢰인이 위험기피자, 소송대리인은 위험중립자이다.

42) 우리나라 변호사법 제32조는 소송 절차가 계속 중인 사건의 목적이 되는 권리의 양수를 금지하고, 제112조는 제32조 위반자에 대하여 3년 이하의 징역 또는 2천만 원 이하의 벌금을 규정하였다. 소송대리인이 의뢰인에 비하여 많은 정보를 가지므로 승소 가능성이나 사건 규모를 축소하여 낮은 가격에 소송을 매입할 수 있기 때문이다.

부록 22. 제1종 오류 · 제2종 오류와 승산비

〈제1종 오류와 제2종 오류〉

통계학은 모집단(population)의 모수(parameter) 값을 표본(sample)을 통하여 추론하는 학문이다. 따라서 오류의 발생은 불가피하다. 모집단으로부터 모수를 측정하면 오류가 발생하지 않으나 많은 비용이 소요된다. 학생 수가 2만 명인 대학교 재학생의 평균 키를 알고자 할 경우 2만 명의 키를 측정하여 평균을 계산하면 오류가 없다. 대체로 우리는 500명 또는 1,000명의 표본을 뽑고 그들의 평균 키를 측정하여 전체 재학생의 평균 키를 대체한다. 통계학은 적은 비용으로 (작은 표본으로) 모집단의 모수를 정확하게 측정하려는 학문이다.

다음과 같은 사례를 가정하자. 김교수는 A 대학교 재학생의 평균 키가 170cm라고 생각한다. 이 생각을 귀무가설(null hypothesis)이라고 한다. 이 가설이 참 (true)인지를 검정(test)하기 위하여 김교수가 1,000명의 학생을 무작위로 뽑고 평균 키를 계산하였다. 학생 1,000명의 평균 키는 173cm이다. 표본의 평균 키가 173cm라는 사실을 바탕으로 A 대학교 재학생의 평균 키가 170cm를 초과한다고 판단하면 이는 귀무가설을 기각하는 것이다. 반면, A 대학교 재학생의 평균 키를 170cm로 판단하면 이는 귀무가설을 채택하는 것이다.

김교수가 귀무가설을 검정하는 과정에서 두 종류의 통계적 오류가 발생한다. 첫째, A 대학교 재학생의 평균 키가 170cm임에도 불구하고 귀무가설을 기각할 수 있다.[43] 이는 참인 가설을 거짓(false)으로 판정하는 오류로서 제1종 오류 또는 α 오류라고 한다. 둘째, A 대학교 재학생의 평균 키가 170cm가 아님에도 불구하고 귀무가설을 채택할 수 있다.[44] 이는 거짓인 가설을 참으로 판정하는 오류로서 제2종 오류 또는 β 오류라고 한다.

---

43) 표본의 평균 키가 170cm를 초과하므로 전체 재학생의 평균 키가 170cm를 초과한다고 판단할 수 있다.
44) 표본의 평균 키 173cm와 귀무가설 170cm의 차이가 크지 않다고 판단하여 귀무가설을 채택할 수 있다.

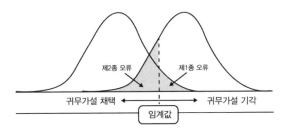

〈그림 6-2〉 제1종 오류와 제2종 오류

통계학의 목적은 적은 비용으로 제1종 오류와 제2종 오류를 줄이는 것이다. 문제는 제1종 오류를 줄이면 제2종 오류가 증가하고[45] 제2종 오류를 줄이면 제1종 오류가 증가한다는 것이다.[46] 〈그림 6-2〉에서 확인되듯이 임계값(critical value)[47]을 오른쪽으로 이동시키면(임계값이 커지면) 제1종 오류는 감소하지만[48] 제2종 오류가 증가한다. 임계값을 왼쪽으로 이동시키면(임계값이 작아지면) 제2종 오류는 감소하지만 제1종 오류가 증가한다.

〈승산비〉[49]

본문의 식 (6.10)의 $\frac{p}{1-p}$와 $\frac{r}{q}$은 승산비이다. 전자는 사회적 환경이 변할 확률을 사회적 환경이 변하지 않을 확률로 나눈 것이고, 후자는 판사가 잘못 대응할 확률을 적절하게 대응할 확률로 나눈 것이다. 예를 들어, $p = 0.1$이면 사회적 환경이 변할 확률이 10%, 사회적 환경이 변하지 않을 확률은 90%이므로 승산비는 $\frac{1}{9}$이다. 특정한 사건이 발생할 확률과 발생하지 않을 확률의 상대적인 크

---

45) 제1종 오류를 줄이려면 귀무가설의 기각을 어렵게 만들어야 한다. 즉, 표본의 평균 키가 170cm를 크게 상회하지 않는 한 귀무가설을 채택하여야 한다.

46) 제2종 오류를 줄이려면 귀무가설의 채택을 어렵게 만들어야 한다. 즉, 표본의 평균 키가 170cm를 약간 상회하여도 귀무가설을 기각하여야 한다.

47) 귀무가설의 기각을 결정하는 값.

48) 표본의 평균 키가 173cm일 때 임계값이 172cm이면 귀무가설이 기각되지만 임계값이 174cm이면 귀무가설은 채택된다. 따라서 임계값이 커지면 제1종 오류가 감소한다.

49) 일상(日常)에서 우리는 "승산이 있다."라고 말한다. 승산은 승리의 가능성을 뜻한다. 승산비는 승리할 가능성을 패배할 가능성으로 나눈 값이다. 특정 팀이 경기에서 승리할 확률이 60%이면 승산비는 $1.5\left(\frac{0.6}{0.4}\right)$이다.

기가 중요하면 승산비를 계산한다.

대표적인 사례가 도박이다. 도박의 경우 특정한 사건이 발생하는 것이나 발생하지 않는 것에 사람들이 돈을 걸기 때문이다. 발생 가능성이 낮은 사건에 돈을 건 사람은 돈을 잃을 확률이 높지만 사건이 발생하면 많은 돈을 얻는다. 사건의 발생 확률과 배당률은 반비례한다. 예를 들어, 월드컵 축구에서 브라질이 우승할 확률이 75%이면 승산비는 3이다. 이는 브라질의 우승에 3만 원을 걸면 브라질이 우승할 경우 1만 원을 번다는 뜻이다.[50] 브라질의 우승 가능성이 우승하지 못할 가능성의 3배이므로 배당률은 $\frac{1}{3}$이다. 만약, 한국의 우승 가능성이 10%이라면 승산비가 $\frac{1}{9}$이므로 배당률은 9이다. 한국의 우승에 1만 원을 걸면 한국이 우승할 경우 9만 원을 번다.[51]

| 제4절 | 판사와 변호사 |

영미법계 국가에서 판사는 재판에 적극적으로 관여하지 않는다. 판사의 주된 역할은 재판을 공정하게 진행하는 것이다. 반면, 대륙법계 국가에서는 판사가 적극적으로 재판에 개입한다. 판사 자신이 사건의 진실을 규명한다. 영미법계 국가에서는 변호사가 자신의 주장을 펼칠 여지가 많은 반면, 대륙법계 국가에서는 판사가 재판을 주도하므로 변호사의 역할이 제한적이다. 포스너는 아래와 같은 논리로서 판사가 재판에 적극적으로 개입하여야 한다고 주장하였다.

- 새로운 유형의(선례가 없는) 사건에 대한 판결은 유사한 후속 재판의 선례가 된다. 영미법계 국가에서 판사는 선례를 따라야 하기 때문이다. 선례구속 원칙하에서 효율성을 고려한 소수의 판결에 의하여 사법제도는 효율적인 것으로 변화된다.

판사가 능동적으로 진실을 규명하고 선례가 후속 재판에 영향을 미치면 판사

---

50) 원금 3만 원도 돌려받는다.
51) 원금 1만 원도 돌려받는다.

의 편견(偏見)이 판결에 반영되어서 사법제도의 효율성이 떨어질 수 있다. 하나의 판결이 선례가 되면 그것이 효율적이든 비효율적이든 영향력이 크기 때문이다. 선례구속 원칙은 사법제도가 변화하는 속도를 증가시키지만 방향을 바꾸지 못한다. 선택적 소송에 의하여 사법제도가 진화하지만 판사의 편견이 강하면 진화하지 않을 수 있다. 판사가 능동적으로 진실을 추구하는 것은 양날의 칼이다.

변호사는 의뢰인에게 법률서비스를 제공하는 사람이므로 사익을 추구한다. 애덤 스미스(Adam Smith)에 따르면 경쟁적인 시장에서 사람들이 사익을 추구하면 공익이 극대화된다. 법률시장도 예외가 아니다. 변호사가 사익을 추구하는 과정에서 의뢰인의 이익이 극대화된다. 판사가 재판에 적극적으로 개입하지 않아도 사익을 추구하는 변호사에 의하여 분쟁이 효율적으로 해결된다. 그렇다면 판사는 왜 필요한가? 법률은 정당 간 타협의 산물이고 계약은 계약당사자 간 협상의 결과이다. 시장경제가 원활하게 작동하려면 법과 계약을 객관적으로 해석하는 해석자가 필요하다. 해석자가 객관성을 확보하려면 해석자의 이익이 해석과 무관(無關)하여야 한다. 변호사와 달리 판사는 분쟁에 이해관계가 없기 때문에 법과 계약을 객관적으로 해석한다. 판사는 자신이 옳지 않다고 생각하는 일을 할 유인이 없다.

판사와 변호사의 동기(動機)는 다르다. 판사는 공정하지만 열심히 일할 동기가 작은 반면, 변호사는 부지런하지만 공정하지 않을 가능성이 있다. 판사의 동기는 무엇인가? 판사도 자신의 효용을 극대화한다. 판사의 효용함수에는 어떤 변수가 포함되는가? 판사는 정년이 보장되고 임금이 성과에 연동되지 않으며 성과를 측정하는 것이 어렵다. 대체로 판사의 효용은 두 가지 요인에 의하여 결정된다. 첫째, 판사는 자신의 선호 또는 신념에 부합하는 판결을 내리려고 한다. 둘째, 자신이 내린 판결이 선례가 되기를 원한다. 판사는 자신의 판결이 다른 판결에 의하여 뒤집히는 것을 꺼린다.

분쟁에 이해관계가 없다는 것, 즉 독립성은 재판의 공정성을 담보하는 수단이지만 비효율성을 유발할 수 있다. 판사는 쉽게 밝힐 수 있는 진실을, 변호사는 증명하기 어렵지만 이득이 큰 진실을 규명하는 경향이 있다.[52] 판사는 편의(bias)는 작지만 분산(variance)이 큰 정보를, 변호사는 분산은 작으나 편의

---

52) 부지런한 판사나 공정한 변호사가 이상적이다.

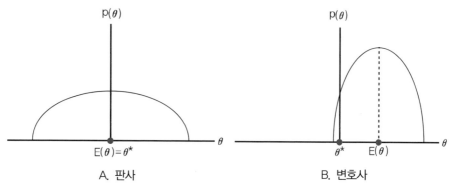

〈그림 6-3〉 판사와 변호사가 만드는 정보

가 큰 정보를 만든다. 사건의 진실이 θ^*, 판사나 변호사가 만든 정보가 θ이면 $\theta = \theta^*$가 이상적이지만 현실적인 목표는 $(\theta - \theta^*)^2$의 기댓값을 최소화하는 것이다. $(\theta - \theta^*)^2$의 기댓값을 오차 자승의 평균(mean squared error: MSE)이라고 한다. 이를 수식으로 표현하면 식 (6.18)과 같다.

$$MSE(\theta) = E(\theta - \theta^*)^2 = bias\,(\theta, \theta^*)^2 + var\,(\theta) \tag{6.18}$$

판사와 변호사가 만드는 정보의 특징을 그림으로 나타낸 것이 〈그림 6-3〉이다. 〈그림 6-3〉의 x축은 정보(θ)라는 확률변수가 갖는 값을, y축은 θ가 특정한 값을 가질 확률을 나타낸다. 판사는 독립적이지만 이질적이므로 평균적으로 진실에 부합하는 판결을 내리지만 극단적인 판결이 나올 수 있다. 변호사는 경쟁으로 인하여 동질적이다. 변호사가 만드는 정보는 분산이 작으나 평균적으로 진실에서 벗어나 있다.

부록 23. 재판과 확률

재판은 피고가 유죄일 확률을 계산하는 것이다. 다음과 같은 사례를 생각하여 보자. 병원에서 수술 중 환자가 사망하였다. 유가족은 의사의 과실로 환자가 사망하였다고 생각하고 의사를 고소하였다. 재판 과정에서 두 가지 사실이 발견되었다. 첫째, 수술 전 단계에서 의사의 과실이 있었을 확률이 40%이다. 둘째, 수술 과정에서 의사의 과실이 있었을 확률이 40%이다.

이상의 사실을 바탕으로 의사의 과실을 판단하여 보자. 첫째, 수술 전 단계에서 의사의 과실이 있었을 확률이 40%이므로 수술 전 단계에서 의사의 과실이 있었다고 할 수 없다. 둘째, 수술 과정에서 의사의 과실이 있었을 확률이 40%로서 50%에 미달하므로 이 단계에서도 의사의 과실이 인정되지 않는다. 이 판단이 타당한가?

의사의 과실을 판단하는 데 있어서 수술 전과 수술 과정을 나누어서 독립적인 사건으로 간주하기보다는 연속적인 사건으로 이해하는 것이 타당하다. 수술 전에 과실이 없어도 수술 과정에 과실이 있거나, 수술 과정에 과실이 없어도 수술 전에 과실이 있으면 환자가 사망할 수 있다. 의사의 무과실이 인정되려면 수술 전과 수술 과정에 과실이 없어야 하는데 그 확률은 36%이다. 즉, 적어도 한 단계에서 의사의 과실이 있었을 확률이 64%이므로 과실이 인정된다.

부록 24. 위험 통합(risk pooling)

한 도시에서 매년 100건의 소송이 발생한다. 이 도시에는 100명의 동질적인 변호사가 있다. 변호사는 위험기피자이다. 모든 변호사들이 1년에 1건의 소송을 수행한다. 변호사는 승소할 경우 2억 원을 받는다. 승소할 확률은 50%이다. 따라서 소송 1건의 기대가치는 1억 원이다. 어느 날 이 도시에 A가 나타났다. A는 100명의 변호사에게 9천만 원씩을 주고 사건을 매입하여 소송을 수행하였다. 그 결과, 50건을 승소하고 50건은 패소하였다. A는 $10((50 \times 2) - (100 \times 0.9))$억 원의 이득을 얻었다.

이 사례에서 A가 10억 원의 이득을 얻는 것은 확실하다. 만약, A가 2건의 소송을 수행한다면 승소 확률이 50%이어도 실제로는 모두 패소할 수 있다. 그러나 100건의 소송을 수행하면 실제 승소율은 50%에 근접한다. 따라서 A가 50건을 승소하는 것, 즉 10억 원의 이득을 얻는 것은 확실한 사건이다. A는 100건의 소송을 수행함으로써 위험을 제거한다. 이를 위험 통합이라고 한다.[53]

---

53) A가 100건의 소송 중에서 50건을 승소한다고 하였으나 47건이나 52건을 이길 수 있다. 다만, 소송이 1,000건이면 승소율은 50%에 더 근접한다. 소송이 충분히 많으면 승소율은 50%가 된다. 이를 대수의 법칙(the law of large number)이라고 한다.

제7장

죄와 벌[1]

이 장에서는 형사법[2]과 관련된 다양한 문제를 법경제학적 관점에서 분석하였다. 제1절에서는 민사법 외에 형사법이 필요한 이유를 설명하였다. 최적 형량을 결정하는 문제는 벌금(fine)과 징역(imprisonment)으로 나누어서 제2절에서 다루었다. 제3절에서는 범죄자의 위험에 대한 태도를 고려할 경우 최적 형량이 어떻게 결정되는지를 살펴보았다. 제4절은 다양한 형사정책에 관한 내용이다.

제1절   형사법의 의의

국가는 불법행위 중 일부를 범죄로 정의하고 이에 대하여 형사법을 적용한다. 형사법이 적용되는 불법행위가 범죄이다. 범죄를 정의하는 이유는 그러한 행위를 한 사람에게 형벌을 부과하기 위하여서이다. 불법행위에 있어서는 피해자가 가해자를 고소하여서 손해배상을 받지만, 범죄의 경우에는 피해자를 대신하여 검사가 범죄자(가해자)를 기소하고 형벌을 부과한다. 민사법의 일종

---

1) 도스토옙스키(Dostoevsky)의 유명한 소설 제목이 죄와 벌(Crime and Punishment)이다. 노벨경제학상 수상자인 베커(Becker) 교수가 1968년에 쓴 논문의 제목도 죄와 벌이다. 베커 교수가 도스토옙스키를 패러디(parody)한 것으로 추정된다.
2) 형사법은 형법보다 넓은 개념이다.

인 불법행위법의 목적은 피해자의 손해를 배상하는 것이지만 형사법의 목적은 범죄자를 처벌하는 것이다.

범죄는 불법행위이므로 양자가 중복될 수 있다. 이 경우에는 하나의 행위(사건)에 불법행위법과 형사법이 적용된다. 가해자는 피해자의 손해를 배상하고 처벌도 받는다. 아래와 같은 사례를 보자. a에서 마약 판매는 범죄에 해당한다. 갑은 검사에 의하여 기소되고 법원이 유죄를 인정하면 처벌된다. b에서 과실에 의한 교통사고는 범죄가 아니다. 을이 갑을 고소하면 손해배상을 받을 수 있다. c에는 불법행위법과 형사법이 모두 적용된다. 을의 얼굴을 때린 갑은 을의 손해를 배상하고 처벌을 받는다.

---

a. 갑이 을에게 마약을 판매하였다.
b. 갑이 부주의한 운전으로 을을 충격하였다.
c. 언쟁(言爭) 중에 갑이 을의 얼굴을 가격하였다.

근대적 형벌제도의 대원칙인 죄형법정주의(罪刑法定主義)에 의하면 법률이 없으면 범죄도 형벌도 없다. 여기에서 법률은 제정법을 의미한다. 사회적으로 비난을 받을 행위도 법률이 범죄로서 규정하지 않으면 처벌되지 않는다. 또한 특정한 범죄에 대하여 법률이 규정한 형벌 외의 처벌을 부과할 수 없다.

불법행위 중에서 무엇이 범죄가 되는가? 세 가지 조건이 충족되어야 한다. 첫째, 특정한 불법행위가 형법에 규정된 금지된 행위이어야 한다. 이를 구성요건 해당성이라고 한다. 둘째, 구성요건에 해당하는 불법행위가 법률상 허용되지 않아야 한다. 예를 들어, 정당방위(正當防衛)에 의한 살인은 위법성(違法性)이 인정되지 않는다. 셋째, 불법행위를 한 사람을 비난할 수 있어야 한다. 행위자의 책임을 물을 수 없는 경우에는 범죄가 성립하지 않는다. 미성년자 또는 심신상실자(心神喪失者)의 행위, 강요된 행위는 범죄가 아니다.

민사법을 통하여 불법행위를 효율적인 수준으로 억제하려면 피해자의 손실을 정확하게 측정하여야 한다. 현실적으로 피해자의 손실을 정확하게 측정하는 것이 가능한가? 사고로 한쪽 다리를 잃었다면 얼마를 배상받아야 하는가? 다른 사람이 망치로 나의 머리를 쳤다면 얼마를 배상받아야 하는가? 완전한 배상이 불가능하면 민사법만으로 불법행위를 효율적인 수준으로 억제할 수 없다. 형사법의 목적은 불법행위를 억제하는 것이므로 불완전한 민사법을 보완한다.

피해자에 대한 완전한 배상이 가능하면 형사법이 불필요한가? 제2장에서 논의하였듯이 소유권을 보호하는 방식에는 두 가지가 있다. 하나는 소유물 원칙이고 다른 하나는 책임 원칙이다. 전자는 소유권자의 자유를 후자는 소유권자의 이익을 보호하는 법적 원칙이다. 자유는 거래의 자유를 이익은 재산을 의미한다. 소유권자의 자유를 보호하는 것이 이익을 보호하는 것보다 효율적이다.3) 민사법을 통하여 사후적(事後的)으로 손해를 배상하면 소유권자의 이익이 보호되지만 형사법으로 불법행위를 억제하면 거래의 자유가 보장된다. 이러한 측면에서 형사법이 민사법보다 효율적이다.

대체로 가해자는 불법행위를 은폐(隱蔽)하려고 한다. 피해자가 불법행위를 적발하여서 고소하는 것이 쉽지 않다. 또한 피해자는 수사(搜査) 전문가가 아니고 시간과 자원도 부족하다. 피해자의 대리인으로서 검사가 가해자를 기소하는 것이 효율적이다. 검사는 전문가이기 때문이다. 검사가 기소하는 것은 규모의 경제 측면에서도 바람직하다. 피해자 개인이 불법행위를 적발하고 가해자를 고소하는 것보다 검찰이 기소하는 것이 비용 측면에서 우월하다.4)

---

3) 도둑이 물건을 훔친 경우를 생각하여 보자. 도둑을 처벌할 필요성이 있는가? 훔친 물건을 반납하거나 물건 가격을 지불하는 것으로 충분하지 않은가? 물건을 훔친 사람을 처벌하지 않으면 어떠한 결과가 발생하는가? 도둑은 주인에게 돈을 지불하고 훔친 물건을 갖거나 훔친 물건을 주인에게 반납한다. 결과적으로 도둑이 주인보다 유리하다.

4) 불법행위로 인한 손해에는 피해자의 손해 외에 공적인 손해도 있다. 공적인 손해는 피해자를 특정할 수 없지만 사회 전체에 발생한다. 시민들이 느끼는 공포, 분노, 도덕적 비난 등이 공적인 손해에 해당한다. 공적인 손해는 다른 말로 부정적 외부성이다. 시민들의 이익을 보호하는 측면에서 검사가 공적인 손해를 유발한 가해자를 기소한다. 이는 정부가 시장에 개입하여 부정적 외부성을 제거하는 것과 유사하다.

전통적으로 법학자들은 "범죄란 무엇인가?", 즉 "어떠한 경우에 범죄가 성립하는가?"라는 문제에 관심을 두었다. 그러나 법경제학적인 관점에서 중요한 문제는 범죄자에게 최적 형량을 부과하여 범죄를 효율적인 수준에서 억제하는 것이다. 범죄경제학(criminal economics)의 핵심적인 개념은 최적 형량과 효율적 범죄이다. 두 개념은 논리적으로 어떻게 연결되는가?

합리적인 범죄자[5]는 범죄의 기대효용(expected utility)이 범죄가 적발[6]될 경우 예상되는 비효용, 즉 범죄의 기대비효용(expected disutility)보다 클 때 범죄를 저지른다. 범죄의 기대비효용과 관련하여 범죄자는 두 가지 요소를 고려한다. 하나는 "범죄가 적발될 확률이 얼마인가?"이고 다른 하나는 "범죄가 적발될 경우 어떠한 형벌이 부과되는가?"이다. 범죄의 기대비효용은 적발률이 높을수록 형벌이 무거울수록 증가한다.

국가가 적발률이나 형량을 올리면 범죄가 줄지만 집행비용(enforcement cost)이 증가하므로 범죄를 근절하기보다는 적절한 적발률과 형량의 조합을 선택하여 효율적인 수준에서 범죄를 억제하는 것이 바람직하다. 효율적 범죄를 유도하는 형량 중에서 집행비용이 가장 작은 것이 최적 형량이다. 효율적 범죄는 무엇인가? 범죄의 기대효용이 범죄가 유발하는 사회적 비용 이상이면 이러한 범죄는 효율적이다. 예를 들어, 범죄의 사회적 비용이 100원일 때 범죄의 기대효용이 110원이면 효율적 범죄이지만 범죄의 기대효용이 90원이면 효율적 범죄가 아니다.

합리적인 범죄자는 기대효용이 기대비효용보다 클 때 범죄를 저지르므로 범죄의 기대비효용이 사회적 비용과 같으면 효율적 범죄가 유도된다. 즉, 범죄

---

5) 범죄자가 합리적이라는 가정은 내부자거래, 횡령 등과 같이 범죄의 목적이 금전적 이득인 경우에 주로 적용된다. 강간, 살인, 폭행 등을 저지른 범죄자를 합리적인 인간으로 가정하기는 어렵다.

6) 현실에서 범죄자가 처벌되는 과정은 적발→체포→처벌이다. 모든 범죄가 적발되지는 않으며 적발된 모든 범죄자들이 체포되지도 않는다. 또한 재판을 통하여 범죄자가 석방될 수 있다. 이 절에서는 적발, 체포, 처벌을 구별하지 않았다.

합리적 범죄자	+	최적 형량	→	효율적 범죄
기대효용＞기대비효용		기대비효용＝사회적 비용		기대효용＞사회적 비용

〈그림 7－1〉 효율적인 범죄

의 기대비효용이 사회적 비용과 같도록 법원이 적발률과 형량의 조합을 선택하면 효율적 범죄가 유도된다. 이상의 내용을 요약한 것이 〈그림 7－1〉이다.

현실에서 법원은 적발률, 벌금, 징역을 결정한다.[7] 아래에서는 적발률이 고정되었다는 가정하에 벌금과 징역을 결정하는 문제를 다룬 후 일반적인 경우로서 적발률, 벌금, 징역을 결정하는 문제에 대하여 논의하였다. 다만, 이 절에서는 범죄자가 위험에 대하여 중립적이라고 가정하였다.[8] 범죄자가 위험에 대하여 중립적이면 범죄의 기대이득이 기대손실보다 클 때 범죄를 저지른다.[9]

1. 적발률이 고정된 경우

다음과 같은 경우를 생각하여 보자. 범죄의 이득이 g, 범죄의 사회적 비용은 h, 범죄가 적발될 확률은 p, 벌금은 f, 징역은 t이다. 범죄자가 수감되면 단위시간당 c의 비용이 발생한다. 따라서 범죄자가 인식하는 기대손실은 $p(f+ct)$이고 범죄가 발생할 조건은 $g > p(f+ct)$이다.

1) 벌금

정부가 벌금만 부과할 경우 $t=0$이므로 범죄가 발생할 조건은 $g > pf$이다. $pf=h$이면 $g > pf$는 $g > h$가 되므로 최적 벌금은 $\dfrac{h}{p}$이다. 적발률이 100%$(p=1)$가 아닌 한 범죄자는 자신이 저지른 범죄의 사회적 비용보다 큰 벌금을 낸다. 이러한 의미에서 적발률의 역수$\left(\dfrac{1}{p}\right)$를 벌금승수(fine multiplier)라고 한다.

---

7) 우리나라 형법 제41조는 형벌로서 사형, 징역, 금고, 자격 상실, 자격 정지, 벌금, 구류, 과료, 몰수를 규정한다.

8) 범죄자의 위험에 대한 태도는 제3절에서 다루었다.

9) 범죄자가 위험에 대하여 중립적이면 범죄의 기대이득이 기대효용이고 범죄의 기대손실은 기대비효용이다.

범죄로부터 얻는 최대 이득($g_{\max}$)[10]이 사회적 비용보다 작으면 벌금을 $\dfrac{g_{\max}}{p}$로 정해도 효율적 범죄가 유도된다. $\dfrac{g_{\max}}{p}$를 이득 기준(gain-based) 벌금이라고 한다. 예를 들어, 음주운전의 사회적 비용이 100원, 음주운전으로 발생하는 최대 이득이 50원, 적발률이 100%이면 벌금을 100원으로 부과하든 50원으로 부과하든 음주운전을 억제하는 효과는 동일하다. 범죄의 사회적 비용을 계산하는 것보다 범죄의 이득을 측정하는 것이 쉬운 경우에는 이득 기준 벌금을 부과한다. 내부자거래가 대표적인 예이다. 내부자거래를 통한 범죄자의 이득은 쉽게 측정할 수 있지만 이 범죄가 유발하는 사회적 비용을 측정하는 것은 어렵다.

2) 벌금과 징역

벌금이 너무 크면 범죄자가 벌금을 낼 수 없다. 범죄자에게 벌금을 부과하여도 납부할 능력이 없으면 형벌이 아니다. 현실적으로 범죄자가 낼 수 있는 벌금에는 한계가 있으므로 벌금만으로 효율적인 범죄를 유도할 수 없다. 벌금 외에 징역을 부과하는 것은 이 때문이다. 벌금을 부과하면 비용이 들지 않고 정부수입이 증가하지만 징역을 부과하면 범죄자의 수감에 따른 비용이 발생한다. 원칙적으로 벌금만을 부과하는 것이 효율적이지만 벌금이 범죄자의 재산(W)보다 클 수 있으므로 식 (7.1)과 같은 방식으로 벌금을 부과하는 것이 효율적이다. 즉, 덜 부과된 벌금이 징역으로 대체되어야 한다.

$$\frac{h}{p} \leq W: f = \frac{h}{p} \tag{7.1}$$

$$\frac{h}{p} > W: f = W,\ t = \frac{\dfrac{h}{p} - W}{c}$$

---

10) 동일한 범죄를 저질러도 범죄자에 따라 이득이 다르다. 범죄로부터 발생하는 이득은 일종의 확률변수이다.

2. 적발률이 가변적인 경우

1) 벌금

효율적 범죄를 유도하려면 $pf = h$이어야 하므로 법원은 $pf = h$를 충족시키는 적발률(p)과 벌금(f)의 조합 중에서 하나를 선택한다. 범죄의 기대손실(pf)이 동일한 적발률과 벌금의 조합을 이은 선을 등억제선(iso-deterrence curve)이라고 하는데 〈그림 7-2〉와 같은 형태를 띤다.[11] 등억제선 위의 어떤 점을 선택하는 것이 최적인가? 다시 말해서, 어떤 적발률과 벌금의 조합이 최적인가? 벌금을 부과하면 비용이 들지 않으므로 가능한 한 큰 벌금, 낮은 적발률을 선택하는 것이 효율적이다.[12] 다만, 범죄자는 자신의 재산보다 큰 벌금을 낼 수 없으므로 적발률과 벌금의 최적 조합은 〈그림 7-2〉의 (p_W, W)이다.[13]

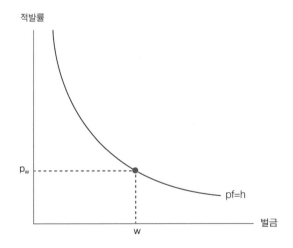

〈그림 7-2〉 최적 벌금: 적발률이 가변적인 경우

---

11) 범죄의 기대손실이 같으면 범죄억제력이 같으므로 〈그림 7-2〉를 등억제선이라고 한다. 이는 소비자이론의 무차별곡선과 유사한 개념이다. 등억제선이 원점에 대하여 볼록한 이유는 벌금이 커지면 범죄에 대한 한계억제력(marginal deterrence)이 감소하기 때문이다.

12) 적발률이 낮으면 적발비용이 작다.

13) p_W보다 낮은 적발률은 선택이 불가능하다.

2) 벌금과 징역

법원이 적발률을 선택할 수 있을 때 적발률, 벌금, 징역이 어떻게 결정되는가? 다음과 같은 경우를 가정하자. 범죄의 사회적 비용이 4,000원, 범죄자의 1개월의 기회비용은 500원, 범죄자의 재산은 2,000원이다. 벌금은 범죄자의 재산인 2,000원이 부과된다. 이에 따라 적발률과 징역의 관계는 식 (7.2)가 된다. 이를 정리하면 식 (7.3)이 성립한다.

$$p(2000 + 500t) = 4000 \tag{7.2}$$

$$p = \frac{8}{t+4} \tag{7.3}$$

식 (7.3)을 그림으로 나타낸 것이 〈그림 7−3〉이다. 〈그림 7−3〉은 등억제선이다. 법원은 등억제선 위의 어떤 점을 선택하여야 하는가? 적발률을 낮추고 징역을 늘리면 적발비용이 감소하지만 수감비용은 증가한다. 벌금과 달리 징역을 최대한 늘리는 것은 최적이 아니다. 이 사례에서는 적발비용함수와 수감비용함수를 알아야 최적 징역을 계산할 수 있다.

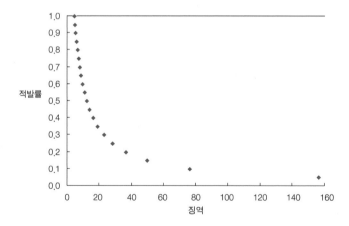

〈그림 7-3〉 최적 징역: 적발률이 가변적인 경우

3. 벌금은 클수록 좋은가?

앞에서 논의한 내용을 요약하면 최대한 큰 벌금을 부과하는(적발률을 최대한 낮추는) 것이 최적이다. 이유는 두 가지이다. 첫째, 벌금이 크면 정부수입도 크다. 둘째, 적발률이 낮으면 적발비용이 작다. 현실에서 정부는 최대한 큰 벌금을 부과하는가? 아래와 같은 이유로 벌금의 크기에 한계가 있다.

1) 집행비용

앞에서 벌금형을 집행하는 데 비용이 들지 않는다고 가정하였으나 실제로 비용이 소요된다. 법원이 범죄자의 재산 규모를 정확하게 파악하는 것은 어렵다. 범죄자가 파산(破産)을 이유로 벌금 납부를 거부할 수도 있다. 법원이 범죄자의 파산을 판단하는 데 상당한 비용이 든다. 또한 범죄자 재산의 상당 부분은 현금이 아니다. 범죄자 재산을 현금화하는 과정에서 비용이 발생한다. 범죄자는 벌금을 줄이려고 노력하는데 이 역시 사회적 비용이다.

2) 수평적 형평성(horizontal equity)

법원이 부과할 수 있는 최대 벌금은 범죄자의 재산이다. 따라서 부자는 벌금을 낼 능력이 있으므로 징역을 피할 수 있으나 가난한 사람은 벌금을 납부할 능력이 없기 때문에 징역을 살아야 한다. 동일한 범죄에 있어서 부자에게 짧은 징역이, 가난한 사람에게 긴 징역이 부과되는 것은 수평적 형평성 측면에서 바람직하지 않다. 이 문제를 해결하는 하나의 방법은 최대 벌금을 가장 가난한 사람의 재산으로 제한하는 것이다. 이렇게 되면 동일한 범죄에 있어서 모든 사람들이 동일한 벌금을 내고14) 동일한 기간 수감된다.

---

14) 부자는 빈자(貧者)보다 많은 벌금을 내야 한다는 주장이 있다. 차등 벌금은 재분배 효과가 있지만 수평적 형평성에 반한다.

3) 비례성(proportionality)[15]

칸트(Kant)의 응보(應報) 이론에 따르면 벌금은 범죄의 심각성에 비례하여야 한다. 심각한 범죄에 큰 벌금이 경미한 범죄에 작은 벌금이 부과되어야 한다. 모든 사람들은 자신이 저지른 범죄의 사회적 비용에 해당하는 벌금을 내야 한다. 다만, 범죄가 적발될 확률이 100%가 아니면 벌금은 범죄의 사회적 비용보다 크다. 적발률이 50%이면 벌금은 범죄의 사회적 비용의 두 배이다. 범죄 두 건 중 한 건만 적발되면 적발된 범죄자가 적발되지 않은 범죄자의 벌금을 납부한다. 이 경우에는 비례성이 깨진다.

범죄의 사회적 비용을 초과하는 벌금이 실제로 부과되는가? 특정한 범죄에 대한 벌금을 사전적으로 설정하는 것과 사후적으로 벌금을 부과하는 것은 다르다. 벌금을 설정할 때는 범죄를 억제하는 것이 주된 고려 사항이므로 범죄의 사회적 비용보다 큰 벌금이 설정될 수 있다.[16] 그러나 판사는 자신의 결정에 따라 범죄자가 벌금을 낸다는 사실을 인식하므로 사후적으로 감액(減額)할 수 있다.

4) 오류

벌금을 부과하고 징수하는 과정에서 법원이 오류를 범할 수 있다. 범죄를 저지르지 않은 사람에게 벌금이 부과되거나 범죄를 저지른 사람에게 벌금이 부과되지 않는다. 전자는 제1종 오류, 후자는 제2종 오류이다. 큰 벌금이 부과될수록 제1종 오류가 증가한다. 물론, 제2종 오류는 감소한다.

---

15) 심각한 범죄에 많은 벌금이 부과되어야 한다는 측면에서 비례성은 상호성(reciprocity)이다. 또한 상이한 범죄에 상이한 벌금이 부과되어야 한다는 측면에서 비례성은 수직적 형평성 (vertical equity)이다.

16) 우리나라의 경우 벌금이 범죄의 사회적 비용에 크게 못 미친다는 비판이 있다.

부록 25. 베카리아(Beccaria)의 비례 관계[17]

　형벌의 목적은 감각적 존재인 인간을 괴롭히는 데 있지 않고 이미 범해진 범죄를 원상태로 되돌려 놓자는 것도 아니다. 형벌의 목적은 범죄자가 시민들에게 해악을 입힐 가능성을 방지하고 유사한 행위를 할 가능성을 억제시키는 것이다. 범죄의 유일한 척도는 사회에 끼친 해악이다. 범죄자의 의도가 범죄의 척도라고 믿는 것은 잘못이다. 인간은 최선의 의사를 가지고도 사회에 최악의 결과를 초래하기도 하고 가장 사악한 의사를 가지고 한 행위가 최대의 복지를 가져오는 경우도 있다.

　사회에 초래하는 해악이 큰 범죄가 적게 발생하는 것이 공익에 부합한다. 따라서 범죄를 억제하는 장애물은 공익에 반하는 정도에 비례하여서 설정되어야 한다. 사회에 피해를 끼친 정도가 다른 두 범죄에 동일한 형벌이 적용되면 결과적으로 보다 중한 범죄에 보다 강한 억제력이 적용되지 않는다. 이 경우 사람들이 중한 범죄를 저지르는 것이 이득이 된다고 생각하면 그러한 행위를 할 것이다.

　형벌이 목적을 달성하기 위하여 필요한 것은 범죄자가 형벌을 통하여 받은 해악이 범죄의 이익을 넘어서는 정도로 충분하다. 이러한 손익 산정에 있어서는 형벌의 확실성과 범죄로 인하여 발생하는 손실을 고려하여야 한다. 형벌이 잔혹해지면 범죄자는 처벌을 피하기 위해 위험을 감수하게 된다. 형벌의 해악이 크기 때문에 그는 처벌을 피하려는 일념으로 후속 범죄를 저지른다. 또한 형벌이 사람의 감각으로 견딜 수 있는 한도에 도달하면 더이상 범죄와 형벌의 비례 관계를 유지할 수 없다.

부록 26. 한비자(韓非子)의 엄벌주의(嚴罰主義)[18]

　형벌을 시행할 때 가벼운 죄를 무겁게 벌하면 가벼운 죄를 저지르는 자가 없게 되고 무거운 죄를 저지르는 자가 나오지 않게 되니 이것을 일컬어 형벌로 형벌을 없앤다고 한다.

　오늘날 다스림을 알지 못하는 자들은 말한다. "형벌을 무겁게 하면 백성을 상

17) 한인섭(2006)에서 인용.
18) 김원중(2016)에서 인용.

하게 하고 형벌을 가볍게 하더라도 간악을 막을 수 있으니, 어찌 반드시 무겁게 하겠는가?" 이 말은 다스리는 이치를 제대로 살피지 못한 것이다. 무릇 무겁게 함으로써 그치는 자에게 가볍게 하는 것으로는 반드시 그치게 할 수 없으나, 가볍게 함으로써 그만두는 자는 무겁게 하면 반드시 그치게 될 것이다. 이 때문에 군주가 형벌을 무겁게 하는 것을 마련하면 간악함이 모두 그치게 되며, 간악함이 모두 그치게 되면 이것이 어찌 백성들에게 손상이 될 수 있단 말인가?

죄란 시장에서 찢어 죽이는 형벌을 당하는 것보다 무거운 것이 없는데도 오히려 그치지 않는 것은 반드시 체포되지 않는다고 생각하기 때문이다. 그러므로 지금 어떤 사람이 여기에서 "너에게 천하를 주고 너의 몸을 죽이겠다."고 말한다면 평범한 사람조차 받아들이려고 하지 않을 것이다. 천하를 갖게 되는 것은 커다란 이익이지만, 그것을 받아들이는 것은 곧 죽는 일임을 알기 때문이다.

부록 27. 징역의 사회적 비용[19]

2010년 현재 미국 정부는 범죄자를 수감하는 데 연간 800억 달러를 쓴다. 이 금액을 미국 총인구로 나누면 일인당 약 260달러이다. 미국 국민 일인당 food stamp 예산이 227달러인 사실을 감안하면 미국 정부가 범죄자를 수감하는 데 상당한 예산을 쓴다는 것을 알 수 있다. 미국의 수감자 수는 2012년 기준 220만 명이다. 이는 세계에서 가장 많은 수이다.

[표 7-1] 국민 10만 명당 수감자 수

국가	수감자	국가	수감자
미국	710명	한국	99명
칠레	266명	프랑스	98명
멕시코	210명	독일	79명
뉴질랜드	192명	스웨덴	67명
영국	147명	핀란드	58명
캐나다	118명	일본	51명

---

19) New York Times, 2014. 4. 30에서 인용.

교도행정에 관하여는 상반된 두 개의 시각이 존재한다. 하나는 가급적 징역을 줄이면서 재활에 중점을 두는 정책이다. 다른 하나는 재활 프로그램이 재범(再犯)을 막지 못한다는 생각하에 범죄자를 사회로부터 격리시켜서 범죄율을 떨어뜨리는 정책이다.[20] 미국의 경우 1960년대 중반부터 두 번째 정책이 지지를 얻어서 수감자 수가 증가하였다. 현재 미국의 범죄율은 1970년대 이후 최저 수준이며 1990년의 절반이다. 그러나 미국의 강력범죄율은 영국에 비하여 매우 높다. 지난 40여 년 동안 시행된 교도행정이 범죄율을 낮추었는지는 불분명하다.

최근 징역으로 인한 사회적 비용을 측정한 연구가 많이 나왔다. 이러한 연구는 징역을 줄여야 한다는 주장을 뒷받침한다. 대표적인 연구결과를 요약하면 아래와 같다.

- 경미한 범죄를 저지른 미성년자가 징역을 살 경우 고등학교를 졸업할 확률이 13% 감소하고 성인이 되었을 때 다시 수감될 확률은 23% 증가한다.
- 징역을 산 사람의 시간당 임금이 징역을 살기 전에 비하여 11% 감소하고 근로시간은 연간 9주 줄어든다.
- 수감자의 자녀가 낙제하거나 퇴학당할 확률이 평균의 6배이고 수감 기간에 가족의 소득은 22% 감소한다.

부록 28. 재산비례 벌금

잊을 만하면 한 번씩 나오는 핀란드발(發) 뉴스가 있다. 최고 교통벌금 기록을 경신하였다는 뉴스이다. 현재까지는 2000년 속도위반으로 인터넷 재벌이 8만 유로의 범칙금을 낸 것이 최고 기록이다. 8만 유로를 원화로 환산하면 1억 원이 넘는다. 핀란드는 세금을 누진적으로 매기듯이 벌금도 누진적으로 매길 수 있다고 여긴다. 독일과 오스트리아에도 재산비례 벌금이 있다.

재산비례 벌금은 세금 등을 뺀 순수입을 30일로 나눈 일수(日收)를 하루 벌금으로 정하기 때문에 일수 벌금이라고도 한다. 한 달 순수입이 6,000유로인 사람

---

20) 베커도 여기에 속한다.

은 200유로로, 한 달 순수입이 600유로인 사람은 20유로가 일수 벌금이다. 법원은 특정한 범죄가 며칠 치 벌금이라고 선고한다. 같은 5일치라도 납부하는 벌금은 각각 1,000유로와 100유로로서 차이가 있다.21)

한 달 순수입이 6,000유로인 사람과 600유로인 사람이 벌금 20유로에서 느끼는 비효용이 다르다. 돈의 한계효용은 빈자가 부자보다 크다. 일반적인 재화와 마찬가지로 돈에도 한계효용 체감의 법칙이 적용된다. 부자와 빈자의 비효용을 같게 만들려면 한계효용이 작은 부자에게 큰 벌금이, 한계효용이 큰 빈자에게 작은 벌금이 부과되어야 한다. 양자가 느끼는 비효용이 같아야 실질적으로 동일한 벌금이 부과되었다고 할 수 있다.

동일한 논리를 징역에 적용하면 어떠한 결과가 나타나는가? 부자의 시간의 기회비용이 빈자에 비하여 크므로 동일한 기간 감옥에 있어도 부자의 비효용이 빈자에 비하여 크다. 따라서 부자에게 상대적으로 짧은 징역이 부과되어야 한다. 빈자는 부자에 비하여 돈의 한계효용이 크지만 시간의 기회비용은 작으므로 작은 벌금, 긴 징역이 부과되어야 한다. 재산에 비례하는 벌금이 부과된다면 같은 논리로 재산에 반비례하는 징역이 부과되어야 한다. 이렇게 되면 부자는 징역을 벌금으로 대체한다.

제3절 위험과 최적 형량

앞에서 우리는 위험에 대하여 중립적인 범죄자를 가정하고 논의를 전개하였다. 대체로 사람들은 위험을 기피하는데 위험을 선호하는 사람도 있다. 이 절에서는 위험, 위험기피자(위험선호자), 위험비용에 대하여 설명하고 위험을 고려할 경우 벌금과 징역이 어떻게 결정되는지에 대하여 논의하였다.

상금과 당첨 확률이 [표 7 – 2]와 같은 복권을 가정하자. 이 복권의 이득은 불확실하다. 상금이 1,000원일 확률이 10%이지만 0이 될 확률은 50%이다. 위험과 관련된 다른 예는 화재이다. 화재로 인한 손실 역시 불확실하다. 화재의

---

21) 동아일보, 2019. 9. 19에서 인용.

[표 7-2] 복권

상금	1,000원	500원	100원	0원
확률	10%	20%	20%	50%

[표 7-3] 화재

손실	1,000원	500원	100원	0원
확률	10%	20%	20%	50%

손실과 발생 확률은 [표 7-3]과 같다. 1,000원의 손실이 발생할 확률이 10% 이지만 손실이 발생하지 않을 확률은 50%이다. 복권과 화재는 상이한 위험을 나타낸다. 복권은 유익한 위험(beneficial risk), 화재는 유해한 위험(detrimental risk)이다. 유익한 사건도 불확실하면 위험이다.

복권의 상금은 1,000원, 500원, 100원, 0 중 하나가 되므로 상금이 얼마가 될지는 불확실하다. 다만, 우리는 상금의 기댓값(expected value)을 계산할 수 있다. 물론, 상금의 기댓값 220[22]원은 실현되지 않는다. A가 상금의 기댓값이 220원인 복권보다 현금 220원을 선호하면 A는 위험기피자이다. A가 위험기 피자이면 200원을 받고 복권을 팔 수 있다. 이 사람은 20원을 지불하고 자신의 위험을 다른 사람에게 넘길 의사가 있다. 화재도 마찬가지이다. 화재 손실의 기댓값이 220원이지만 위험기피자는 화재 위험을 다른 사람에게 넘기고 240 원을 지불할 수 있다.[23]

모든 범죄가 적발되지는 않으므로 범죄자는 위험비용을 부담한다.[24] 형량 의 기댓값이 일정하면 분산이 클수록 범죄자가 부담하는 위험비용이 증가한 다. 앞에서는 범죄자가 위험에 대하여 중립적이라고 가정하였기 때문에 위험 비용이 고려되지 않았다. (벌금 100만 원, 적발률 50%)와 (벌금 200만 원, 적

---

22) $(1{,}000 \times 0.1) + (500 \times 0.2) + (100 \times 0.2)$.

23) 복권의 경우에는 상금의 기댓값 220원과 현금 200원의 차이가, 화재에 있어서는 손실의 기댓 값 220원과 현금 240원의 차이가 위험을 기피하는 정도이다. 이는 위험의 가격인데 위험할증 (risk premium)이라고 한다.

24) 범죄가 적발될 확률이 90%이면 이는 유익한 위험인가? 유해한 위험인가? 적발률이 100%인 경 우와 비교하면 유익한 위험이지만 범죄가 적발되지 않는 경우가 기준이면 유해한 위험이다.

발률 25%)를 비교하면 벌금의 기댓값이 50만 원으로서 같지만 위험비용은 후자가 크므로 범죄억제력이 크다. 마찬가지로 (징역 1년, 적발률 50%)와 (징역 2년, 적발률 25%)를 비교하면 징역의 기댓값은 0.5년으로서 같지만 후자의 범죄억제력이 크다.

1. 벌금

이중주차(double parking)를 생각하여 보자. 이중주차를 하는 사람에게 이득이 발생하지만 이로 인하여 혼잡이 생기므로 다른 운전자들에게 손실이 발생한다. 이중주차는 부정적 외부성의 대표적인 사례이다. 다음과 같은 경우를 생각하여 보자. 이중주차로 인한 사회적 비용이 자동차 한 대당 10원, 이중주차의 이득이 10원보다 큰 운전자는 10만 명이다. 이중주차를 억제하기 위하여 법원이 적발률과 벌금을 설정한다. 법원이 시행할 수 있는 정책은 [표 7-4]와 같다. [표 7-4]를 보면 적발률이 낮을수록 벌금이 크고 적발비용은 작다.

1) 운전자가 위험에 대하여 중립적인 경우

운전자가 위험에 대하여 중립적이면 위험비용이 발생하지 않으므로 법원은 벌금의 기댓값이 10원인 정책 중에서 적발비용이 가장 작은 것을 선택한다. 벌금의 기댓값이 10원인 정책 중에서 적발률이 가장 낮은(벌금이 가장 큰) 정책이 최적이다. [표 7-4]에서 벌금이 1만 원일 때 적발률이 0.1%로서 가장 낮으므로 정책 3이 최적이다.

2) 운전자가 위험을 기피하는 경우

운전자가 위험기피자이면 위험비용을 계산하여야 한다. 이 경우에는 벌금

[표 7-4] 이중주차 사례

	적발률	벌금	적발비용
정책 1	100%	10원	100만 원
정책 2	10%	100원	50만 원
정책 3	0.1%	1만 원	1,000원

[표 7-5] 이중주차 사례: 위험비용

	적발률	벌금	위험비용
정책 1	100%	10원	0
정책 2	10%	100원	1원
정책 3	0.1%	1만 원	8원

[표 7-6] 이중주차 사례: 집행비용

	적발률	벌금	적발비용 (a)	위험비용 (b)	집행비용 $(a+b)$
정책 1	100%	10원	100만 원	0	100만 원
정책 2	10%	100원	50만 원	10만 원	60만 원
정책 3	0.1%	1만 원	1,000원	80만 원	80.1만 원

이 커지면 위험비용이 증가하기 때문이다. 예를 들어, 운전자의 선호체계가 아래와 같다면 운전자가 부담하는 위험비용은 [표 7-5]와 같이 계산된다.[25] 운전자에게 (적발률 100%, 벌금 10원)과 (적발률 10%, 벌금 90원)이 무차별한데 벌금의 기댓값에 $1(10-9)$원의 차이가 있다. 이 1원이 정책 2의 시행에 따른 위험비용이다.

• (적발률 100%, 벌금 10원)=(적발률 10%, 벌금 90원)=(적발률 0.1%, 벌금 2,000원)

운전자가 10만 명이므로 일인 당 위험 비용에 10만을 곱하면 사회 전체의 위험비용이 계산된다. 또한 적발비용과 위험비용을 합하여 정책별 집행비용을 정의한다. [표 7-6]을 보면 집행비용이 가장 작은 것은 정책 2이다. 이 결과는 운전자를 위험중립자로 가정한 경우와 다르다. 정책 1은 위험비용은 없지만 적발비용이 크다. 정책 3은 적발비용은 작지만 위험비용이 크다. 운전자가 위험기피자이면 최대한 큰 벌금을 부과하는 것이 최적이 아니다. 큰 벌금을 부과

---

25) 일반적으로 벌금이 커지면 위험비용이 체증적으로 증가한다.

하면 적발비용은 작지만 운전자가 부담하는 위험비용이 크므로 양자의 합인 집행비용이 클 수 있다. 개념적으로 최적 벌금은 벌금을 1원 올릴 때 감소하는 적발비용과 증가하는 위험비용이 같을 때 정의된다.[26]

2. 징역

차량 절도를 가정하여 보자. 차량 절도는 징역이 부과되는 범죄이다. 차량 절도의 사회적 비용이 100원, 수감 1년의 비효용($DU(1)$)은 100원이다. 적발률이 100%이면 징역 1년을 부과할 경우 범죄자의 기대비효용[27]이 $100(1 \times 100)$ 원이므로 차량 절도가 효율적인 수준으로 억제된다. 만약, 2년의 징역이 부과된다면 적발률은 50%인가? 수감 기간이 두 배로 늘면 비효용은 두 배가 되는가?

범죄자가 수감 생활에 적응하는 경우 수감 기간이 두 배로 늘면 비효용은 두 배에 미달한다. 반면, 범죄자가 수감 생활에 적응하지 못하는 경우 수감 기간이 두 배로 늘면 비효용은 두 배를 초과한다.[28] 범죄자가 수감 생활에 적응하면 $DU(2) < 2 \times DU(1)$이다. 이를 정리하면 $0.5 \times DU(2) < DU(1)$이다. 이 식에서 부등호의 왼쪽은 (적발률 50%, 징역 2년)의 기대비효용, 부등호의 오른쪽은 (적발률 100%, 징역 1년)의 기대비효용이다. 이 사람은 확실한 징역 1년보다 적발률이 50%인 징역 2년을 선호한다.[29]

수감 생활에 적응하는 범죄자는 "낮은 적발률, 높은 형량"을 "높은 적발률, 낮은 형량"보다 선호하므로 위험선호자이다. 같은 논리로 수감 생활에 적응하지 못하는 범죄자는 "높은 적발률, 낮은 형량"을 "낮은 적발률, 높은 형량"보다 선호하므로 위험기피자이다. 또한 수감 기간이 2배, 3배가 됨에 따라 수감 생활의 비

---

26) 운전자가 위험을 선호하는 경우에도 동일한 논리를 적용할 수 있으므로 이에 대한 논의를 생략하였다. 위험을 선호하는 운전자는 낮은 적발률, 큰 벌금을 선호하므로 위험비용이 부(−)이다. 따라서 정책 1이 최적이다. 이 결과는 운전자가 위험에 대하여 중립적인 경우와 같다.

27) 위험이 존재하면 범죄자는 기대손실이 아닌 기대비효용을 최소화한다. 기대비효용을 최소화하는 것은 기대효용을 최대화하는 것과 같다.

28) 수감 기간이 두 배로 늘면 비효용이 두 배가 되는 범죄자도 있다.

29) 동일한 논리로 이 사람은 (적발률 33%, 징역 3년)을 (적발률 50%, 징역 2년)보다 선호한다.

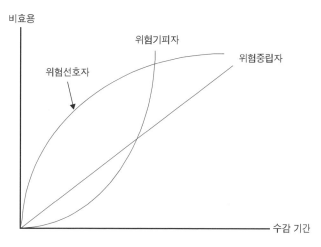

〈그림 7-4〉 수감 생활의 비효용과 위험에 대한 태도

효용이 2배, 3배가 되는 범죄자는 위험을 기피하지도 선호하지도 않는다. 이 사람은 위험중립자이다. 이상의 논의를 그림으로 나타내면 〈그림 7-4〉와 같다.30)

1) 범죄자가 위험에 대하여 중립적인 경우

범죄자가 위험에 대하여 중립적이면 수감 기간이 2배, 3배가 됨에 따라 수감 생활의 비효용이 2배, 3배가 되므로 수감 생활의 한계비효용은 일정하다. [표 7-7]의 세 번째 열은 징역이 1년 늘어남에 따라 비효용이 얼마나 증가하는지를 나타내는데 100원으로서 일정하다. 범죄의 사회적 비용이 100원이므로 징역 1년이 부과될 경우 적발률은 1이다. 만약, 징역 5년이 부과된다면 수감 생활의 비효용이 500원이므로 적발률은 0.2이다.

범죄자가 위험중립자이면 기대징역31)이 1년으로서 일정하다. 징역을 늘리면 적발률이 감소하지만 기대징역은 일정하다.32) 징역을 늘리면 적발비용이 감소하고 수감비용은 일정하기 때문에33) 양자의 합인 집행비용이 감소한다.

---

30) 실제로 범죄자는 수감 생활에 적응하는가? 수감 기간이 길어짐에 따라 비효용이 체감적으로 증가하는가? 이는 이론의 문제가 아니라 실증의 문제이다. 심리학 분야에서 이에 대한 연구가 있었을 것으로 생각된다.

31) 적발률과 징역의 곱.

32) 기대징역이 일정하므로 범죄억제력은 일정하다.

33) 적발비용과 수감비용은 각각 적발률과 기대징역의 증가함수이다.

[표 7-7] 최적 징역: 위험중립자

징역	비효용	한계비효용	적발률(a)	기대징역(b)	$a+b$
1년	100원	–	1.000	1.000	2.000
2년	200원	100원	0.500	1.000	1.500
3년	300원	100원	0.333	1.000	1.333
4년	400원	100원	0.250	1.000	1.250
5년	500원	100원	0.200	1.000	1.200
6년	600원	100원	0.166	1.000	1.166
7년	700원	100원	0.143	1.000	1.143
8년	800원	100원	0.125	1.000	1.125
9년	900원	100원	0.111	1.000	1.111
10년	1,000원	100원	0.100	1.000	1.100

주. 범죄의 사회적 비용은 100원이다.

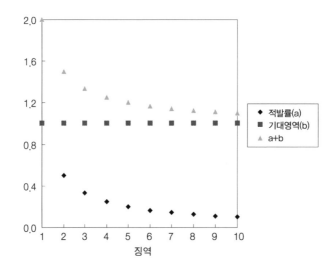

〈그림 7-5〉 최적 징역: 위험중립자

징역을 늘릴수록 집행비용이 감소하므로 최적 징역이 존재하지 않는다. 다만, [표 7-7]에서는 최대 징역인 10년이 최적이다.

2) 범죄자가 위험을 기피하는 경우

범죄자가 위험에 대하여 중립적인 경우에 적용한 논리를 범죄자가 위험기피자인 경우에 적용한 결과는 다음과 같다.

범죄자가 위험을 기피하면 수감 기간이 2배, 3배가 됨에 따라 수감 생활의 비효용이 2배, 3배를 초과하므로 수감 생활의 한계비효용은 체증적으로 증가한다. [표 7−8]의 세 번째 열을 보면 징역이 1년 늘어남에 따라 비효용이 200원, 300원, 400원, … 증가한다. 만약, 징역 5년이 부과된다면 수감 생활의 비효용이 1,500원이므로 적발률은 0.066이다. 범죄자가 위험기피자인 경우 징역

[표 7−8] 최적 징역: 위험기피자

징역	비효용	한계비효용	적발률(a)	기대징역(b)	$a+b$
1년	100원	−	1.000	1.000	2.000
2년	300원	200원	0.333	0.666	0.999
3년	600원	300원	0.167	0.501	0.668
4년	1,000원	400원	0.100	0.400	0.500
5년	1,500원	500원	0.066	0.330	0.396
6년	2,100원	600원	0.047	0.282	0.329
7년	2,800원	700원	0.036	0.252	0.288
8년	3,600원	800원	0.028	0.224	0.252
9년	4,500원	900원	0.022	0.198	0.220
10년	5,500원	1,000원	0.018	0.180	0.198

주. 범죄의 사회적 비용은 100원이다.

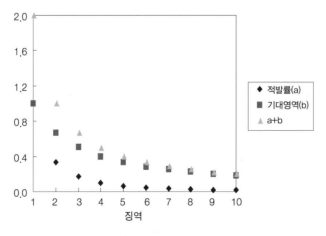

〈그림 7−6〉 최적 징역: 위험기피자

을 늘리면 적발률과 기대징역이 감소한다. 즉, 징역을 늘리면 적발비용과 수감비용이 감소하므로 양자의 합인 집행비용이 감소한다. 징역을 늘릴수록 집행비용이 감소하므로 이 경우에도 최적 징역이 존재하지 않지만 [표 7−8]에서는 최대 징역인 10년이 최적이다.

3) 범죄자가 위험을 선호하는 경우

범죄자가 위험을 선호하면 수감 기간이 2배, 3배가 됨에 따라 수감 생활의

[표 7−9] 최적 징역: 위험선호자

징역	비효용	한계비효용	적발률(a)	기대징역(b)	$a+b$
1년	100원	−	1.000	1.000	2.000
2년	190원	90원	0.526	1.053	1.579
3년	270원	80원	0.370	1.111	1.481
4년	340원	70원	0.294	1.176	1.470
5년	400원	60원	0.250	1.250	1.500
6년	450원	50원	0.222	1.333	1.555
7년	490원	40원	0.204	1.429	1.633
8년	520원	30원	0.192	1.538	1.730
9년	540원	20원	0.185	1.667	1.852
10년	550원	10원	0.182	1.818	2.000

주. 범죄의 사회적 비용은 100원이다.

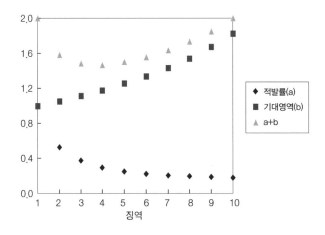

〈그림 7−7〉 최적 징역: 위험선호자

비효용이 2배, 3배에 미달하므로 수감 생활의 한계비효용이 체감적으로 증가한다. [표 7-9]의 세 번째 열을 보면 징역이 1년 늘어남에 따라 비효용이 90원, 80원, 70원, … 증가한다. 징역 5년이 부과되면 수감 생활의 비효용이 400원이므로 적발률은 0.25이다.

　범죄자가 위험선호자인 경우 징역을 늘리면 적발률이 감소하지만 기대징역은 증가한다. 또한 징역을 늘리면 적발률(적발비용)이 체감적으로 감소하고 기대징역(수감비용)은 체증적으로 증가하므로 양자의 합(집행비용)은 감소하다가 증가한다. [표 7-9]와 〈그림 7-7〉에서 확인되듯이 적발률과 기대징역의 합이 U자 곡선이므로 최솟값이 존재한다. 징역이 4년일 때 적발률과 기대징역의 합이 최소가 되므로 최적 징역은 4년이다. 이 결과는 범죄자가 위험중립자이거나 위험기피자인 경우와 다르다. 최적 징역은 범죄자가 위험을 선호하는 경우에 존재한다.[34]

부록 29. 징역의 금전적 가치[35]

　시민들이 징역에 따르는 고통의 가치를 금전적인 측면에서 어떻게 인식하는지를 분석할 수 있다. 징역 1년이라는 상황을 가정하고 설문조사를 통해 징역 1년에 대한 지불(수용)의사금액의 크기를 측정한다. 지불(수용)의사금액을 측정하기 위해 시민들에게 제시하는 설문은 아래와 같다.

	가상적 상황
지불의사금액	당신은 죄를 지어서 1년 동안 감옥에 있어야 합니다. 그러나 벌금을 내면 감옥에 가지 않아도 됩니다. 당신은 얼마를 지불하겠습니까?
수용의사금액	당신은 다른 사람을 대신하여 감옥에 1년 동안 있어야 합니다. 그리고 그 대가로 돈을 받습니다. 당신은 얼마를 받겠습니까?

---

34) 우리나라 형법전에는 범죄별 형량이 규정되어 있다. 이 형량이 최적이라면 형법전을 만든 사람들은 범죄자를 위험선호자로 가정하였다. 범죄자가 위험중립자이거나 위험기피자이면 최적 형량이 존재하지 않기 때문이다.

35) 오정일(2018)을 요약.

전체 표본으로부터 측정한 기댓값을 보면 징역 1년에 대한 지불의사금액은 약 3,500만 원이다. 이를 월 단위로 환산하면 약 300만 원에 해당한다. 반면, 수용의사금액은 2.7억 원으로 측정되었다. 수용의사금액은 지불의사금액의 약 7.7배이다. 이러한 결과는 기존연구와 다르지 않다. 지불의사금액의 크기를 연령대별로 비교하면 10대의 지불의사금액은 약 2,700만 원, 20~30대는 약 3,200만 원, 40대 이상은 4,000만 원을 초과한다. 연령이 높을수록 징역 1년을 회피하는 대가로 더 많은 금액을 지불할 의사가 있다고 하겠다. 수용의사금액은 30대를 기준으로 크게 달라진다. 30대 이하는 약 2억 원 내외인데 비해 40대 이상은 3억 원을 상회한다.

[표 7-10] 지불(수용)의사금액 측정

제시된 금액	지불 확률				
	10대	20~30대	40~50대	60대 이상	전체
1,000만 원	1.000	1.000	1.000	1.000	1.000
2,000만 원	0.706	0.759	0.944	0.929	0.838
3,000만 원	0.510	0.638	0.887	0.810	0.721
4,000만 원	0.294	0.431	0.789	0.762	0.577
5,000만 원	0.196	0.379	0.507	0.524	0.405
지불의사금액	2,706만 원	3,207만 원	4,127만 원	4,025만 원	3,541만 원

제시된 금액	수용 확률				
	10대	20~30대	40~50대	60대 이상	전체
1억 원	0.118	0.100	0.200	0.250	0.163
2억 원	0.196	0.267	0.386	0.525	0.335
3억 원	0.314	0.400	0.671	0.900	0.557
4억 원	0.353	0.433	0.857	0.975	0.647
5억 원	1.000	1.000	1.000	1.000	1.000
수용의사금액	1.98억 원	2.20억 원	3.11억 원	3.65억 원	2.70억 원

형사정책

1. 압수 및 수색

시민은 수사 과정에서 불합리한 압수 및 수색을 당하지 않을 권리를 갖는다. 여기에서 "불합리한"이 의미하는 바는 무엇인가? 압수 및 수색의 비용이 편익보다 크면 이는 불합리하다. 비효율성이 불합리성이다. 압수 및 수색의 편익과 비용은 무엇인가? 압수 및 수색을 통하여 충분한 증거를 얻을 확률과 기소의 사회적 이득을 곱한 것이 편익이다.[36] 압수 및 수색에 의하여 피의자의 사생활이 침해되고 명예가 훼손되는 것은 비용이다.

합리적인 압수 및 수색을 유도하는 제도의 예로서 두 가지를 들 수 있다. 하나는 영장(warrant)이다. 검사가 압수 및 수색을 하기 전에 법원으로부터 영장을 받아야 한다. 영장 발부(發付)를 결정하는 과정에서 법원이 압수 및 수색의 편익과 비용을 고려한다. 다른 하나는 배제원칙(exclusionary rule)이다. 이에 따르면 위법한 절차를 통하여 수집한 증거는 증거로서의 효력을 갖지 못한다.[37]

2. 묵비권(right of silence)

수사 과정에서 피의자가 자신의 죄를 인정함으로써 형량을 줄일 수 있다. 또한 피의자는 불리한 질문에 대한 진술을 거부할 권리를 갖는다. 혹자(或者)는 묵비권이 범죄자를 보호하는 데 악용된다고 비판한다. 그러나 묵비권이 있음에도 불구하고 적극적으로 진술하는 것이 피의자의 무죄 가능성을 높인다. 아래에서 간단한 모형을 통하여 이를 증명하였다.

특정한 피의자가 결백할 확률이 α이다. 피의자에게 묵비권이 없는 경우 피의자가 침묵하면 죄가 있는 것으로 간주된다. 따라서 모든 피의자들이 불리한

---

36) 압수 및 수색을 통하여 충분한 증거가 확보되면 기소가 가능하다. 압수 및 수색은 기소를 전제로 이루어진다.
37) 유사한 법리인 독수독과(fruit of the poisonous tree) 이론에 따르면 위법하게 수집된 증거(독수)에 의하여 발견된 제2차 증거(독과)의 증거능력은 인정되지 않는다. 이 법리는 미국 연방대법원 판례에서 유래하였다.

질문에 대하여 답변한다. 이 경우 검사는 피의자가 진술하였다는 사실로부터 어떤 정보도 얻지 못한다. 특정한 피의자가 진술하더라도 이 사람이 무죄일 확률은 α이다. 피의자에게 묵비권이 있는 경우에는 진술을 거부하여도 유죄가 되지 않는다. 따라서 결백한 피의자는 적극적으로 무죄를 주장하는 반면, 죄가 있는 피의자는 불리한 질문에 대한 답변을 거부할 수 있다.

결백한 피의자가 진술할 확률이 1(100%), 죄가 있는 피의자가 진술할 확률은 q (<1)인 경우 특정한 피의자가 진술하면 이 사람이 무죄일 확률은 $\dfrac{\alpha}{\alpha+(1-\alpha)q}$ 이다.[38] 이는 조건부 확률이다. $q<1$이므로 $\dfrac{\alpha}{\alpha+(1-\alpha)q}>\alpha$이다.[39] 묵비권이 인정되는 상황에서 특정한 피의자가 진술을 하면 무죄일 확률이 높아진다. 진술은 피의자가 결백하다는 신호이다.

3. 양형거래(plea bargaining)[40]

특정한 범죄에 대한 형량은 사전적으로 정해진다. 이는 형사법을 제정하는 단계에서 이루어진다. 이 단계에서는 범죄를 효율적인 수준으로 억제하는 것이 주된 관심사이다. 범죄가 발생하고 피의자가 체포되면 검사는 범죄를 특정하여 기소한다. 양형거래는 검사가 피의자를 기소하는 과정에서 이루어진다. 양형거래가 이루어지려면 수요와 공급이 있어야 한다. 유죄를 인정하는 대신 가벼운 형을 받으려는 피의자가 수요자이라면 피의자를 기소하는 검사는 공급자이다. 수요자인 피의자와 공급자인 검사는 양형거래를 통하여 어떠한 이득을 얻는가? 피의자와 검사가 양형거래를 하는 이유는 무엇인가?

피의자가 위험기피자이면 죄가 없어도 낮은 형으로 기소되는 것을 선호할 수 있다. 법원이 항상 옳은 판결을 내리는 것이 아니므로 결백한 피의자가 재판에서 무거운 형을 받을 수 있다. 제1종 오류가 존재하는 한 피의자는 양형거래를 할 유인이 있다. 결백한 피의자가 허위(虛僞)로 죄를 인정할 수 있다는 측

---

38) $p(\text{무죄}|\text{진술}) = \dfrac{p(\text{무죄}\cap\text{진술})}{p(\text{진술})} = \dfrac{p(\text{무죄}\cap\text{진술})}{p(\text{무죄}\cap\text{진술})+p(\text{유죄}\cap\text{진술})} = \dfrac{\alpha}{\alpha+(1-\alpha)q}$.

39) $q=1$이면 $\dfrac{\alpha}{\alpha+(1-\alpha)q}=\alpha$이다. $q<1$이면 $\alpha+(1-\alpha)q$가 작아지므로 $\dfrac{\alpha}{\alpha+(1-\alpha)q}>\alpha$이다.

40) 피의자가 유죄를 인정하는 대가로 검사가 형량을 줄여서 기소하는 것이 양형거래이다.

면에서 양형거래에 대한 논란이 있다.[41] 검사도 양형거래를 통하여 재판의 불확실성을 제거한다. 검사는 죄가 있는 피의자가 무죄 판결을 받는 것을 꺼린다. 피의자가 유죄 판결을 받을지 형량이 어느 정도일지는 불확실하다.[42]

구체적으로 양형거래는 어떻게 이루어지는가? 다음과 같은 경우를 생각하여 보자. 죄를 저지른 피의자와 결백한 피의자가 있다. 죄가 있는 피의자는 결백한 피의자에 비하여 유죄 판결을 받을 확률이 높다.[43] 죄가 있는 피의자에 대한 재판비용은 결백한 피의자에 비하여 크다.

이 상황에서 검사의 전략은 세 가지이다. 1) 양형거래를 하지 않는다. 2) 죄가 있는 피의자의 기대형량을 제안한다. 3) 결백한 피의자의 기대형량을 제안한다. 검사가 2)를 선택하면 죄가 있는 피의자는 양형거래에 응하지만 결백한 피의자는 양형거래를 하지 않는다. 검사가 2)를 선택하면 결과는 1)과 같지만 재판비용이 절약되므로 1)은 비효율적이다. 검사는 2)와 3) 중에서 하나를 선택한다. 검사가 2)를 선택하면 죄가 있는 피의자는 양형거래에 응하지만 결백한 피의자가 양형거래를 거부하므로 양자가 분리된다. 따라서 2)는 분리전략이다. 검사가 3)을 선택하면 모든 피의자들이 양형거래에 응하기 때문에 죄가 있는 피의자와 결백한 피의자가 분리되지 않는다. 이러한 이유로 3)을 통합전략이라고 한다. 2)의 장점은 죄가 있는 피의자가 무거운 형을 받는 것이다. 3)의 장점은 재판비용이 절약되는 것이다.

4. 보석(bail)[44]

검사에 의하여 기소된 피고는 재판이 끝날 때까지 수감되어야 하는가? 피

---

41) 이 주장에 대하여는 다음과 같은 반론이 가능하다. 양형거래는 부정확한 재판의 결과이지 원인이 아니다. 부정의(不正義)의 원인은 양형거래가 아니라 법원의 오류이다.

42) 양형거래를 허용하면 재판에 소요되는 시간과 비용이 절약된다. 법원은 재판과 관련된 인력과 예산을 줄일 수 있다. 물론, 비용 측면에서의 이점(利點)이 사법제도의 근본적인 목표(죄가 있는 사람에게 형벌이 가해져야 한다.)보다 중요하지 않다.

43) 유죄 판결을 받을 확률이 높다는 것은 기대형량이 큼을 의미한다.

44) 보석은 일정한 보증금 납부를 조건으로 구속 집행을 정지하여 피고인을 석방하는 제도이다. 보석은 무죄추정의 법리에 바탕을 둔다. 보석금 납부가 석방 조건이 된다는 측면에서 보석은 구속 집행정지와 다르고 피고인을 석방한다는 측면에서 피의자를 석방하는 구속적부심사와도 다르다.

고는 유죄가 확정되기 전까지 무죄이므로 피고에게 자유를 허용하는 것이 바람직하다. 그러나 피고가 감옥 밖에 있으면 재판이 끝나기 전에 도주하거나 추가적인 범죄를 저지를 수 있다. 피고에게 자유를 주면서 도주나 추가 범행의 가능성을 줄이는 제도가 보석이다. 법원이 보석을 허용하면 피고는 재판이 끝날 때까지 감옥 밖에서 생활할 수 있다. 재판이 끝나면 피고는 보석금을 돌려받는다. 피고가 도주하거나 추가적인 범죄를 저지르면 보석금이 몰수된다.

피고는 자유의 대가로 보석금을 낸다. 보석금은 방면(放免)에 대한 가격이다. 보석금(가격)이 오르면 보석신청자(수요)는 감소한다. 보석신청자가 감소하면 두 가지 측면에서 사회적 비용이 증가한다. 첫째, 수감자가 늘어나므로 수감비용이 증가하고, 둘째 보석된 피고가 얻을 수 있는 편익이 사라진다.[45] 반면, 보석금이 올라가면 보석신청자가 감소하고 석방된 피고가 보석금을 포기하기 어렵기 때문에 도주와 추가적인 범죄가 감소한다. 이는 보석금 증액의 사회적 편익이다.

5. 배심원제[46][47]

특정 집단의 중간적 또는 평균적 입장을 따르면 오류가 발생하지 않는다는 믿음이 있다. 평균적인 입장을 대변하는 집단이 내린 판단의 정확성에 관한 이론이 콩도르세(Condorcet)의 배심원 명제(Jury theorem)이다. 집단이 개인보다 정확한 판단을 내리려면 두 가지 조건이 충족되어야 한다. 첫 번째 조건은 다수결(majority rule)이다. 두 번째 조건은 개인이 옳은 판단을 내릴 확률이 50%보다 높아야 한다는 것이다.[48] 현명한 개인들로 구성된 집단이 다수결을 통하여 내린 결정은 개인의 판단보다 정확하다.

---

45) 보석된 피고가 얻는 편익은 자유, 생업(生業)에 종사하는 것, 변호사의 도움을 받는 것 등이다.
46) 선스타인(2009)에서 일부 인용.
47) 형사재판에 있어서 시민들 중 선택된 배심원들이 심리(審理) 또는 기소에 참여하는 것이 배심원제이다. 피고의 유죄를 판단하는 것을 소배심, 피의자의 기소를 판단하는 것을 대배심이라고 한다. 미국의 경우 배심원은 주(州) 납세자명부나 선거인명부에 실린 시민들 중에서 무작위로 선택된다.
48) 옳은 판단을 내릴 확률이 50% 미만이 되는 원인은 편견, 착오, 무능이다.

[표 7-11] 배심원제와 오류: 배심원이 7명인 경우[49]

유죄 판결에 필요한 배심원 수	배심원이 옳은 판단을 할 확률＝40%		배심원이 옳은 판단을 할 확률＝60%	
	제1종 오류	제2종 오류	제1종 오류	제2종 오류
4명	71%	71%	29%	29%
5명	42%	90.4%	9.6%	58%
6명	16%	98.2%	1.9%	84.1%
7명	2.8%	99.8%	0.2%	97.2%

예를 들어, 옳은 판단을 할 확률이 67%인 3명의 배심원들이 다수결을 통하여 옳은 판결을 내릴 확률은 약 74[50]%이다. 반면, 배심원이 옳은 판단을 할 확률이 33%인 경우 3명의 배심원이 옳은 판결을 내릴 확률은 25.5[51]%에 불과하다. 이 결과는 직관적으로 자명하다. 어려운 수학 문제에 대한 답을 찾는 경우를 생각하여 보자. 1명의 수학자의 답과 100명의 시민들이 공동으로 작성한 답 중에서 어느·것이 정답일 가능성이 높은가? 전자가 정답일 가능성이 높다. 사건이 복잡하여서 배심원이 옳은 판단을 할 가능성이 낮으면(50% 미만이면) 배심원 수가 증가함에 따라 판결은 진실에서 멀어진다.

배심원제의 유용성은 제1종 오류와 제2종 오류의 측면에서 평가하는 것이 가능하다. 유죄 판결에 필요한 배심원 수를 늘리면 제1종 오류는 감소하지만 제2종 오류가 증가한다. [표 7-11]은 배심원이 옳은 판단을 할 확률이 40%와 60%일 때 유죄 판결에 필요한 배심원 수가 증가함에 따라(다수결이 강화됨에 따라) 제1종 오류는 감소하지만 제2종 오류가 증가한다는 것을 보여준다.[52]

유죄 판결에 필요한 배심원 수를 늘리면 유죄 판결이 감소하므로 결백한 피고에게 유죄 판결이 내려질 확률이 낮아진다. 그러나 유죄 판결이 감소한다는 것은 무죄 판결이 증가함을 의미하므로 죄가 있는 피고가 무죄 판결을 받을 확률은 높아진다. 제1종 오류와 제2종 오류 중에서 무엇이 중요한가? 현실적으

---

49) 계산 과정은 생략하였음.

50) $_3C_2\,(0.67)^2\,(0.33) + {_3C_3}\,(0.67)^3$.

51) $_3C_2\,(0.33)^2\,(0.67) + {_3C_3}\,(0.33)^3$.

52) 배심원이 옳은 판단을 할 확률이 40%에서 60%로 증가하면 제1종 오류와 제2종 오류가 감소한다.

로 제1종 오류를 줄이는 것이 법원의 목표가 된다. 99명의 범죄자들을 풀어주더라도 결백한 1명이 희생되는 것을 막아야 한다는 주장에 설득력이 있다. 살인과 같은 심각한 범죄의 경우 중형이 선고되므로 제1종 오류를 줄이기 위하여 다수결이 강화된다.

6. 양형기준(sentencing guideline)[53]

판사는 법률이 정한 한도 내에서 형량을 결정한다. 벌금 또는 징역, 집행유예의 결정도 판사의 재량에 해당한다. 재량적 양형은 개별 사건의 정황에 부합하는 양형을 가능하게 함으로써 맞춤형 재판을 실현한다. 그러나 유사한 범죄를 저지른 범죄자들에게 상이한 형량이 부과될 수 있다. 유사한 범죄에 있어서 어떤 사람에게 높은 형량이 다른 사람에게 낮은 형량이 부과되면 형평성 측면에서 바람직하지 않다. 형량은 범죄의 심각성에 비례하여야 한다. 심각한 범죄에 높은 형량이 경미한 범죄에 낮은 형량이 부과되는 것이 정의이다.

양형기준이 제시되면 판사는 기준 내에서 형량을 결정하므로 지나치게 무겁거나 가벼운 형이 줄어들고 형량의 편차가 감소할 것이라는 예상이 일반적이다. 그러나 양형기준에 의하여 극단적인 양형이 억제되더라도 상대적으로 온건한 형량 내에서 편차가 증가할 수 있다. 만약, 후자가 전자에 비하여 크다면 전체적으로 형량의 편차가 증가한다. 이론적으로 양형기준에 의하여 형량의 편차가 감소할 것인지는 명확하지 않다. 이는 실증적으로 검정하여야 할 가설이다. 양형기준으로 인하여 평균 형량이 변하면 범죄율이 달라진다. 또한 범죄자가 위험에 대하여 중립적이지 않은 한 양형기준으로 인하여 형량의 편차가 변하면 범죄율이 변한다.

1) 형량의 편차가 감소하고 평균은 증가하는 경우

형량 편차의 감소가 범죄율에 미치는 영향은 명확하지 않다. 범죄자의 입장에서 형량의 편차가 줄어든다는 것은 위험이 감소함을 의미한다. 만약, 범죄자가 위험기피자이면 범죄를 저지를 가능성이 높아지지만 범죄자가 위험선호자이면 범

---

53) 임철 외(2018)에서 일부 인용.

죄 가능성은 낮아진다. 반면, 평균 형량이 증가하면 대체로 범죄율이 하락한다.

2) 형량의 편차와 평균이 감소하는 경우

1)에서 설명한 바와 같이 형량 편차의 감소가 범죄율에 미치는 영향은 명확하지 않다. 지나치게 무겁거나 가벼운 형이 감소하면 형량의 편차가 줄어드는 데 무거운 형의 감소 정도가 상대적으로 크면 평균 형량이 감소한다. 이에 따라 범죄율이 상승한다.

3) 형량의 편차와 평균이 증가하는 경우

형량 편차의 증가가 범죄율에 미치는 영향은 명확하지 않으나 평균 형량의 증가는 범죄율을 하락시킨다.

4) 형량의 편차가 증가하고 평균은 감소하는 경우

형량 편차의 증가가 범죄율에 미치는 영향은 명확하지 않으나 평균 형량의 감소는 범죄율을 높인다.

우리나라 대법원은 살인에 대하여 [표 7 – 12]와 같은 양형 기준을 제시하였다. 형량은 두 단계를 거쳐 결정된다. 판사는 특정한 살인이 5가지 유형 중에서 어디에 해당하는지를 판단한다. 제1유형에 대한 형량이 가장 낮다. 살인의 유형을 결정하는 기준은 동기이다. 참작할 동기[54]가 있는 살인이 제1유형, 특별

[표 7-12] 양형 기준: 살인

유형	내용	형량		
		감경	기본	가중
제1유형	참작할 동기가 있는 경우	3~5년	6~9년	8~11년
제2유형	보통 동기	7~12년	10~16년	15년~사형
제3유형	비난 동기	10~16년	15~20년	18년~사형
제4유형	중대범죄 결합	17~22년	20년~무기징역	25년~사형
제5유형	극단적 인명 경시	20~25년	23년~무기징역	23년~사형

54) 참작할 동기의 예는 극도의 생계 곤란으로 삶을 비관하여 살인을 하거나 피해자로부터 장기간 가정 폭력, 성 폭력, 스토킹의 피해를 당한 것 등이다.

히 고려할 동기가 없는 살인은 제2유형, 비난받을 동기[55])가 있는 살인은 제3유형이다. 살인 유형이 결정되면 판사는 형량의 감경 및 가중 사유를 고려한다.[56])

7. 사형제[57])

칸트는 두 가지 이유로 사형제를 옹호하였다. 첫째, 살인은 사형의 처벌을 받는다는 것을 사람들이 깨닫게 하기 위해서이다. 둘째, 살인자에 대한 사형이 시행되지 않으면 나머지 사람들은 결과적으로 살인에 가담한 것이 된다. 사형폐지론자들은 사형이 불평등하게 시행된다고 주장한다. 그러나 죽어야 할 범죄자가 사형된다면 선택적으로 시행된다고 하여서 사형의 정당성이 훼손되지 않는다. 선별적으로 시행되더라도 각각의 경우는 정당하다. 되갚음은 정의의 문제이지 평등의 문제가 아니다. 불평등한 정의보다 평등한 부정의가 심각한 문제이다.

공리주의자들도 사형이 범죄를 억제하는 기능을 하는 한 그 필요성을 인정한다. 만약, 사형이 범죄를 억제하지 못한다면 단지 범죄자의 생명을 박탈할 뿐이다. 반면, 사형이 범죄를 억제함에도 불구하고 시행하지 않으면 잠재적인 피해자가 위험해진다. 공리주의자들은 잠재적인 피해자보다 범죄자를 담보로 도박을 하는 것이 낫다고 하였다. 공리주의자들의 이러한 생각은 칸트의 주장과 대조된다. 칸트는 사형은 과거의 잘못에 대한 성찰과 반성이지 잘못된 행위의 파급 효과를 따지는 미래지향적 계획이 아니라고 하였다.

사형제에 관한 법경제학적 연구의 대부분은 사형제에 의하여 살인이 감소하는지를 실증적으로 분석한 것이다. 사형제의 범죄억제력을 분석한 것이 연구의 주종(主宗)을 이룬다.

국가 간 비교를 통하여 사형제와 살인의 상관성이 존재하는지를 파악할 수 있다. 대표적인 예가 캐나다와 미국의 비교이다. 캐나다는 사형제를 시행하지 않지만 사형제가 시행되는 미국에 비하여 살인범죄율이 낮다. 이것만으로 사

---

55) 비난받을 동기의 예는 살인으로부터 쾌락을 얻는 것, 재산적 탐욕에 기인한 살인, 청부 살인, 범죄 은폐를 위한 살인 등이다.

56) 살인 유형을 결정할 때에는 특별양형인자가 고려되지만 형량을 감경하거나 가중할 때에는 특별양형인자와 일반양형인자가 고려된다.

57) 황필홍(2006)에서 일부 인용.

형제가 살인을 억제하지 않는다고 단정할 수 없다. 캐나다의 살인범죄율을 떨어뜨리는 고유한 요인이 존재할 수 있기 때문이다. 다만, 캐나다와 미국의 살인범죄율이 같이 움직인다는 사실을 감안하면 캐나다의 살인범죄율에만 영향을 미치는 요인은 없다. 캐나다와 미국의 사례는 사형제와 살인의 상관성이 없다는 사실을 보여준다.

한 나라 안에서 지역별 살인범죄율을 비교하는 것도 가능하다. 미국의 경우 사형제를 시행하는 주가 있지만 시행하지 않는 주도 있으므로 주별 살인범죄율을 비교하면 사형제의 효과를 파악할 수 있다. 1960~2000년에 한 건의 사형도 시행되지 않은 주가 6개이다. 6개 주와 나머지 주의 살인범죄율을 비교한 결과, 양자가 같이 움직인다는 사실이 발견되었다. 이 결과도 살인이 사형제와 무관하다는 주장을 뒷받침한다.

사형제가 살인을 억제하는지는 명확하지 않다. 그러나 사형제를 시행하는 데 많은 비용이 소요되는 것은 분명하다. 예를 들면, 캘리포니아 주의 경우 배심원단을 구성하는 데 평균 3일이 소요되지만 사형이 구형된 경우에는 13일이 걸린다. 또한 1명의 피고에게 사형을 구형하는 데 약 200만 달러가 소요된다. 사형이 구형된 사건은 법적 절차가 복잡하기 때문에 재판비용이 많이 들고 사형수를 수감하는 비용은 평균의 두 배이다.

8. 마약 및 총기 규제

1) 마약

마약은 수요와 공급의 두 측면에서 범죄를 유발한다. 마약을 얻고자 하는 사람, 즉 중독자는 돈이 필요하므로 범죄를 저지른다. 마약중독자는 합법적인 일자리를 얻을 수 없기 때문이다. 또한 마약을 공급하는 사람에게 이 거래는 수익성이 높은 사업이다. 이에 따라 공급자들 간 치열한 경쟁이 벌어지고 범죄가 발생한다. 마약과 범죄의 연결 고리를 끊는 전통적인 정책은 마약거래에 대한 처벌 수위(水位)를 높여서 공급을 줄이는 것이다. 처벌을 강화하면 공급자의 입장에서 비용이 증가하므로 공급이 감소한다. 이렇게 되면 가격이 오르고 수요가 감소하여 범죄가 줄어든다. 이러한 정책을 공급 측 접근이라고 한다.

공급 측 접근을 주장하는 사람들은 한 가지 중요한 사실을 간과하였다. 마약에 중독된 사람은 가격이 높아도 마약을 소비할 수밖에 없다. 마약중독자의 수요는 가격에 대하여 비탄력적이다. 처벌을 강화하여서 공급을 줄이면 마약중독자는 높아진 가격을 감당하기 위하여 범죄를 저지른다. 공급을 억제하는 정책은 마약에 중독되지 않은 사람에게 효과적이지만 중독된 사람에게는 효과가 없다.58) 이러한 이유에서 비중독자는 처벌하여야 하지만 중독자를 처벌할 필요가 없다는 주장이 제기되었다. 베커는 중독자에게 무상으로 마약을 제공할 것을 제안하였다.59)

2) 총기

미국의 강력범죄율은 영국에 비하여 높다. 미국인의 총기보유율 역시 영국인보다 높다. 이 사실을 바탕으로 총기 보유를 허용하면 강력범죄가 증가한다는 주장이 제기되었다. 그러나 총기 보유와 강력범죄 사이에 정(+)의 상관성이 존재한다고 하여서 총기 보유가 강력범죄를 유발한다고 단언(斷言)할 수 없다.

시민들이 총기를 보유하면 강력범죄가 증가한다는 주장이 가능하지만, 강력범죄가 만연(蔓延)하여서 시민들이 자신을 보호하기 위하여 총기를 보유한다는 주장에도 설득력이 있다.60) 후자가 맞는다면 총기 보유는 강력범죄율을 떨어뜨린다. 시민들이 총기를 보유하면 범죄자는 반격(反擊)을 당할 수 있다. 더구나 누가 총기를 보유하고 있는지를 모르므로 범죄자가 위험기피자이면 강력범죄가 더 크게 감소한다.

시민들이 총기를 보유하면 강력범죄가 증가하는가? 감소하는가? 사형제와 살인의 인과성이 경험적 연구의 대상인 것과 마찬가지로 총기 보유가 강력범죄를 증가시키는지 감소시키는지를 선험적(先驗的)으로 판단할 수 없다. 시민들의 총기 보유가 강력범죄를 감소시킨다는 주장을 뒷받침하는 사례는 캐나다

---

58) 금연정책도 마약정책과 유사하다. 가격을 올려서 소비를 줄이는 정책은 담배에 덜 중독된 청소년에게 효과가 있지만 중독된 흡연자에게는 효과가 없다.

59) 보건소에 등록된 중독자에게 무상으로 마약을 제공하는 정책을 시행할 수 있다.

60) 총기 보유를 금지하면 범죄로부터 신체를 보호할 수단이 없어진다. 이러한 이유로 총기를 equalizer라고 한다. 시민들의 입장에서 총기는 범죄자와 자신의 물리력의 균형을 유지하는 수단이다.

와 미국의 강력절도(hot burglaries)이다.61)62) 강력절도의 경우에는 건물 내에 사람이 있고 그 사람이 총기를 보유할 수 있으므로 범죄자의 입장에서 위험이 크다. 캐나다와 미국의 강력절도율을 비교하면 미국이 낮다. 이 결과는 시민들의 총기 보유가 범죄를 줄인다는 주장을 뒷받침한다.

9. 언론의 자유

언론의 자유는 헌법에 보장된 기본권이다. 언론의 자유가 절대적인 것이 아니므로 합리적인 제한은 헌법에 반하지 않는다. 언론의 자유가 보장되면 사람들이 다양한 아이디어를 교환한다. 그러나 모든 아이디어가 사회적으로 유익하지는 않다. 유익하든 유해하든 아이디어는 공공재63)이므로 많은 사람들이 동시에 소비할 수 있다. 유익한 아이디어를 많은 사람들에게 전파(傳播)하는 것이 바람직하지만 아이디어를 만든 사람에게 대가가 지불되지 않으면 과소 공급된다. 반면, 유해한 아이디어를 만든 사람을 언론의 자유로 보호하면 자신이 유발한 사회적 비용을 부담하지 않으므로 유해한 아이디어가 과다 공급된다. 그 결과, 장기적으로 유익한 아이디어가 사라진다.

국가가 시장에 개입하여 공공재를 공급하고 부정적인 외부성을 억제하는 것처럼 유익한 아이디어를 전파하고 유해한 아이디어가 전파되는 것을 막아야 한다. 국가가 언론의 자유를 제한하면 이러한 결과를 기대할 수 있는가? 언론의 자유가 제한되면 유해한 아이디어의 공급이 줄지만 유익한 아이디어가 전파되지 않는다. 전자는 언론의 자유를 제한하는 데 따른 편익, 후자는 비용이다. 전자가 후자보다 크면 언론의 자유를 제한하는 것이 효율적이다.64)

---

61) 건물 내에 사람이 있음에도 불구하고 침입하여 물건을 훔치는 것이 강력절도이다.

62) 캐나다는 총기 보유를 금지하지만 미국은 총기 보유가 허용되는 국가이다.

63) 유해한 아이디어는 "public bad"이다.

64) 한 사람이 다른 사람을 비방(誹謗)한 경우 명예가 훼손된 사람은 손해배상을 받을 수 있다. 남을 비방한 사람에게 배상책임을 부과하면 다른 사람에 대한 발언이 줄어든다. 공적인 인물(공인)에 대한 발언은 공공재이다. 공인에 대한 발언으로부터 시민들이 정보를 얻지만 발언한 사람은 처벌을 받을 수 있다. 이 문제를 해결하기 위하여 법원은 공인에 대한 발언의 경우 명예훼손을 쉽게 인정하지 않는다. 또한 발언자(피고)에게 악의가 있다는 것을 원고가 입증하여야 한다.

언론의 자유는 자신이 아는 사실(정보)을 발설(發說)하는 자유와 발설하지 않는 자유를 포함한다. 후자와 관련된 범죄가 공갈(blackmail)[65]이다. 영미법은 공갈을 "자신이 요구한 것을 얻지 못함에 따라 상대방에 관한 사실을 발설하겠다고 협박하는 행위"로 정의한다. 우리나라 형법에 의하면 공갈은 "재산적 이익을 얻기 위하여 다른 사람을 협박하는 것"이다. 범죄 수단이 기망이 아니라 협박이라는 점에서 공갈과 사기가 구별된다.

다음과 같은 경우를 생각하여 보자. A와 B가 결혼하려고 한다. A의 가치는 v_h, B의 가치는 $v_l(<v_h)$이다. A는 B의 가치를 v_h라고 생각한다. 제3자인 C는 B의 가치가 v_l이라는 사실을 안다. C는 B에 대한 정보를 이용하여서 이득을 얻을 수 있다. 이득을 얻는 방법은 두 가지이다. 첫째, B의 가치가 v_l이라는 사실을 A에게 알리고 대가를 받을 수 있다. 이 경우 A와 B의 결혼이 깨진다. 둘째, B의 가치가 v_l이라는 사실을 A에게 알리지 않는 대가를 B로부터 받을 수 있다. 이 경우에는 A와 B의 결혼이 성사된다. 두 경우에 있어서 C가 받는 대가는 $v_h - v_l$이다.

첫 번째 거래는 합법적이지만 두 번째 거래는 공갈이다. 왜 그러한가? 기준은 효율성이다. 첫 번째 거래를 통하여 B의 가치는 v_h에서 v_l로 수정되고 결혼이 깨진다. 그러나 두 번째 거래에 의하여 A는 잘못된 정보를 바탕으로 B와 결혼한다.[66] 첫 번째 거래는 효율성을 제고(提高)하기 때문에(비효율적인 결혼이 깨지기 때문에) 합법적이다. 두 번째 거래는 효율성을 떨어뜨리기 때문에 (비효율적인 결혼이 성사되기 때문에) 공갈이다.[67][68]

---

65) blackmail은 black과 mail의 합성어이다. mail의 뜻은 tribute, 즉 대가(rent)이다. blackmail의 어원(語源)은 영국과 스코틀랜드의 국경거주자들이 약탈자들에게 바쳤던 조공(朝貢)이다. 약탈자들은 약탈하지 않는 조건으로(약탈하겠다는 협박으로) 국경거주자들로부터 대가를 받았다. blackmail과 반대되는 단어는 whitemail이다. 상대방에게 유익한 일을 한 대가가 whitemail이다. 예를 들어, 깡패가 상인(商人)을 괴롭히지 않는 대가를 받으면 이는 blackmail이다. 반면, 국가가 깡패로부터 상인을 보호하고 조세를 징수하는 것은 whitemail이다.

66) 일종의 착오에 의한 거래이다.

67) 가치가 v_h인 남녀 또는 가치가 v_l인 남녀가 결혼하는 것이 효율적이라고 가정하였다.

68) 특정 제품에 대한 정보를 수집하여 소비자에게 유료(有料)로 제공하는 것은 합법적인 거래이다. 반면, 제품 정보를 소비자에게 알리지 않는 조건으로 기업으로부터 대가를 받는 것은 공갈이다. 소비자가 제품에 관한 충분한 정보를 가져야 효율적인 거래가 가능하기 때문이다.

부록 30. 수감인원과 범죄율의 인과관계[69]

양형은 범죄억제효과, 격리효과, 재활(再活)효과, 처벌효과를 발생시킨다. 범죄억제효과는 잠재적 범죄자가 처벌 가능성을 알게 해서 범죄를 저지르지 않도록 하는 것이다. 격리효과는 범죄자를 사회로부터 격리시켜서 범죄율을 떨어뜨리는 것을 의미한다. 재활효과는 교정(矯正)을 통해 범죄 성향을 감소시키는 것이다. 처벌효과는 범죄자가 처벌되는 것을 보기 원하는 사회적 욕구를 충족시키는 기능이다. 엄격한 양형이 이루어지면 범죄자가 격리되는 기간이 길어지고 범죄억제효과가 증가할 것이다.

마벨(Marvell)과 무디(Moody)는 수감인원과 범죄율의 인과관계를 분석하여 양형의 범죄억제효과와 격리효과를 파악하였다. 형량이나 처벌 확률이 올라가면 수감인원이 증가하고 범죄율은 낮아진다. 그러나 역으로 범죄율이 증가함에 따라 수감인원이 증가할 수 있다. 수감인원 증가가 범죄율을 낮추는 효과와 범죄율 상승이 수감인원을 증가시키는 효과가 섞이면, 수감인원 증가가 범죄율을 떨어뜨리는 효과가 분명하게 드러나지 않는다. 이를 내생성(endogeneity) 문제라고 한다. 이 문제를 해결하기 위해 마벨과 무디는 1971~1989년 미국 49개 주의 수감인원, 범죄율 자료를 사용하여 그랜저(Granger) 검정을 수행하였다. 연구 결과는 아래 표와 같다.

	수감인원 → 범죄율	범죄율 → 수감인원
전체 범죄율	−9.20***	1.24
살인	−0.53	0.74
강간	−2.68*	2.17
폭력상해	−0.33	1.24
강도	−6.62***	2.12
주거 침입	−16.98***	1.49
단순 절도	−3.09**	0.29
차량 절도	−3.87**	3.03**

*: 10% 유의수준에서 유의함. **: 5% 유의수준에서 유의함. ***: 1% 유의수준에서 유의함.

---
69) 김정욱 · 채수복(2014)을 인용하여 수정.

수감인원 증가는 전체 범죄율을 떨어뜨리지만 전체 범죄율은 수감인원에 영
향을 주지 않았다. 범죄별로 분석을 하더라도 살인, 폭력상해와 같은 강력범죄를
제외하면 수감인원 증가가 범죄율을 낮추는 일방적인 인과관계가 확인되었다.
이러한 결과는 형량이나 처벌 확률이 상승하면 범죄억제효과 및 격리효과가 발
생한다는 사실을 입증한다. 다만, 효과의 크기는 재산범죄가 크고 강력범죄는 상
대적으로 작았다.

　　레빗(Levitt)은 내생성 문제를 해결하기 위해 초과수용 소송(prison – over-
crowding litigation) 여부를 수감인원에 대한 도구변수로 사용하여[70] 수감인원과
범죄율의 인과관계를 파악하였다. 아래 표에서 첫 번째 모형은 수감인원과 범죄
율 간 내생성 문제를 고려하지 않은 것이다. 두 번째 모형에서는 내생성 문제를
해결하기 위해 초과수용 소송 여부를 수감인원에 대한 도구변수로 사용하였다.
연구 결과를 보면, 내생성 문제를 해결할 경우 수감인원이 범죄율에 미치는 영향
이 2~3배 높아졌다.[71]

	수감인원 → 범죄율	초과수용 소송 → 범죄율
강력 범죄	-0.099^{***}	-0.379^{**}
살인	-0.138	-0.147
강간	-0.015	-0.246
폭력상해	-0.075	-0.410^{*}
강도	-0.115	-0.703^{**}
재산 범죄	-0.071^{***}	-0.261^{**}
주거 침입	-0.124^{***}	-0.401^{**}
단순 절도	-0.035	-0.277^{*}
차량 절도	-0.081^{**}	-0.259

*: 10% 유의수준에서 유의함. **: 5% 유의수준에서 유의함. ***: 1% 유의수준에서 유의함.

---

70) 수감인원에 대한 도구변수가 되기 위해서는 그 변수가 수감인원과 상관성이 있는 동시에 범
　　죄율과 무관해야 한다. 초과수용 소송은 수감자 인권을 보호하기 위한 제도이다. 초과수용
　　소송이 제기된 주(州)는 제기되지 않은 주와 비교해서 수감인원이 많은 것으로 나타났다.
71) 다른 도구변수를 사용한 연구도 있다. 네이진(Nagin)은 과거 10년 평균수감률을 현재 수감인
　　원에 대한 도구변수로 설정하였고, 샘슨(Sampson)은 수감시설의 수용가능 인원을 도구변수
　　로 사용하였다.

제8장

반독점법[1][2]

　　시장이 경쟁적이지 않으면, 즉 시장이 독점(monopoly)이나 과점(oligopoly)
이면 자원이 비효율적으로 배분된다. 이 문제를 다루는 경제학 분야가 산업조
직(industrial organization)이다. 이 장에서는 독점시장과 과점시장을 규제하는
법률인 반독점법을 다루었다. 반독점법을 이해하려면 산업조직에 대한 지식이
필요하다.

　　경쟁시장에는 다수의 기업이 존재하지만 독점시장의 경우 기업이 하나이
다. 기업이 다수이면 개별 기업이 시장에서 차지하는 비중이 작기 때문에 자신
의 생산량을 늘리거나 줄여도 가격이 변하지 않는다. 경쟁시장에서 개별 기업
은 가격수용자(price-taker)이다. 기업이 가격수용자이면 가격과 한계비용이 일
치하므로 자원이 효율적으로 배분된다.[3]

　　독점기업[4]의 이윤도 한계수입과 한계비용이 같을 때 극대화되지만 독점기

---

1) 반독점은 영어로 anti-trust이다. tust를 독점으로 해석한 것이다. 일반적으로 trust는 신탁(信
託)으로 번역된다. 신탁의 목적은 재산을 다른 사람에게 맡겨서 관리하게 하는 것이다. 19세
기 말 미국에서 trust는 우리나라의 재벌과 같은 의미로 사용되었다. 주식회사가 다른 주식회
사의 주식을 보유할 수 없었던 당시 대자본가들이 여러 주식회사의 주식을 몇몇 사람들에게
신탁함으로써 회사가 결합한 효과를 얻었기 때문이다. 이 시기 대자본가들은 많은 자본이 필
요한 산업을 독점화하는 수단으로 trust를 이용하였다(천준범, 2015).
2) 미국의 반독점법과 유사한 법률이 우리나라의 독점규제법이다.
3) 이윤은 한계수입과 한계비용이 일치할 때 극대화된다. 기업이 가격수용자이면 가격이 한계
수입이다.
4) 이하 내용은 과점기업에도 적용된다.

업의 한계수입이 가격보다 낮으므로 한계비용은 가격보다 낮다. 이에 따라 독점기업의 생산량이 경쟁기업보다 작고 가격은 높다. 독점시장의 경우 소비자잉여는 감소하지만[5] 이윤이 발생한다.[6] 독점시장에서는 부가 소비자로부터 기업으로 이전된다. 반독점법의 과제는 독점으로 인한 소비자잉여 감소와 이윤 증가를 비교하는 것이다. 이를 바탕으로 효율적인 독점[7]과 비효율적인 독점이 구별되고 비효율적인 독점에 반독점법이 적용된다.[8]

이 장은 다음과 같이 구성되었다. 제1절의 내용은 경쟁시장과 독점시장에 관한 산업조직 이론이다. 또한 대표적인 시장조직 방법론인 구조·성과(structure-performance) 이론을 설명하였다. 제2절에서는 오래된 반독점법과 새로운 반독점법의 개념을 소개하였다. 새로운 반독점법은 시카고학파(Chicago school)의 논리이다. 시카고학파는 종래(從來) 반경쟁적 행위로 간주되었던 기업의 행위를 효율성 측면에서 정당화하였다. 구체적인 기업의 반경쟁적 행위는 제3~제5절에 제시하였다.

제1절 경쟁시장과 독점시장

앞에서 설명하였듯이 독점시장은 경쟁시장에 비하여 생산량이 작고 가격은 높다. 어떠한 경우에 독점이 비효율적인지. 즉 어떠한 경우에 독점기업이 반독점법에 의하여 제재(制裁)되는지를 살펴보자. 〈그림 8−1〉을 보면 독점시장의 경우 소비자잉여는 감소하고 이윤이 발생한다는 것을 알 수 있다. 독점으로 인한 소비자잉여 감소는 $p_m a c p_c$, 이윤은 $p_m a b p_c$이다. $p_m a c p_c > p_m a b p_c$이므로 이 독점은 비효율적이다. 결과적으로 사회 전체의 후생이 abc만큼 감소한다. 또한 독점으로 인하여 기업에 유리한 재분배가 이루어진다.

---

5) 소비량(생산량)이 작아지기 때문이다.

6) 한계비용이 가격보다 낮기 때문이다.

7) 이윤 증가가 소비자잉여 감소보다 크면 이는 효율적인 독점이다.

8) 엄밀하게 말하면 이는 합리성 검정 규칙(the rule of reason test)이다. 이에 대하여는 제1절에서 설명하였다.

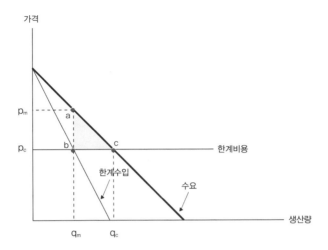

<그림 8-1> 독점시장의 비효율성

독점은 복수의 기업이 합병(merger)[9]한 결과인 경우가 많다. 경쟁 관계에 있는 복수의 기업이 합병하면 경쟁이 감소하지만 한계비용은 하락한다.[10] 합병으로 인한 한계비용 하락은 사회적 이득이다. 합병한 기업은 시장지배력 (market power)[11]이 커지므로 생산량을 줄여서(가격을 올려서) 이윤을 얻는다. 이에 따라 소비자잉여가 감소한다. 소비자잉여 감소는 합병의 사회적 손실이다. 사회적 이득이 손실보다 큰 합병이 효율적이다.

<그림 8-2>는 경쟁 관계에 있는 두 기업이 합병한 결과를 보여준다. 합병을 통하여 기업 규모가 커지면 낮은 비용으로 제품을 생산하지만 시장지배력이 커지므로 생산량을 줄인다. <그림 8-2>에서 한계비용이 mc_0에서 mc_1으로 하락하지만 가격은 p_0에서 p_1으로 상승한다. 가격이 상승함에 따라 소비자잉여는 p_1acp_0만큼 감소하지만 p_1aed의 이윤이 발생한다. p_0bed가 abc보다 크면 이 합병은 효율적이다.[12] 반독점법을 현실에 적용하는 데 있어서 핵심적인 문제는 p_0bed와 abc를 비교하는 것이다.

---

9) 합병은 제3절에서 설명하였다.

10) 복수의 기업이 합병하면 규모의 경제(economies of scale)가 발생하므로 한계비용이 하락한다.

11) 시장지배력은 제1절에서 설명하였다.

12) p_1abp_0는 소비자로부터 기업으로의 재분배이므로 합병의 사회적 이득이나 손실을 측정할 때 고려되지 않는다.

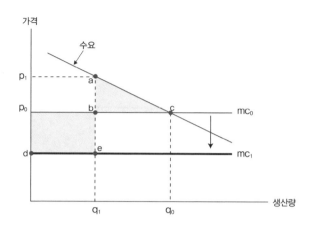

〈그림 8-2〉 합병의 사회적 이득과 손실

1. 합리성 검정 규칙과 당연위법 규칙

원칙적으로 합병은 반경쟁적 행위에 해당한다. 복수의 기업이 합병하는 이유는 규모의 경제(한계비용 하락) 또는 시장지배력을 높이는 것(가격 인상)이다. 합병의 목적이 시장지배력을 높이는 것이면 규제된다. 제3자로서 법원은 합병의 목적을 추정한다.

반독점법의 적용과 관련하여서 두 개의 규칙이 존재한다. 하나는 합리성 검정 규칙[13]이다. 합리성 검정 규칙하에서는 합병의 사회적 이득과 손실을 비교하여 비효율적인 합병을 제재한다. 합병의 사회적 이득이 손실보다 크면, 즉 합병이 효율적이면 그 목적이 규모의 경제라고 간주된다. 합병이 비효율적이면 시장지배력을 높이기 위한 것으로 간주된다. 다른 하나는 당연위법 규칙(*per se* rule)[14]이다. 당연위법 규칙이 적용되면 반경쟁적 행위의 사회적 이득과 손실을 측정할 필요가 없다. 합리성을 검정하지 않기 때문이다.

---

13) 합리성 검정 규칙은 규제기관과 기업의 공방(攻防)을 거쳐 행위의 위법성을 판단하는 것이다. 위법성은 경쟁을 제한한다는 뜻이다. 기업은 자신의 행위가 경쟁을 저해하는 것이 아니거나 합리적인 이유가 있다는 것을 증명하여야 한다(천준범, 2015). 규제기관은 기업의 반경쟁적 행위가 비합리적이라는 것을 증명하여야 한다.

14) 당연위법 규칙은 기업의 항변을 듣지 않고 특정한 행위가 있었다는 이유만으로 반독점법 위반으로 판단하는 것이다. 당연위법 규칙이 적용되면 규제기관은 기업이 특정 행위를 하였다는 사실만 증명하면 된다(천준범, 2015).

합리성 검정 규칙이 이상적이지만 이를 현실에 적용하려면 반경쟁적 행위의 사회적 이득과 손실을 측정하여야 한다. 당연위법 규칙을 적용하면 이 문제가 해결된다. 합리성 검정 규칙과 당연위법 규칙 중에서 어느 것이 우월한가? 합리성 검정 규칙을 적용하면 행정비용이 많이 소요된다. 당연위법 규칙을 적용할 경우 반경쟁적 행위가 언제나 처벌되므로 법 적용이 경직적이다.

합리성 검정 규칙이 적용된 최초 사건은 Standard Oil Co. v. Unites States[15]이다. 이 사건에서 미국 대법원은 Standard Oil Co.가 독점력을 갖고 있다고 하여서 반독점법을 위반하였다고 할 수 없고, 독점력을 남용하거나 비합리적으로 사용한 경우에 제재된다고 하였다. 합리성 검정 원칙은 United States v. United States Steel Corp.[16]에도 적용되었다. 시장점유율이 높다는 이유로 United States Steel Corp.가 셔먼법[17]을 위반하였다고 할 수 없고, United States Steel Corp.이 효율적인 기업이어서 시장점유율이 높아졌다는 것이 미국 대법원의 판단이었다. 당연위법 규칙이 적용된 대표적인 사건은 United States v. Aluminum Corp. of America[18]이다. 핸드 판사는 회사 분할을 명령하면서 그 이유로서 90%라는 높은 시장점유율을 제시하였다. Aluminum Corp. of America의 높은 시장점유율이 이윤으로 연결되지 않았다는 사실이

---

15) 1880년대에 Standard Oil Co.는 원유(原油) 정제(精製) 시장에서의 높은 시장점유율을 활용하여서 관련 시장을 통합하였다. 후방(backward)으로 원유 시추(試錐) 및 배급 시장을 통합하였고 전방(forward)으로 정유(精油) 배급 시장과 주유소(service station) 시장을 통합하였다. 결과적으로 원유 시추→원유 배급→원유 정제→정유 배급→정유 판매 시장이 수직적으로 통합되었다. 또한 Standard Oil Co.는 수십 년에 걸쳐 미국의 거의 모든 원유 정제 기업을 매입하였다. 이는 수평적 통합, 즉 합병이다. 1911년 미국 연방대법원은 Standard Oil Co.을 34개의 회사로 분할하라고 명령하였다.

16) 1911년 미국 법무성은 United States Steel Corp.을 철강 산업을 독점화하였다는 이유로 기소하였다. 4명의 사업자들이 10개의 기업을 하나의 거대한 기업으로 결합하였기 때문이다. 1920년 미국 대법원은 United States Steel Corp.이 셔먼법(Sherman Act)을 위반하지 않았다고 판결하였다. 1911년 기업결합 당시 시장점유율이 약 90%이었으나 재판이 시작된 1915년에는 시장점유율이 50%이었기 때문이다.

17) 셔먼법은 제2절에서 설명하였다.

18) 루스벨트(Roosevelt) 대통령 시절 미국 법무성은 Aluminum Corp. of America를 불법적인 독점을 이유로 기소하고 회사 해산을 명령하였다. 재판은 1938년에 시작되었다. Aluminum Corp. of America는 자신이 독점이라는 것을 인정하였으나 그것은 높은 효율성을 통하여 경쟁에서 이긴 정당한 지위라고 주장하였다. 미국 법무성은 Aluminum Corp. of America가 가격을 통제하고 경쟁을 억제하는 힘을 보유한 것 자체가 위법이라고 하였다.

판결에 반영되지 않았다.

2. 구조 · 성과 이론

기업은 시장구조가 경쟁적이면 가격수용자로서 시장구조가 독점적이면 가격설정자(price-maker)로서 행동한다. 그 결과, 이윤은 경쟁시장에서 0이지만 독점시장에서는 정(+)이다. 이러한 논리를 산업조직에서는 구조 · 성과 이론이라고 한다. 경쟁시장 또는 독점시장은 시장구조를 생산량과 가격은 시장의 성과를 나타낸다. 시장구조와 시장의 성과는 관찰이 가능하다. 구조 · 성과 이론에 의하면 시장구조가 시장의 성과를 결정한다.[19]

1) 시장집중도(market concentration ratio)

시장구조를 어떻게 파악하는가? 시장에 존재하는 기업이 많거나 하나이면 시장구조를 쉽게 파악할 수 있다. 전자는 경쟁시장, 후자는 독점시장이다. 그러나 대다수 시장은 경쟁과 독점의 중간에 위치한다. 시장구조를 파악하려면 경쟁의 정도를 측정하여야 한다. 특정 시장이 경쟁적인 정도는 시장집중도[20]를 측정하여 파악할 수 있다. 시장집중도가 높으면 경쟁의 정도가 낮다고 할 수 있다. 시장집중도를 측정하려면 개별 기업의 시장점유율(market share)을 계산하여야 한다. 시장점유율은 특정 기업이 시장에서 차지하는 비중이다. 또한 시장점유율을 계산하려면 시장을 획정하여야 한다. 결과적으로 아래의 관계가 성립한다.

• 시장 획정 → 시장점유율 계산 → 시장집중도 측정

---

19) 특정 시장의 구조가 독점이나 과점이라는 것이 확인되면 생산량과 가격을 파악한다. 역으로 시장의 성과를 관찰한 후 시장구조를 파악할 수도 있다. 특정 재화의 가격이 지나치게 높으면 시장의 독과점 여부를 확인하기도 한다.
20) 시장집중도 지수(指數)는 부록 31. 참조.

2) 시장 획정

시장집중도를 측정하는 이유는 그것이 시장지배력을 나타낸다고 생각하기 때문이다.[21] 그러나 시장집중도만으로 시장지배력을 측정할 수 없다. 시장점유율이 높은 기업의 시장지배력이 항상 크지는 않다. 시장점유율이 높은 기업이 가격설정자가 아닌 경우가 있다. 어떤 기업이 X시장의 90%를 점유하여도 X시장을 대체하는 Y시장이 존재하면 가격을 설정할 수 없다. 가격을 올리면 수요가 Y시장으로 이동하기 때문이다. 또한 독점기업은 잠재적인 진입기업과 경쟁한다. 독점기업이 가격을 올리면 새로운 기업이 시장에 진입한다.

독점기업이 대체재를 생산하는 기업 또는 잠재적인 진입기업과 경쟁하면 시장지배력이 작으므로 시장을 잘 획정하여야 한다. 특정 재화의 가격을 올리는 데 제약이 되는 모든 재화가 동일한 시장으로 획정되어야 한다. 이렇게 획정된 시장을 바탕으로 시장점유율과 시장집중도를 측정하면 시장지배력이 제대로 파악된다.

A기업이 플라스틱병 시장의 90%를 점유하면 가격을 올릴 수 있는가? A기업이 가격설정자가 되려면 가격을 올려도 플라스틱병의 수요가 감소하지 않아야 한다. 그러나 가격이 오르면 소비자들은 유리병을 사용한다. 유리병이라는 대체재가 있으면 A기업이 가격을 올리지 못한다. 유리병 시장을 고려하지 않고 A기업의 시장점유율을 계산하면 시장지배력이 과대평가된다. 이 경우에는 플라스틱병과 유리병을 하나의 시장으로 획정하여야 한다.

다른 사례를 생각하여 보자. 코카콜라(Coca Cola)와 펩시콜라(Pepsi Cola)는 대체재이다. 닥터 페퍼(Dr. Pepper)는 코카콜라의 대체재인가? 우유는 코카콜라의 대체재인가? 닥터 페퍼와 우유가 코카콜라의 대체재이면 코카콜라, 펩시콜라, 닥터 페퍼, 우유는 하나의 시장이다. 이것들을 하나의 시장으로 획정하면 코카콜라는 독점기업이 아니다. 그러나 코카콜라와 펩시콜라만을 하나의 시장으로 획정하면 코카콜라는 독점기업이다. 시장을 어떻게 획정하느냐에 따라 독과점 여부가 결정된다고 하여도 과언(過言)이 아니다.

대체 관계는 지리적인 측면에서도 성립한다. 일반적으로 시장점유율을 계

---

21) 대체로 시장점유율이 높으면 시장지배력도 크다.

산할 때 지역적 단위는 국가이다. 그러나 운송비로 인하여 지역 간 이동이 불가능하면 실제로는 시장이 분할(分割)된다. 다음과 같은 경우를 생각하여 보자. 기업 A, B, C가 지역 X, Y, Z에서 각각 100원, 200원, 200원의 매출을 올린다. 운송비로 인하여 세 기업은 다른 지역에 진출할 수 없다. 기업 A, B, C의 전국적인 시장점유율은 각각 20%, 40%, 40%이지만 실질적인 시장점유율은 모두 100%이다. 다른 기업이 자신의 지역에 진출할 수 없고 자신도 다른 지역에 진출할 수 없기 때문이다.[22]

이론적으로 대체재는 수요와 공급 측면에서 정의된다. A의 가격이 오를 경우 B에 대한 수요가 증가하면 수요 측면에서 B는 A의 대체재이다. A의 가격이 오름에 따라 B의 공급이 증가하면 공급 측면에서 B는 A의 대체재이다.

구체적으로 특정 재화의 대체재가 존재하는지를 어떻게 판단하는가? 이는 현실적으로 법원이 해결하여야 하는 문제이다. 대체재의 존재를 파악하는 직관적(直觀的) 방법은 가격 상관성(相關性)을 측정하는 것이다. A와 B가 대체 관계에 있으면 가격이 같이 움직인다. 즉, 정(+)의 상관성이 나타난다. 왜 그러한가? A의 가격이 오르면 B에 대한 수요가 증가하므로 B의 가격이 오른다. 두 재화의 대체 관계를 직접적으로 파악하는 방법은 교차탄력성(cross-elasticity)을 측정하는 것이다. A의 가격이 1% 상승할 때 B에 대한 수요가 몇 퍼센트 증가 또는 감소하는지를 나타내는 것이 교차탄력성이다. 교차탄력성이 정(+)이면 두 재화는 대체재이다. 또한 A의 수요의 가격탄력성을 측정하면 대체재의 존재를 간접적으로 파악할 수 있다. A의 대체재가 존재하면 가격이 오를 경우 수요가 크게 감소하므로 A의 수요의 가격탄력성이 크다.[23]

---

22) 국가 단위로 시장을 획정하면 수출입이 문제가 된다. 국내기업은 국내외 시장에서 외국기업과 경쟁하기 때문이다. 예를 들면, 1997년 미국 자동차 생산의 80%를 4개 기업이 담당하였으나 미국 자동차 시장의 23%를 독일, 미국, 영국 기업이 점유하였다. 자동차 수입을 고려하지 않으면 미국 기업의 시장지배력이 과대평가된다.

23) 우리의 주된 관심사는 기업(공급자)의 시장지배력이다. 만약, 소비자(수요자)의 시장지배력이 크다면 독점기업의 시장지배력이 감소한다. 따라서 기업의 시장지배력을 정확하게 측정하려면 소비자의 시장지배력을 고려하여야 한다.

3. 시장의 성과

경쟁시장을 통한 자원 배분은 효율적이므로 특정 시장의 자원 배분이 경쟁시장과 다르면 비효율적이다. 경쟁시장의 특징은 가격과 한계비용이 같다는 것이다. 따라서 가격과 한계비용의 차이가 클수록 비효율적이라고 할 수 있다. 식 (8.1)과 같은 방법으로 시장의 성과를 측정할 수 있다. 이를 러너 지수(the Lerner index)라고 한다.[24]

$$\frac{\text{가격} - \text{한계비용}}{\text{가격}} \qquad\qquad (8.1)$$

러너 지수를 측정하는 데 있어서 가장 큰 문제는 제3자가 기업의 한계비용이나 평균비용을 파악하기 어렵다는 것이다. 생산량이나 가격과 달리 기업의 비용함수는 시장에서 관찰되지 않는다. 다만, 특정 기업이 규모의 불변경제(constant return to scale)[25] 상태에 있으면 시장에서 관찰되는 가격을 통하여 시장의 성과를 측정할 수 있다. 〈그림 8−3〉에서 확인되듯이 수요함수가 우하향하고 공급함수(mc)가 수평선인 경우 수요가 증가하면 경쟁시장에서 가격은 변하지 않고 생산량만 증가한다. 반면, 독점시장에서는 생산량과 가격이 증가한다. 따라서 이 경우에는 가격 증가가 클수록 비효율성이 크다고 할 수 있다.

특정 시장의 자본수익률(rate of return on capital)[26]을 통하여 시장의 성과를 측정할 수도 있다. 예를 들어, 경쟁시장의 자본수익률이 10%인 경우 특정 시장의 자본수익률이 20%이면 독과점을 의심할 수 있다. 경쟁시장의 자본수익률이 정상이윤이므로 이를 초과하는 수익률은 특별이윤이다. 자본수익률로 독과점을 판단하는 방법은 다음과 같은 약점을 갖는다. 특정 재화의 가격이 5% 오르면 기업의 자본수익률도 5% 상승한다. 가격이 경쟁시장보다 5% 높으

---

24) 한계비용 대신 평균비용을 사용하여 러너 지수를 측정하기도 한다. 평균비용을 측정하는 것이 상대적으로 쉽기 때문이다.

25) 기업의 생산 규모가 크면 생산량이 규모의 경제가 나타나는 구간을 넘는다.

26) 자본수익은 이윤과 다른 개념이다. 기업의 이윤이 0일 때 자본에 대한 대가가 얼마인지를 나타내는 것이 자본수익이다. 임금이 노동자의 몫, 지대가 지주의 몫이라면 자본수익은 자본가의 몫이다. 자본수익을 다른 말로 정상이윤이라고 한다.

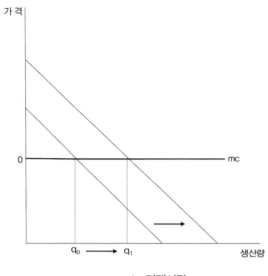

A. 경쟁시장

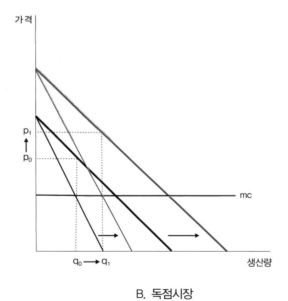

B. 독점시장

〈그림 8-3〉 경쟁시장과 독점시장 비교: 규모의 불변경제

면 독점기업이라고 할 수 있는가?

가격(p)이 5% 오르면 자본수익률도 5% 상승한다는 것을 증명하여 보자. 생산량이 q, 임금은 w, 원료비는 m, 이자율은 r, 자본이 K이면 이윤은 $pq - w - m - rK$이므로 자본수익률(r^*)은 식 (8.2)와 같이 정의된다.

$$pq - w - m - r^*K = 0 \rightarrow r^* = \frac{pq - w - m}{K} \qquad (8.2)$$

가격이 5% 상승하면 이윤이 $1.05pq - w - m - rK$이므로 자본수익률(r')은 식 (8.3)으로 정의된다. 대체로 기업의 매출액과 자본의 크기가 비슷하므로 ($pq \simeq K$) 식 (8.4)가 성립한다. 가격이 5% 오르면 자본수익률도 5% 상승한다는 것을 알 수 있다.

$$1.05pq - w - m - r'K = 0 \rightarrow r' = r^* + \frac{0.05pq}{K} \qquad (8.3)$$

$$r' \simeq r^* + 0.05 \qquad (8.4)$$

새로운 기업이 시장에 진입하는 것이 어려울수록 독점기업의 시장지배력은 커진다. 새로운 기업이 시장에 진입하기 어려우면 진입 장벽(entry barrier)이 높다고 할 수 있다. 대표적인 진입 장벽은 규모의 경제이다. 평균비용은 생산량이 증가함에 따라 감소하다가 증가하므로 평균비용이 최소가 되는 기업 규모가 존재한다. 이를 효율적인 기업 규모의 최솟값(minimum efficient firm size)이라고 한다. 효율적인 기업 규모의 최솟값이 크면 새로운 기업이 시장에 진입하기 어렵다.[27] 진입하는 기업은 규모가 충분히 크지 않은 한 독점기업보다 높은 가격을 받아야 한다.[28]

---

[27] 고정비용이 큰 산업에서 규모의 경제가 광범위하게 나타나므로 효율적인 기업 규모의 최솟값이 크다. 새로운 기업이 이 시장에 진입하려면 막대한 고정비용을 부담하여야 하므로 진입 장벽이 높다.

[28] 특정 산업의 평균 광고비용이나 자본도 진입 장벽이다. 광고집약도 $\left(\frac{광고비용}{매출액}\right)$ 나 자본집약도 $\left(\frac{자본}{매출액}\right)$ 가 높으면 진입 장벽이 높다. 광고비용이나 자본은 기업의 고정비용이다.

부록 31. 시장집중도 지수[29]

특정 시장의 집중도를 나타내는 대표적인 지수는 상위 4개 기업의 시장점유율을 합산한 것이다. 이를 $C4$라고 한다. 왜 상위 4개 기업인가? 상위 3개 기업이나 5개 기업의 시장점유율을 합산한 것을 시장집중도 지수로 사용하면 안 되는가? 그렇지는 않다. 미국 정부는 상위 8개 기업의 시장점유율을 합산한 $C8$을 산업별로 측정하여 공표한다.[30] $C4$나 $C8$은 소수의 기업의 시장점유율을 바탕으로 시장집중도를 측정하는데 기업의 수가 자의적이라는 문제점이 있다.

특정 시장에 존재하는 모든 기업의 시장점유율을 바탕으로 시장집중도를 측정하면 $C4$나 $C8$의 문제점이 해결된다. 미국 법무성과 연방거래위원회는 허핀달·허쉬만 지수(Herfindahl-Hirschman Index: HHI)를 사용하여 시장구조를 파악한다. 이는 개별 기업의 시장점유율의 제곱을 합산한 것이다. 예를 들어, 특정 시장에 세 개의 기업이 있고 각각의 시장점유율이 50%, 30%, 20%이면 HHI는 3,800[31]이다. 여기에서 주의하여야 할 사실은 단순히 개별 기업의 시장점유율을 합산하지 않는다는 것이다. 개별 기업의 시장점유율을 제곱하면 상위 기업의 시장점유율이 지수에 상대적으로 많이 반영된다.

$C4$, $C8$, HHI가 얼마이면 시장이 과점인가? $C4$가 60%이면 과점시장인가? 70%이면 과점시장인가? $C4$는 50%인데 $C8$이 80%이면 이는 경쟁시장인가? 과점시장인가? 과점 여부를 판단하는 절대적 기준은 없다.

부록 32. 시장지배적 사업자[32]

우리나라 독점규제법에서는 시장지배력을 가진 기업을 "시장지배적 사업자"라고 한다. 시장지배적 사업자는 반경쟁적 행위에 대한 시정조치, 과징금이나 손해배상책임, 형사벌 등의 제재를 위한 전제 조건이다.

---

29) Carlton and Perloff(2005)에서 인용.
30) 독과점이 의심되는 산업의 경우 기업의 수가 8개보다 적을 수 있다. 이 경우에는 $C8$을 계산하는 것이 불가능하다.
31) $50^2 + 30^2 + 20^2 = 2,500 + 900 + 400 = 3,800$.
32) 권오승 외(2017)에서 인용.

시장지배적 사업자는 "일정한 거래 분야의 공급자나 수요자33)로서 단독으로 또는 다른 사업자와 함께 상품이나 용역의 가격, 수량, 품질 기타의 거래 조건을 결정, 유지 또는 변경할 수 있는 시장 지위를 가진 사업자"를 의미한다. 특정 사업자가 시장지배적 지위에 있는지 여부를 알려면 구체적인 사례마다 관련 시장의 획정과 지배적 여부를 판단하여야 하지만 시장지배력의 입증을 용이하게 하기 위하여 독점규제법에 다음과 같은 추정 조항을 두었다.

[표 8-1] 시장지배적 사업자 추정: 독점규제법

- 1 사업자의 시장점유율이 100분의 50 이상이거나 3 이하의 사업자34)의 시장 점유율의 합계가 100분의 75 이상인 사업자35)(다만, 시장점유율이 10% 미만 인 사업자는 제외한다)는 시장지배적 사업자로 추정된다.

부록 33. 중간재 시장에서의 담합36)

중간재 시장에서 담합이 이루어지면 중간재의 가격 상승과 거래량 감소를 초래하고 최종재 시장에서도 가격 상승, 거래량 감소를 유발한다. 최종재 시장에서의 가격 상승 및 거래량 감소로 인해 중간재 시장의 구매자이자 최종재 시장의 생산자(1차구매자)는 이윤이 증가할 수도 감소할 수도 있다. 최종소비자(2차구매자)는 최종재 가격 인상으로 효용이 감소한다.

중간재 시장에서의 담합으로 인한 손해를 정의하는 견해는 세 가지로 나뉜다. 첫째, 1차구매자의 생산자잉여 감소를 손해로 정의하는 견해(제1설), 둘째, 1차구매자의 중간재 구매비용 상승분에서 2차구매자에 대한 손해전가액(2차구매

---

33) 1999년 2월 개정된 독점규제법은 일정한 상품이나 용역의 수요자를 시장지배적 사업자에 포함시켰다.

34) 미국과 달리 우리나라는 상위 3개 기업의 시장점유율을 합산한 $C3$를 바탕으로 시장지배적 사업자를 판단한다.

35) 시장지배력은 공동으로 형성될 수 있다. 독점규제법은 공동의 시장지배력을 인정하기 위한 요건을 구체적으로 제시하지 않는다. 이 조항은 과점 추정으로서 공동의 시장지배와 무관하다.

36) 정종채 · 장재혁(2015)을 인용하여 수정.

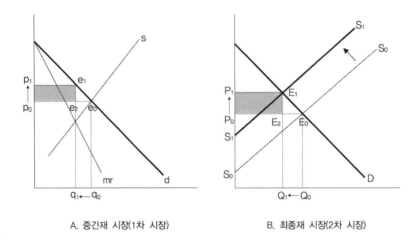

A. 중간재 시장(1차 시장)　　　B. 최종재 시장(2차 시장)

〈그림 8-4〉 중간재 시장에서의 담합 효과: 최종재 시장이 경쟁적인 경우

자의 추가 구매비용)을 뺀 금액을 손해로 정의하는 견해(제2설), 셋째, 1차구매자의 중간재 구매비용 상승분을 손해로 정의하는 견해(제3설)가 있다. 〈그림 8-4〉에서 제1설은 $P_0E_0S_0 - P_1E_1S_1$, 제2설은 $p_1e_1e_2p_0 - P_1E_1E_2P_0$, 제3설은 $p_1e_1e_2p_0$으로 표시된다.

　　〈그림 8-4〉를 보면, 최종재 시장에서 가격 인상 전 생산자잉여가 가격 인상 후 생산자잉여보다 크다. 이 경우에는 1차구매자의 생산자잉여가 감소한다. 그러나 이는 단기적인 현상이다. 경쟁시장에서는 장기적으로 가격 조정이 이루어져서 1차구매자의 이윤이 변하지 않는다. 최종재 시장이 경쟁적이면 중간재 가격 상승에도 불구하고 1차구매자의 이윤에 변화가 없다. 중간재 시장에서 상승한 구매비용이 최종재 시장에서 2차구매자에게 완전히 전가된다. 따라서 제1설은 타당하지 않다. 우리나라 대법원은 중간재 시장에서 발생한 담합 사건에서 구매비용 증가분을 손해로 정의하였으나, 책임 제한[37])의 법리를 통해 2차구매자로의 손해전가액을 차감(差減)함으로써 실질적으로 제2설을 받아들였다.

---

37) 피해자 과실이 없더라도 손해의 공평, 타당한 분담을 위해 법원이 피해자가 입은 손해 일부를 차감하는 것을 책임 제한이라 한다. 1차구매자가 중간재 시장에서의 담합으로 손해를 입었으나 손해 중 일부를 최종재 시장에서 2차구매자에게 전가하므로 손해를 차감해야 공평하다는 논리이다.

제2절 오래된 반독점법과 새로운 반독점법

미국 반독점법의 근간(根幹)을 이루는 법률은 셔먼법, 클레이튼법(the Clayton Act), 연방거래위원회법(the Federal Trade Commission Act)이다.

1890년 셔먼법이 제정되었다. 당시 미국에는 기업의 인수 및 합병을 통하여 대기업이 출현하고 규모의 경제가 나타나기 시작하였다. 셔먼법은 이러한 변화에 대한 최초의 법적 대응이었다. 셔먼 법 제1조와 제2조가 적용되는 대상은 [표 8−2]와 같다. 다만, 거래를 제한하거나 독점화하는 모든 행위에 이 법이 적용되지는 않으며 이러한 행위가 비합리적이면 제재된다. "비합리적"은 거래를 제한하거나 독점화하는 행위의 사회적 이득이 손실보다 작다는 뜻이다. 이는 합리성 검정 규칙의 다른 표현이다.

[표 8−2] 셔먼법 제1조 및 제2조 적용 대상

- 제1조. 거래나 상업 활동을 제한하는 계약, 결합, 음모
- 제2조. 외국과의 거래, 주 간 거래를 독점화하는 결합, 음모

셔먼법 제1조와 제2조에 규정된 거래의 제한이 무엇인지, 독점화가 무엇인지는 명확하지 않았다. 구체적인 해석이 법원에 맡겨졌지만 판례가 없었다. 셔먼법을 집행하는 기관도 없었다. 두 개의 셔먼법 조항으로 기업의 반경쟁적 행위를 규제하는 것이 어려웠다. 1914년 클레이튼법과 연방거래위원회법이 제정되었다. 추상적인 문구를 법률에 규정하고 법원이 그것을 해석하는 셔먼법과 달리 반경쟁적 행위가 클레이튼법과 연방거래위원회법에 구체적으로 제시되었다.[38]

클레이튼법은 가격 차별(price discrimination),[39] 합병, 끼워팔기(a tie-in sale),

---

38) 천준범(2015).

39) 기업이 비슷한 시기에 동일하거나 유사한 제품을 판매하는 데 있어서 자신이 선호하는 소비자들에게 낮은 가격을, 여타(餘他) 소비자들에게 높은 가격을 제시하는 것이 가격 차별이다. 경쟁을 저해(沮害)하지 않는 한 기업이 가격 차별을 할 수 있다. 어떠한 경우에 가격 차별에 의하여 경쟁이 저해되는가? 두 가지 경우가 있다. 첫째, 기업이 기업에 대하여 가격 차별을

배타조건부 거래(exclusive dealing)를 반경쟁적 행위로 규정하였다. 다만, 이러한 행위로 인하여 경쟁이 상당한 정도 감소하여야 위법성이 인정된다. "상당한"이라는 표현이 추상적이므로 이를 판단하는 것은 법원에 상당한 부담이었다. 또한 셔먼법이나 클레이튼법이 적용되지 않는 반경쟁적 행위를 처벌할 필요성도 대두(擡頭)되었다. 이러한 배경하에서 연방거래위원회가 설립되었다.

반독점법의 목적은 단순하다. 경쟁을 촉진(促進)하는 것이다. 그러나 현실은 단순하지 않다. 전통적인 견해를 따르면 경쟁시장에서 벗어난 모든 경우에 반독점법이 적용된다. 그러나 시카고학파로 대표되는 새로운 반독점법을 따를 경우 전통적으로 반경쟁적 행위로 간주되었던 것이 효율성 측면에서 정당화된다. 당연위법 규칙과 합리성 검정 규칙이 혼재(混在)된 것이 "오래된" 반독점법이라면 합리성 검정 규칙을 발전시킨 것이 "새로운" 반독점법이다. 오래된 반독점법의 논리는 시장점유율이 높으면 이윤이 발생한다는 것이다. 그러나 시장점유율이 높은 기업은 효율적이어서 이윤이 발생한다고 해석할 수도 있다. 이는 새로운 반독점법의 논리이다.40)

특정 기업의 시장점유율이 높으면 시장지배력이 크기 때문에 가격설정자로 행동한다는 것이 오래된 반독점법의 시각(視角)이다. 그러나 높은 시장점유율은 가격설정자가 되기 위한 필요조건이다. 진입 장벽이 없으면 독점기업이 가격을 올릴 경우 새로운 기업이 시장에 진입하므로 가격이 내려간다. 독점기업이 새로운 기업의 시장 진입을 막기 위하여 가격수용자가 될 수 있다. 경쟁의 가능성으로 인하여 독점기업이 경쟁기업처럼 행동하면 이를 경합시장(contestable market)이라고 한다.

모든 시장에서 거래비용이 없으면 기업을 만들 필요가 없다. 재화나 서비스를 거래하는 데 비용이 많이 소요되면 기업이 직접 생산하는 것이 효율적이다. 비용이 많이 드는 거래를 내부화한 것이 기업이다. 오래된 반독점법은 기

할 수 있다. A가 B에 낮은 가격을, B와 경쟁하는 C에 높은 가격을 부과하면 B와 C의 경쟁이 저해된다. 둘째, 기업이 소비자들에 대하여 가격 차별을 할 수 있다. 기업이 자신이 선호하는 소비자들에게 낮은 가격을 이들과 경쟁하는 소비자들에게 높은 가격을 부과하면 소비자들의 경쟁이 저해된다.

40) 독점시장에서 발견되는 사실은 높은 시장점유율과 이윤이다. 기업의 효율성은 관찰이 불가능하다. 이러한 이유로 높은 시장점유율이 이윤의 원인이라고 생각할 수 있다. 그러나 눈에 보이지 않는 효율성으로 인하여 이윤이 발생할 수 있다.

업 규모가 커지는 것을 반경쟁적으로 보지만 거래비용을 줄이는 노력으로 해석할 수 있다. 일견(一見) 반경쟁적인 행위도 그것이 거래비용을 줄이는 기업의 노력이면 제재하지 않아야 한다는 것이 새로운 반독점법의 시각이다.

경쟁시장이 성립하기 위한 조건 중 하나는 소비자가 자신이 소비하는 제품에 대하여 충분히 알아야 한다는 것이다. 그러나 현실에서 소비자는 충분한 정보를 갖지 못한다. 소비자는 자신이 소비하는 제품의 품질을 제대로 파악할 수 없다. 품질은 눈으로 관찰할 수 없기 때문이다. 소비자가 품질을 정확하게 알면 양질의 제품을 생산하는 기업이 높은 가격을 받을 수 있다. 소비자가 품질을 알지 못하면 모든 제품의 가격이 같아진다. 이렇게 되면 양질의 제품을 생산하는 기업이 시장에서 사라진다. 소비자의 정보가 불완전한 상황에서 양질의 제품을 생산하는 기업이 다양한 방법으로 소비자에게 신호를 보낸다. 정보의 불완전성을 극복하기 위한 기업의 행위는 시장의 효율성을 높이므로 제재하지 않아야 한다. 이것이 새로운 반독점법의 주장이다.

제3절   가격 고정

경쟁 관계에 있는 복수의 기업이 문서, 구두, 행동을 통하여 가격을 높이거나 낮추는 것, 가격이나 경쟁 조건을 안정시키는 것을 가격 고정(price fixing)이라고 한다. 개별 기업이 자신의 가격이나 거래 조건을 결정하는 것이 원칙이므로 복수의 기업이 가격을 고정하는 행위는 담합에 해당한다.

1. 의식적 병행행위(conscious parallelism)

과점시장에는 소수의 기업이 존재하므로 기업 간 의존성이 크다. 기업 간 의존성이 크면 가격이 비슷해진다. 과점시장에서 선도 기업이 가격을 인상하면 후발 기업이 가격을 인상하기 때문에 명시적인 담합이 없어도 높은 가격이 형성된다. 이것이 의식적 병행행위이다.[41] 복수의 사업자가 가격을 올리거나 내린 사실만으로 담합이라고 할 수 없다. 스스로의 전략적 선택일 뿐 거래의 자유를 제한하는 고의적 행위가 아닐 수 있기 때문이다. 담합은 불법이지만 의식적 병행행위는 합법이다.[42] 현실적으로 합의의 물적 증거를 확보하는 것은 어렵다. 합의가 은밀하게 이루어지기 때문이다. 합의가 입증되지 않을 경우 정황 증거만으로 담합이 인정되는지가 문제이다.

2. 사업자단체

복수의 기업이 협조적으로 행동함으로써 시장의 효율성이 제고될 수 있다. 대표적인 예가 사업자단체이다. 사업자단체는 경쟁 관계에 있는 기업이 구성하는 조직이다. 사업자단체를 구성하는 목적은 회원사(會員社)에 정보를 제공하는 것이지만 이를 통해 가격 고정이 이루어질 수 있다.

미국의 경우 경쟁사업자 간 정보 교환이 20세기 초부터 문제가 되었다. 시장점유율이 30%인 목재사업자들이 가격이나 생산량 정보를 교환하는 관행이 셔먼법 위반으로 인정된 것이 1921년이다. 반면, 정보가 통계적으로 익명(匿名) 처리된 후 외부에 배포된 경우에는 셔먼법 위반이 아니라는 판결이 내려지기도 하였다. 가장 중요한 정보는 가격이다. 제품이 동질적이면 가격 정보가 중요하다.[43]

원칙적으로 미국 대법원은 가격 정보를 교환하는 것이 당연위법이라는 결론을 내렸다. 경쟁사업자들이 가격 정보를 교환하면 가격이 고정되는 효과가 있다. 이를 아는 사업자들이 정보를 교환하면 실질적인 담합이 된다. 그러나 1999년 미국 유아식(幼兒食) 시장의 70%를 차지한 거버(Gerber)와 나머지 3개 기업이 가격 인상 전에 가격 목록을 교환한 행위는 담합으로 인정되지 않았다. 당시 법원의 판결은 아래와 같다.[44]

---

41) 같은 물건을 파는 기업이 다 같이 가격을 올리거나 내리는 것은 합의하지 않아도 자연스럽게 일어나는 현상이다. 선도 기업이 가격을 올리면 나머지 기업이 가격을 올린다. 가격을 올리지 않으면 더 많이 팔 수 있지만 가격을 올려서 얻는 이익이 더 클 수 있다. 또한 현실적으로 사업을 확장하는 것은 위험을 감수하는 일이다(천준범, 2015).

42) 천준범(2015).

43) 천준범(2015).

44) 천준범(2015).

- 유아식 시장과 같이 영업전략이 중요한 시장에서는 가능한 한 많은 경쟁사의 가격과 영업전략 정보를 수집하는 것이 당연하므로 단순히 경쟁기업의 정보를 보유한 사실은 담합의 증거가 아니다.

사업자단체의 반경쟁성에 관한 대표적인 사례는 1950년대에 미국 법무부가 아이비 리그(Ivy-league) 8개 대학교와 메사추세스 공대(MIT)를 셔먼법 위반으로 기소한 사건이다. 당시 이들 대학교는 우수한 신입생을 유치하는 목적으로 장학금을 지급하지 않는다는 데 합의하였다. 구체적인 합의 내용은 다음과 같다.

- 장학금은 가난한 학생에게 지급한다.
- 장학금 지급에 관한 공통적인 기준을 만든다.
- 복수의 학교에서 입학허가를 받은 학생들을 조사하여 학교 간 장학금 차이를 조정한다.

미국 법무부는 당연위법 원칙을 적용하여서 이러한 합의가 담합이라고 주장하였다. 이들 대학교가 담합을 통하여 재정수입을 늘렸다는 것이 미국 법무부의 판단이었다. 반면, 이들 대학교는 이 합의로 인하여 우수신입생의 유치를 위한 경쟁이 방지됨으로써 가난한 학생들에게 장학금을 지급하게 되었다고 하였다. 법원은 이 합의가 우수신입생을 유치하려는 경쟁을 제한하기 때문에 담합이라고 판단하였다. 다만, 대학교의 목적이 이윤이 아니므로 이러한 합의가 당연위법은 아니라고 하였다. 우수신입생을 유치하기 위한 경쟁을 제한한 이유가 대학교의 재정수입을 늘리기 위한 것인지 가난한 학생들에게 장학금을 지급하기 위한 것인지를 살펴볼 필요가 있었다.

3. 재판매가격 유지(resale-price maintenance)[45]

같은 종류의 제품 내에서 복수의 브랜드(brand)가 경쟁함에 따라 가격이 제품의 특징을 알리는 수단이 되었다. 높은 가격 자체가 제품의 특징이 된 것이

---

45) 천준범(2015)을 인용하여 수정.

다. 이러한 가격 설정은 부당한 행위인가? 기업이 브랜드 가격을 높이는 이유는 유통업자의 이익을 보장함으로써 제품을 많이 판매하기 위하여서이다. 이 전략을 품질보장가격(quality assured price) 설정이라고 한다.46)

품질보장가격의 개념은 2007년 리진(Leegin) 판결에서 시작되었다. 이 회사는 자체 브랜드로 미국의 5천 개 소매상에 제품을 공급하였다. 리진은 소매상에게 정해진 가격 이하로 물건을 판매할 경우 거래하지 않겠다고 하면서 그 이유를 다음과 같이 설명하였다.

- 소비자들은 계속되는 할인, 할인, 할인에 혼란스럽다. 리진은 주먹구구식 판매를 끝내고 가죽제품 유통에 대한 전문성을 갖추고 높은 수준의 소비자 관리를 할 수 있는 분들과 거래하는 새로운 길을 걸으려 합니다.

품질보장가격의 대표적인 예가 재판매가격 유지47)이다. 재판매가격 유지는 유통과정의 상위에 있는 기업이 하위 단계에서의 가격 경쟁을 제한하는 것이므로 동일한 브랜드 내에서 가격 고정의 형태로 나타난다. 이러한 이유로 재판매가격 유지를 수직적 브랜드 내(vertical intra-brand) 제한이라고 한다.48) 미국 반독점법 초기에는 재판매가격 유지를 당연위법으로 간주하였다. 재판매가격 유지가 가격을 고정하여서 거래상대방이 제품을 양도할 자유를 제한하기 때문이다.

재판매가격 유지를 허용하면 소상인(小商人)이 보호된다. 제조업자가 재판매가격을 정하면 그 제품을 파는 소상인은 가격 경쟁을 하지 않아도 되고 제조업자로부터 매입하는 양(量)을 조절할 수 있다. 미국의 경우 1920년대까지 재판매가격 유지가 금지되었으나 1929년 대공황이 발생하면서 소상인의 생존을 위하여 재판매가격 유지가 필요하게 되었다.

제조업자 입장에서 재판매가격 유지를 시행하면 어떠한 이득이 있는가? 제조업자가 대리점을 모집하는 경우를 가정하여 보자. 재판매가격 유지를 시행

---

46) 불량품을 생산하는 기업이 높은 가격을 설정하면 일시적으로 이윤을 얻지만 장기적으로 제품이 팔리지 않으므로 높은 가격이 유지되지 않는다.
47) 재판매는 나로부터 제품을 산 사람이 그 제품을 다른 사람에게 파는 것이다.
48) 재판매가격 유지는 제조업자와 유통업자 간에 이루어지지만 소비자 입장에서는 어떤 유통업자로부터 제품을 구입하여도 가격이 동일하므로 담합의 효과가 발생한다.

하지 않으면 어떠한 일이 벌어지는가?49) 대리점 간 경쟁이 과열되어서 가격이 지나치게 할인되면 브랜드 가치가 하락한다. 이렇게 되면 대리점이 제조업자에게 공급가격 인하를 요구한다. 또한 대리점에 따라 가격이 다르면 현명한 소비자는 가격은 비싸지만 서비스가 좋은 대리점에서 제품정보를 얻은 후 가격이 싼(서비스가 나쁜) 대리점에서 제품을 구입한다. 장기적으로 서비스가 좋은 대리점이 사라지므로 서비스가 나쁜 대리점만 남게 된다.

제4절 **기업결합**

복수의 기업이 경쟁 제한, 시장 독점, 경영 합리화 등의 목적으로 수평적으로(horizontally) 또는 수직적으로(vertically) 결합할 수 있다. 수평적 결합을 다른 말로 합병이라고 한다.

1. 합병

클레이튼법 제7조에 의하면 기업 간 합병이 경쟁을 심각하게 저해하거나 독점을 초래하면 제재된다. 합병은 동일한 시장에 존재하는 기업 간 결합이므로 반경쟁성이 크다. 예를 들어, 영화산업의 경우 배급사와 상영관이 결합하면 결합기업의 시장점유율이 높아지지 않지만 배급사와 배급사가 결합하면 시장점유율이 높아진다.

현실적으로 우량기업이 실패한 기업을 합병하는 경우가 많으므로 합병이 허용되지 않으면 실패한 기업은 도산(倒産)한다. 따라서 합병을 허용하든 불허(不許)하든 기업의 수가 감소한다. 경우에 따라서는 합병을 불허하는 것이 반경쟁적일 수 있다. 이를 도산기업의 항변(failing firm defense)이라고 한다. 다음과 같은 예를 생각하여 보자. A, B, C가 있다. A, B, C의 시장점유율은 각각 50%, 30%, 20%이다. B와 C가 합병하려고 한다. 합병이 불허되면 C가 도산

---

49) 대리점은 제조업자로부터 제품을 구입하여 소비자에게 판매하므로 제조업자가 정가준수제(定價遵守制)를 시행하면 이는 재판매가격 유지에 해당한다.

[표 8-4] 도산기업의 항변 조건

- 합병되지 않았으면 실패한 기업이 도산하였을 것이다.
- 실패한 기업이 도산하면 합병된 경우에 비하여 시장의 독과점 정도가 심해진다.
- 실패한 기업을 합병할 덜 반경쟁적인 기업이 없다.

한다. A의 시장점유율은 합병이 허용되면 50%, 합병이 불허되면 62.550)%이다. 이 경우에는 합병을 허용하여야 시장의 경쟁성이 제고된다.

도산기업의 항변으로 합병이 허용되려면 [표 8-4]의 세 가지 조건이 충족되어야 한다. 즉, 기업 A가 기업 B를 합병하려면 두 가지 사실을 입증하여야 한다. 첫째, B가 A에 합병되는 것이 도산하는 것에 비하여 경쟁적이다. 둘째, B가 A에 합병되는 것이 다른 기업에 합병되는 것에 비하여 경쟁적이다.

장래에 경쟁할 수 있는 기업과의 합병에 반독점법을 적용할 수 있는가? 이론적으로 가능하다. 이러한 합병을 불허하여야 장차 시장의 경쟁성이 커지기 때문이다. 그러나 장래 특정 기업과 경쟁할 수 있음을 증명하는 것은 어렵다. 많은 기업 중에서 경쟁할 가능성이 있는 기업을 어떻게 가려내는가? 시장을 잘 획정하면 이 문제를 해결할 수 있다. 시장을 넓게 획정하면 잠재적인 경쟁기업이 동일한 시장에 포함된다.

2. 수직적 결합

수직적 결합은 생산단계상 다른 위치에 있는 복수의 기업이 결합하는 것이다. 수직적 결합은 동일한 시장 내의 기업 간 결합이 아니기 때문에 결합기업의 시장점유율이 증가하지 않는다. 그러나 수직적 결합으로 인하여 경쟁기업은 비용 측면에서 불리하여지거나 시장에 진입하지 못한다. 이러한 이유로 수직적 결합이 반경쟁적 행위로 간주된다.

영화산업을 예로 들어보자. 영화가 유통되는 과정은 제작 → 배급 → 상영

---

50) $\dfrac{50}{50+30} = 0.625.$

이다. 배급사가 상영관을 인수하는 것이 전방 결합, 배급사가 제작사를 인수하는 것은 후방 결합이다. 특정 배급사가 상영관을 인수하면 경쟁 관계에 있는 다른 배급사의 상영관 확보가 어려워진다. 마찬가지로 특정 배급사가 제작사를 인수하면 다른 배급사가 영화를 구(求)하는 것이 힘들어진다. 어느 경우이든 영화산업에서 경쟁이 저해(沮害)된다.

수직적 결합은 어떻게 정당화되는가? 다시 영화산업을 생각하여 보자. 배급사 입장에서는 두 종류의 거래비용이 발생한다. 첫째, 배급할 영화를 매입하여야 한다. 둘째, 매입한 영화를 배급할 상영관을 찾아야 한다. 거래비용이 크면 배급사는 이러한 거래를 내부화한다. 배급사가 제작사나 상영관과 결합하면 거래비용이 감소한다. 수직적 결합이 거래비용을 줄이는 유일한 방법은 아니다. 장기계약을 통하여 유사한 효과를 기대할 수 있다. 배급사가 제작사(상영관)와 장기에 걸친 영화 공급(배급) 계약을 체결하면 거래비용이 절약된다. 계약 기간이 충분히 길면 실질적으로 장기계약은 수직적 결합이 된다.

제5절 남용 행위[51]

우리나라 독점규제법은 독과점 자체를 금지하지 않고 그로 인한 남용(濫用) 행위를 금지한다. 남용 행위는 경쟁시장에서는 가능하지 않은 불이익을 가하는 착취 행위(exploitative abuse), 사업 활동을 방해하는 방해 행위, 경쟁기업을 시장에서 봉쇄 또는 배제하는 배제 행위(exclusionary abuse)로 나뉜다.

1. 착취 행위

독점규제법은 시장지배적 사업자의 부당한 가격 책정과 출고량(出庫量) 조절을 금지한다. 시장지배적 사업자가 정당한 이유 없이 상품 가격이나 용역 대가를 현저하게 올리거나 근소하게 낮추는 것은 부당하다. 출고량 조절은 생산 또는 판매를 중단, 감축하는 것이다. 출고량 조절이 가격 인상 또는 하락 방지에 중대한

---

51) 권오승 외(2017)에서 인용하여 수정.

영향을 미치거나 수급(需給) 차질을 초래할 가능성이 있으면 부당성이 인정된다.

2. 방해 행위

시장지배적 사업자가 다른 사업자의 사업 활동을 방해하거나 경쟁사업자를 시장에서 배제하거나 경쟁사업자의 진입을 막는 방식으로 경쟁을 제한할 수 있다. 특히 다른 사업자의 사업 활동을 방해하는 행위의 "부당성"을 판단하는 것이 어렵다. 우리나라 대법원은 경쟁을 제한하려는 의도와 경쟁을 제한하는 효과가 발생할 가능성을 부당성 판단의 기준으로 제시하였다. 대표적인 방해 행위는 [표 8-5]와 같다.

미국에서는 다른 사업자의 상품 또는 용역의 생산, 공급, 판매에 필수적인 설비를 필수설비라고 한다. 필수설비를 보유한 기업은 경쟁기업이 그것을 사용할 수 있게 제공하여야 한다. 이를 필수설비 원칙(the essential facilities doctrine)이라고 한다. 정당한 이유 없이 필수설비의 사용 또는 접근을 거절, 중단, 제한하는 것은 셔먼법 위반이다. 미국의 경우 이러한 행위에 대하여 당연위법 규칙이 적용된다.52) 다만, 거래를 거부한 기업이 시장 진입에 필요한 유일한 시설을 가졌다는 것, 거부 행위로 인하여 시장지배력을 얻었다는 것이 증명되어야 제재할 수 있다는 주장이 있다.

[표 8-5] 방해 행위의 예

- 원재료 구매 방해53)
- 필수적인 인력 채용54)
- 필수적인 요소55)의 사용 거절, 중단, 제한

---

52) 우리나라의 경우 필수적인 요소의 거래 거절이 남용 행위로 인정되기 위한 조건이 엄격하여서 필수설비 원칙이 적용된 사례가 없다.
53) 정당한 이유 없이 다른 사업자의 생산 활동에 필요한 원재료의 구매를 방해하는 행위.
54) 과도한 이익을 제공하거나 제공할 것을 약속하면서 다른 사업자의 사업 활동에 필수적인 인력을 채용하는 행위.
55) 필수적인 요소의 특징은 사용의 불가피성과 신설의 불가능성이다. 필수적인 요소의 예로는

3. 배제 행위

시장지배적 사업자는 새로운 경쟁사업자의 참가를 부당하게 방해하지 않아야 한다. 구체적으로 아래와 같은 행위를 하는 것은 부당하다. 우리나라 독점규제법은 배제 행위의 예로서 약탈적 가격 설정과 배타조건부 거래(exclusive dealing)를 규정하고 있다.

1) 약탈적 가격 설정

부당하게 상품 또는 용역을 통상적인 가격에 비하여 낮은 대가로 공급하거나 높은 대가로 구입하여 경쟁사업자를 배제하는 것이 약탈적 가격 설정이다. 시장지배적 기업이 경쟁기업을 시장에서 퇴출시키기 위하여 한계비용보다 낮은 가격을 설정할 수 있다. 다만, 시장에서 경쟁이 격화되면 한계비용보다 낮은 가격이 설정되기도 하므로 약탈적 가격 설정과 공격적 경쟁(aggressive competition)이 구별되어야 한다. 독점기업은 약탈적 가격을 설정하더라도 경쟁기업이 시장에서 퇴출되면 다시 가격을 올려서 손실을 보전한다. 반면, 공격적 경쟁은 출혈(出血) 경쟁으로서 손실이 보전되지 않는다. 약탈적 가격 설정과 공격적 경쟁을 구별하는 기준은 "낮은 가격으로 인한 손실이 보전될 가능성이 있는가?"이다.

2) 배타조건부 거래

배타조건부 거래는 경쟁사업자와 거래하지 않는 조건으로 상대방과 거래하는 것이다. 배타조건부 거래는 비가격·수직적 제한(non-price vertical restraints)에 해당한다. 예를 들어, 제조업자가 소매상으로 하여금 자신의 제품만을 판매하게 하면 경쟁사업자의 제품이 판매되지 않는다. 배타조건부 거래는 원칙적으로 정당하다. 배타조건부 거래는 당연위법이 아니므로 합리성 검정 규칙에 의하여 부당성이 판단된다.

배타조건부 거래를 하면 소매상(小賣商)이 특정 브랜드에 대한 전문가가 되므로 소비자에게 양질(良質)의 서비스를 제공할 수 있다. 특정 브랜드에 특화

통신, 가스, 전력, 철도, 항만, 항공, 스포츠 경기장, 라디오나 TV 방송국 등을 들 수 있다.

- 정당한 이유 없이 거래하는 유통사업자와 배타적 거래계약을 체결하는 행위
- 정당한 이유 없이 기존 사업자의 계속적인 사업 활동에 필요한 권리 등을 매입하는 행위
- 정당한 이유 없이 새로운 경쟁사업자의 상품 또는 용역의 생산, 공급, 판매에 필수적인 요소의 사용 또는 접근을 거절하거나 제한하는 행위

된 소매상은 쾌적한 매장, 훈련된 종업원, 긴 영업시간, 충분한 재고, 신속한 수리(修理) 등을 소비자들에게 제공한다. 배타조건부 거래를 하지 않아도 이러한 서비스가 제공되는가? 양질의 서비스를 제공하는 데는 비용이 소요(所要)된다. 소비자가 서비스만 받고 제품을 다른 소매상56)에서 구입하면 양질의 서비스를 제공할 수 없다.

부록 34. 장기계약과 수직적 통합57)

자동차 회사(A)와 부품 회사(B)의 거래를 생각하여 보자. A가 규격화된 부품을 요구하면 이것을 생산하기 위하여 B는 특별한 설비를 설치하여야 한다. B가 설치한 설비는 A에 공급되는 부품 외에 다른 부품을 생산하지 못한다. 설비의 특수성이 높으면 A가 낮은 부품 가격을 지불할 것이다. 이를 예상하면 B는 설비를 설치하지 않는다. 결과적으로 설비의 특수성이 높으면 거래비용이 커서 거래가 이루어지지 않는다.58)

장기계약은 이상의 문제를 해결하는 하나의 방법이다. B가 생산하는 부품을 A가 장기간 구입하겠다고 약속하는 것이 장기계약이다. 다만, 장래 발생할 다양한 상황이 고려된 장기계약을 체결하는 데는 많은 비용이 소요된다. A가 B를 인수하여 부품을 생산하면 장기계약 체결에 소요되는 비용을 줄일 수 있다. 이는 수직적 결합이다.

---

56) 할인점이나 온라인상점이 여기에 해당한다.

57) 오카자키 데쓰지(2008)에서 인용.

58) 반대의 경우도 있다. 인적 자본에 대한 투자에 있어서 투자를 받은 사람에게 직업 선택의 자유가 있으므로 직장을 옮길 수 있다. 이 때문에 기업이 직원에 대한 투자를 꺼린다.

19세기 말 유행한 수직적 결합과 20세기 말 시작된 기업 분할을 거래비용 측면에서 설명할 수 있다. 19세기 말 수직적 결합이 유행한 이유는 대량 생산을 뒷받침하는 유통기업이 없었기 때문이다. 당시에는 유통과 관련된 거래비용을 줄이기 위하여 기업이 유통을 내부화하였다. 현재는 대형 유통기업이 다수 존재하므로 유통을 내부화하는 것이 효율적이지 않다. 내부화에 따른 비용[59]이 상대적으로 크기 때문이다.

부록 35. 유타 파이(Utah Pie) 판결[60]

1957년 유타 파이가 솔트레이크 시티(Salt Lake City)에서 처음으로 냉동 파이를 팔기 시작하였다. 1958년 유타 파이는 솔트레이크 시티 냉동 파이 시장의 $\frac{2}{3}$를 점유하였다. 그러나 전국적으로 냉동 파이를 팔던 컨티넨털, 카네이션, 팻밀크가 솔트레이크 시티에 진출하면서 유타 파이의 시장점유율이 45%로 떨어졌다. 1958년 유타 파이의 가격은 4.15달러로서 5달러 이상이던 3개 업체보다 낮았다. 1961년 유타 파이는 2.75달러, 컨티넨털은 2.85달러에 냉동 파이를 팔았다.

유타 파이는 3개 업체를 대상으로 금지명령을 청구하는 소송을 제기하였다. 이들이 다른 지역에 비하여 낮은 가격으로 솔트레이크 시티에서 냉동 파이를 팔아서 유타 파이를 죽이려 한다고 주장하였다. 3개 업체가 다른 지역보다 낮은 가격으로 솔트레이크 시티에서 냉동 파이를 팔았다는 사실이 드러났다. 또한 컨티넨털이 솔트레이크 시티에서 책정한 가격은 직접비용과 간접비용 배분을 합한 금액보다 낮았다.

쟁점은 3개 업체의 낮은 가격이 솔트레이크 시티에서의 경쟁에 부정적인 영향을 미쳤는지 여부이었다. 미국 대법원은 3개 업체에 유타 파이를 약탈하려는 의도(predatory intent)가 있다고 보기에 충분하고 이러한 의도로 인하여 경쟁이 저해될 가능성이 있다고 판단하였다. 미국 대법원은 3개 업체가 가격을 낮춘 것이 반경쟁적이라고 판단하였다. 유타 파이가 시장에서 퇴출되면 3개 업체가 다시 가격을 올릴 것으로 예상하였기 때문이다.

---

59) 대표적인 것이 종업원에게 동기를 부여하는 문제이다. 경쟁은 비효율적인 기업이나 사람을 시장에서 배제하지만 기업 내부는 시장에 비하여 경쟁의 압력이 약하다.

60) 천준범(2015)에서 인용.

부록 36. 끼워팔기

한 제품을 구입하는 조건으로 다른 제품을 판매하는 것이 끼워팔기이다. 복수의 제품을 묶어 팔면 소비자들이 여러 제품을 한 번에 구입하므로 거래비용이 절약된다. 그러나 끼워팔기는 소비자가 원하지 않는 제품을 구입하게 하므로 거래의 자유가 침해된다. 대체로 다른 제품에 끼워지는 제품은 소비자들이 선호하지 않는 것이다. 끼워팔기가 인정되려면 아래의 조건이 충족되어야 한다. 아래에서 "강제"는 한 제품이 다른 제품에 끼워지지 않았다면 소비자가 구입하지 않았을 것이라는 뜻이다. 한 제품이 다른 제품에 끼워졌어도 품질이 좋거나 가격이 낮아서 팔렸다면 강제가 없는 것이다.

- 두 개의 제품   • 시장지배력   • 강제

특정 기업이 한 시장에서 독점적 위치에 있어야 끼워팔기가 가능하다. 끼워팔기는 한 시장에서의 지배력을 지렛대로 삼아 다른 시장에 대한 지배력을 높이는 행위이다. 끼워팔기를 제재하는 이유는 그것으로 인하여 경쟁기업이 불리하여질 수 있기 때문이다. 예를 들어 생각하여 보자. 어떤 기업이 제품 A와 B를 생산한다. 이 기업은 A시장에서 독점적이지만 B시장은 경쟁적이다. 이 기업이 A에 B를 끼워서 판매하면 B시장에서의 경쟁이 저해된다.

끼워팔기는 품질을 보장하는 수단이므로 반경쟁적 행위가 아니라는 주장이 있다. 대표적인 예가 가맹점(franchisee)이다. 가맹점은 판매할 제품과 용역을 본점(franchisor)에서 구입한다. 가맹점계약은 본점의 가맹점에 대한 끼워팔기로 해석될 여지가 있다. 가맹점계약을 체결하는 이유는 가맹점이 본점으로부터 제품과 용역을 받아서 소비자에게 판매하면 일정한 품질이 유지되기 때문이다. 이를 통하여 가맹점이 본점의 명성(名聲)만 이용하고 소비자들에게 낮은 품질의 제품과 용역을 판매하는 기회주의적 행위가 방지된다.

끼워팔기의 대표적인 사례는 마이크로소프트(Microsoft) 판결이다.[61] 인터넷 브라우저(browser) 시장에서 넷스케이프(Netscape)와의 경쟁에서 고전하던 마이크로소프트는 1997년부터 익스플로러(Explorer)를 윈도(Window)에 포함시

---

61) 이하 내용은 천준범(2015)에서 인용.

켰다. 윈도를 설치하면 익스플로러가 컴퓨터 초기 화면에 깔리게 되었다. 운영체계로서 거의 100% 윈도를 쓰던 PC 이용자들은 익스플로러가 깔려 있으므로 내비게이터(Navigator)를 깔지 않게 되었다. 1심 법원은 운영체계 시장을 독점한 마이크로소프트의 끼워팔기를 당연위법으로 보았다. 항소심 법원은 이 사건을 합리성 검정 규칙에 의하여 살펴보아야 한다고 결정하고, 끼워팔기의 경쟁촉진 효과와 경쟁제한 효과를 비교하여 셔먼법 위반으로 판결하였다. 합리성 검정의 대략적인 내용은 아래와 같다.

[표 8-7] 끼워팔기에 관한 판결: 마이크로소프트 사건

- **인터넷 익스플로러를 윈도의 '프로그램 추가/삭제' 기능에서 제외한 것.** 윈도95에서는 익스플로러를 '프로그램 추가/삭제' 기능에 넣어서 사용자가 지울 수 있도록 하였는데 윈도98에서는 이 기능에서 익스플로러를 제외하였다. 이는 익스플로러의 기능 향상이 아니라 협력업체의 경쟁 브라우저 판매 의지를 꺾는 것이다.
- **경쟁 브라우저를 기본 브라우저로 지정하여도 어떤 경우에는 인터넷 익스플로러가 뜨도록 한 것.** 이는 윈도98에서 내비게이터를 사용하는 사람들에게 불쾌한 경험을 주기 위한 것으로서 경쟁 브라우저의 이용 횟수를 줄이므로 반경쟁적이다. 그러나 이러한 설계는 기술적 이유 때문이기도 하다. 윈도98의 '도움말' 기능과 '최신판 내려받기' 기능은 내비게이터가 지원하지 않는 액티브액스(ActiveX)에 의하여 실현되므로 여기에서 내비게이터를 띄울 수는 없다.
- **인터넷 브라우저를 위한 프로그램 코드(code)를 운영체계 파일(file)에 섞어서 익스플로러 관련 파일을 삭제하면 운영체계에 문제가 생기도록 한 것.** 협력업체들은 익스플로러를 지울 수 없으므로 인터넷 브라우저를 추가로 설치하지 않게 되었다.

부록 37. 프로 스포츠의 반경쟁성

프로 스포츠 팀은 자신의 연고지(franchise)에 대한 배타적 권리를 갖는다. 연고지는 그 크기에 따라 관중동원력이 다르다. 관중동원력은 팀 수입으로 연결된다. 수입이 많은 팀은 좋은 선수를 영입(迎入)할 수 있는 반면, 수입이 적은 팀은 좋은

선수를 영입할 수 없기 때문에 경기력 차이가 발생한다. 예를 들어, A팀 연고지의 인구가 B팀의 두 배이면 1승의 경제적 가치는 A팀이 B팀보다 크다.[62] 1승을 추가할 때 증가하는 수입(승리의 한계수입)은 A팀이 크다. 따라서 A팀은 승률을 높이기 위하여 좋은 선수를 영입하고 그 결과, A팀과 B팀 간 경기력 차이가 발생한다.

강한 팀과 약한 팀이 경기를 하면 흥미가 떨어져서 장기적으로 프로 스포츠는 침체한다. 프로 스포츠가 존속하려면 팀 간 경기력 차이가 크지 않아야 한다. 이를 경쟁적 균형(competitive balance)이라고 한다. 경쟁적 균형은 프로 스포츠 존속을 위한 핵심적인 조건이다. 경쟁적 균형을 유지하기 위하여 선수의 선발과 이동을 제한하는 반경쟁적 제도가 프로 스포츠에 도입되었다.

경쟁적 균형을 유지하려면 강한 팀이 좋은 선수들을 독점하는 것을 방지하여야 한다. 신인선수를 선발하는 과정에서 팀 간 경쟁이 제한되었다. 이를 드래프트라고 한다. 드래프트에서는 전년도 성적이 가장 나쁜 팀부터 선수를 선택한다. 선수는 팀을 선택할 수 없다. 이렇게 되면 좋은 선수를 선발하기 위한 경쟁이 없어지므로 선수는 적절한 보상을 받지 못한다. 반면, 팀은 적은 비용으로 좋은 선수를 영입할 수 있다.

드래프트를 통하여 신인선수들을 할당하여도 이들이 자유롭게 이동하면 경쟁적 균형은 깨진다. 왜냐하면, 강한 팀은 좋은 선수를 영입하려 하고 선수는 많은 연봉을 주는 팀으로 이동할 것이기 때문이다. 선수 이동을 제한하는 제도가 유보조항이다. 선수는 소속 팀의 동의가 없으면 일정 기간 다른 팀에 갈 수 없다.[63] 또한 소속 팀이 자신을 다른 팀에 양도하면 이에 따라야 한다.

드래프트와 유보조항은 선수의 계약 자유를 침해하는 반경쟁적 제도이다. 그러나 프로 스포츠 팀은 경쟁적 균형을 유지하기 위하여 이 제도가 필요하다고 주장한다. 이러한 제도를 폐지하면 팀 간 경기력 차이가 커진다는 것이 주된 논리이다. 그러나 드래프트와 유보조항에 의하여 경쟁적 균형이 유지되지 않는다는 반론이 있다. 로텐버그(Rottenberg)의 불변 정리(Invariance theorem)에 의하면 신인선수를 할당하고 이동을 제한하여도 좋은 선수는 약한 팀에서 강한 팀으로 이동한다. 좋은 선수를 영입하는 목적은 승률을 높여서 수입을 늘리는 것인데 승

---

62) 일반적으로 승률이 높으면 관중이 많다.

63) 소속 팀에서 일정 기간을 보내면 자유계약 선수가 된다. 자유계약 선수에게는 유보조항이 적용되지 않는다.

리의 한계수입은 강한 팀이 약한 팀보다 크므로 강한 팀에는 좋은 선수를 영입할 유인이 약한 팀에는 좋은 선수를 방출할 유인이 있다. 좋은 선수는 팀에 의하여 약한 팀에서 강한 팀으로 이동한다.64) 드래프트와 유보조항은 선수가 받아야 할 보상을 구단으로 재분배할 뿐이다.65)

부록 38. 자진신고자감면제[66]

부당한 공동행위에 가담한 기업이 그 사실을 자진 신고하는 경우 시정조치나 과징금 등의 제재 수준을 감면(減免)하는 것이 자진신고자감면제(leniency)이다. 첫 번째 자진신고자는 과징금, 시정조치가 완전히 면제되고 두 번째 신고자는 과징금의 50%가 감경되고 시정조치 감경도 가능하다. 자진신고자로 인정되려면 아래 조건이 충족되어야 한다.

[표 8-8] 자진신고자 인정 조건

- 공정거래위원회가 부당한 공동행위에 대한 정보나 증거를 충분히 확보하지 못한 상태
- 부당한 공동행위에 대한 조사를 시작하기 전에 자진 신고를 하거나(자진신고자), 조사를 시작한 후에 조사에 협조한 자(조사협조자)
- 조사가 끝날 때까지 성실하게 협조하고 부당한 공동행위를 중단하며 공동행위에 참여하도록 강요하지 않은 자

이론적으로 자진신고자감면제의 효과는 세 가지이다. 첫째, 담합(부당한 공동행위)에 가담한 기업은 이탈과 동시에 신고하여 과징금을 면(免)할 수 있다. 자진신고자감면제는 이탈의 이득을 증가시키므로 이미 형성된 담합을 깨트린다. 이를 이탈자사면(deviator amnesty) 효과라고 한다. 둘째, 자진신고자감면제가 도

---

64) 강한 팀과 약한 팀 간 승률 차이가 충분히 커지면 양자의 승리의 한계수입이 같아지므로 선수가 이동하지 않는다. 이를 비경쟁적 균형이라고 한다.

65) 프로 스포츠의 가치는 선수들의 가치, 즉 경기력에 의하여 결정된다. 선수의 이동을 제한하는 것으로 프로 스포츠의 가치를 증가시킬 수 없다. 이러한 의미에서 로텐버그가 "불변"이라는 단어를 사용하였다.

66) 권남훈(2010)을 요약.

입되면 신고를 통하여 과징금이 면하여지므로 담합의 비용이 감소한다. 따라서 담합이 증가한다. 이는 담합사면(cartel amnesty) 효과이다. 셋째, 자진신고자감면제가 도입되면 기업이 경쟁적으로 감면을 신청하므로 담합이 적발될 확률이 높아진다. 이에 따라 담합이 감소한다. 이를 신청경쟁(race to the courthouse) 효과라고 한다.

세 가지 효과 중에서 신청경쟁 효과가 자진신고자감면제의 본질적 기능에 가장 가깝다. 아래에서 기업의 신청경쟁에 의하여 담합이 감소한다는 것을 간단한 모형을 통하여 증명하였다.

기업이 담합을 하면 이윤(Π)을 얻지만 적발될 경우 과징금(F)을 내야 한다. 담합이 적발될 확률은 p이다. 따라서 담합의 기대이윤은 $\Pi - pF$이다. 기업이 담합을 신고하면 Π의 일부(미래 이익)를 잃지만 과징금을 내지 않으므로 기대이윤은 $\beta\Pi$($\beta < 1$)이다. 감면 신청 시 기대이윤이 담합의 기대이윤보다 커야 기업이 감면을 신청한다. 이를 수식으로 나타낸 것이 식 (8.5)이다. 식 (8.5)를 정리하면 식 (8.6)이 성립한다.

$$\beta\Pi > \Pi - pF \tag{8.5}$$

$$p > \frac{(1-\beta)\Pi}{F} \tag{8.6}$$

예를 들어, $p = 35\%$, $\dfrac{(1-\beta)\Pi}{F} = 30\%$이면 모든 기업이 감면 신청을 하므로 $p = 100\%$가 된다. 이 경우 담합의 기대이윤은 $\Pi - F$이다. 반면, $p = 25\%$, $\dfrac{(1-\beta)\Pi}{F} = 30\%$이면 어느 기업도 감면 신청을 하지 않으므로 담합의 기대이윤은 $\Pi - 0.25F$이다.[67] 기업의 입장에서 p가 30%보다 높을지는 불확실하다. 만약, $p > 30\%$일 확률이 q이면 담합의 기대이윤은 식 (8.7)이다. 식 (8.7)은 자진신고자감면제가 없는 경우의 담합의 기대이윤인 $\Pi - pF$보다 작다.[68] 따라서 담합이 감소한다.

$$q(\Pi - F) + (1-q)(\Pi - pF) \tag{8.7}$$

---

67) 기업의 감면 신청이 없어도 규제기관은 25%의 확률로 담합을 적발한다.
68) $q(\Pi - F) + (1-q)(\Pi - pF) - (\Pi - pF) = -q(1-p)F < 0$.

제**9**장

반독점법의 적용

제8장에서는 반독점법의 이론적 측면을 다루었다. 이 장에서는 기업의 반경쟁적 행위에 반독점법이 적용된 사례를 분석하였다. 분석에 사용된 사례는 공정거래위원회의 심결(審決)과 법원의 판결이다. 제1절의 내용은 차별적 취급이다. 제2절에서 담합 문제를 다루었다. 구체적인 내용은 가격 담합, 생산량 담합, 의식적 병행행위, 수직적 담합이다. 가장 강력한 반경쟁적 행위인 합병은 제3절에서, 그 밖의 반경쟁적 행위로서 로열티 리베이트(royalty rebate) 지급, 재판매가격 유지, 거래 거절은 제4절에서 논의하였다.

제1절 차별적 취급[1)]

2001년 기준 완성차 시장은 현대·기아자동차가 75.7%를 점유하는 과점구조이었다. 승용차, 버스 등 차종별로 시장을 세분하여도 현대·기아자동차의 점유율이 70%를 상회(上廻)하고 버스와 트럭 시장은 90% 이상을 점유하였다. 또한 자동차구매자의 할부금융 이용률은 40%를 상회하였다. 할부금융시장은 현대캐피탈, 삼성캐피탈, 엘지카드, 대우캐피탈, 쌍용캐피탈이 시장의 대부분을 점유

---

1) 「현대자동차(주) 및 기아자동차(주)의 차별적 취급 행위에 대한 건, 의결 제2002-200호」에 대한 이정란의 평석을 인용.

하였는데 1위 업체인 현대캐피탈의 시장점유율이 급증(急增)하는 추세이었다.

현대·기아자동차는 계열회사인 현대캐피탈과 전속적인 오토할부2) 약정을 체결하였는데 2002년 4월 할부금리를 인하하였다. 이로 인하여 영업상 어려움을 겪게 된 삼성캐피탈과 엘지카드는 현대·기아자동차에 현대캐피탈과 유사한 내용의 오토할부 약정을 체결할 것을 요청하였으나 거절되었다. 공정거래위원회는 현대·기아자동차의 이러한 행위가 계열회사를 위한 차별이라고 판단하여 시정명령과 함께 현대자동차에 49억 원, 기아자동차에 26억 원의 과징금을 부과하였다. 현대·기아자동차는 아래와 같은 이유를 들어서 이의를 제기하였으나 기각되었다.

- 차별적 취급은 거래상대방을 차별하여 취급하는 것이므로 차별을 받은 자가 거래상대방이어야 하는데 현대·기아자동차의 거래상대방은 할부금융사가 아니라 자동차구매자이다.
- 다른 할부금융사가 현대캐피탈에 비하여 거래조건이 열위(劣位)에 있게 된 이유는 현대·기아자동차의 차별적 취급이 아니라 이들이 높은 금리를 유지하였기 때문이다.

대법원은 [표 9-1]과 같은 이유로써 현대·기아자동차의 할부금리 인하가

[표 9-1] 차별적 취급에 관한 판결

- 현대·기아자동차와 할부금융사의 오토할부 약정이 체결되지 않았으므로 이들 사이에 직접적인 거래관계가 존재하지 않는다. 그렇더라도 현대·기아자동차와 할부금융사 간에는 자동차를 할부로 구매하려는 고객을 매개로 실질적인 거래관계가 존재한다.
- 이 상황에서 현대캐피탈이 금리를 인하하면 현대캐피탈을 이용하는 자동차구매자와 다른 할부금융사를 이용하는 자동차구매자가 차별된다.
- 이러한 차별로 인하여 현대캐피탈을 이용하는 고객이 증가하였으므로 현대·기아자동차의 할부금리 인하는 현대캐피탈을 유리하게 하는 차별적 취급이다.

---

2) 자동차 할부판매는 자동차 판매사가 할부금리를 정하는 오토할부와 할부금융사가 할부금리를 정하는 오토론으로 구분된다.

차별적 취급에 해당한다고 판단하였다. 다만, 대법원은 할부금리 인하의 목적이 현대캐피탈을 유리하게 하려는 것이 아니고 경영상의 필요성이 인정되므로 현대·기아자동차의 차별적 취급이 부당하지 않다고 설시(說示)하였다.

요약하면, 이 사건에 대한 공정거래위원회의 심결과 대법원의 판결이 달랐다. 그러나 공정거래위원회와 대법원 모두 현대·기아자동차의 할부금리 인하가 차별적 취급이라고 판단하였다. 또한 대법원은 현대·기아자동차와 현대캐피탈 사이에 형식적으로는 거래관계가 없지만 실질적인 거래관계가 존재한다고 하였다.[3]

제2절　담합[4]

이 절에서는 담합에 관한 네 개의 심결을 분석하였다. 제1항과 제2항에서 LPG 공급사의 가격 담합과 정유회사의 생산량 담합을 살펴보았다. 사업자들이 담합하여 생산량을 고정시키는 목적은 가격 인상이므로 가격 담합과 생산량 담합의 효과가 동일하다고 할 수 있다. 제3항의 내용은 후발업체가 선도업체를 모방하는 의식적 병행행위이다. 여기에서는 두루마리 화장지시장의 사례를 다루었다. 학생복시장에서 발생한 본사와 대리점·총판의 수직적 담합은 제4항에서 논의하였다.

1. 가격 담합[5]

에너지산업은 시장 진입, 가격 책정, 경영 등에서 정부규제를 받았다. 에너

---

3) 현대캐피탈은 현대·기아자동차가 책정(策定)한 할부금리를 자동차구매자에게 적용할 뿐이지만 현대·기아자동차의 할부금리 인하로 인하여 현대캐피탈의 고객이 증가하였으므로 실질적으로 양사(兩社)가 거래하였다고 할 수 있다.

4) 여기에서는 공동행위를 담합이라고 하였다.

5) 「7개 LPG 공급회사의 부당한 공동행위에 대한 건, 의결 제2010-045호」에 대한 조성국의 평석을 인용.

지산업의 경우 가격 통제를 받는 과정에서 업체 간 협조가 이루어졌는데 정부의 행정지도가 없어진 후에도 동조(同調) 행위가 많이 발생하였다. 2003~2008년 E1, SK가스, SK, SK에너지, GS칼텍스, 현대오일뱅크, S-OIL6)이 LPG 가격을 합의함으로써 공정거래위원회의 조사를 받았다.

공정거래위원회는 7개 LPG 공급사가 가격을 사실상 동일하게 유지한 행위가 경쟁을 제한하였다고 판단하였다. 그 이유는 다음과 같다. 첫째, LPG는 공급사별 품질 차이가 거의 없어서 가격이 유일한 경쟁 요소인데 이 사건 담합은 그 유일한 경쟁요소를 대상으로 하였다. 둘째, 7개 LPG 공급사의 국내 시장점유율 합계가 100%이므로 이들의 담합이 경쟁을 소멸시켰다. 셋째, 가격이 공동으로 결정됨에 따라 LPG 가격이 높게 형성되어 소비자 후생이 감소하였으나 7개 LPG 공급사의 효율성은 증가하지 않았다.

2010년 4월 공정거래위원회는 7개 LPG 공급사에 대하여 아래와 같이 시정명령과 함께 6,689억 원의 과징금을 부과하였다.

- 7개 LPG 공급사는 매월 LPG 가격을 합의함으로써 국내 LPG시장에서 부당하게 경쟁을 제한하는 행위를 다시 하여서는 안 된다.
- 7개 LPG 공급사는 시장을 통한 정보 수집을 제외하고 다른 거래처에 판매하는 LPG의 가격 결정 계획이나 내용에 관한 정보를 교환하거나 제공하여서는 안 된다.
- 7개 LPG 공급회사는 다음과 같이 과징금을 국고에 납부하여야 한다.

(단위: 억 원)

E1	SK 가스	SK	SK에너지	GS 칼텍스	현대 오일뱅크	S-OIL
1,900	2,000	890	714	558	263	385

---

1) 시장 구조

LPG는 프로판과 부탄으로 구분된다. 프로판은 가정에서 사용되고 부탄은

---

6) E1과 SK가스는 LPG 수입사이고 나머지 5개 회사는 이들로부터 LPG를 공급받는 정유사이다. E1의 전신(前身)은 LG칼텍스가스로서 GS칼텍스가 계열회사이다. SK와 SK에너지는 SK가스의 계열사이다.

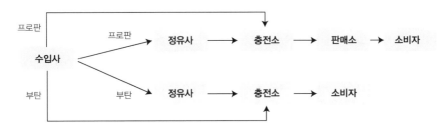

<그림 9-1> 우리나라 LPG시장의 구조

자동차 연료로 쓰인다. LPG시장의 구조는 <그림 9-1>과 같다. 충전소는 수입사나 정유사로부터 공급받은 가격에 이윤을 더하여 판매가격을 결정하고, 판매소는 충전소에서 공급받은 가격에 이윤을 더하여 소비자에게 프로판을 판매한다. 프로판의 경우 충전소의 이윤은 킬로그램당 100~150원, 판매소의 이윤은 300~400원이고 부탄의 경우 충전소의 이윤은 리터당 60~100원이다.

2) 행위 사실

LPG 수입사인 E1과 SK가스는 전화 연락 또는 모임을 통하여 상대방의 가격을 사전에 확인하거나 가격변동폭에 관하여 협의한 후 LPG 가격을 동일한 수준으로 결정하였다. 그 결과, 프로판 및 부탄의 양사 가격 차이는 킬로그램당 0.01원이었는데 프로판 가격은 SK가스가, 부탄 가격은 E1이 0.01원 낮았다.

SK가스는 현대오일뱅크와 S-OIL에 충전소 공급가격을 통보하였다. SK가스가 충전소에 공급하는 가격은 정유사에 공급하는 가격보다 26.979원 또는 55원 높았으므로 현대오일뱅크와 S-OIL이 26.979원 또는 55원의 이윤을 더한 가격으로 충전소에 LPG를 공급함으로써 가격 담합이 이루어졌다.

E1은 정유사에 충전소 공급가격을 통보하지 않으나, GS칼텍스정유와의 거래가격을 충전소 공급가격에서 26.979원 또는 55원을 뺀 금액으로 미리 정하였으므로, GS칼텍스정유가 E1과의 거래가격에 26.979원 또는 55원을 더하면 충전소 공급가격을 파악할 수 있었다. 또한 E1은 현대오일뱅크, S-OIL과의 거래가격을 충전소 공급가격에서 수송비를 뺀 금액으로 미리 정하였다. LPG 수송비가 킬로그램당 26.979원이었으므로 현대오일뱅크와 S-OIL도 E1과의 거래가격에 26.979원을 더하여서 충전소 공급가격을 인지(認知)하였다.

이상의 가격 담합으로 인하여 2003~2008년 SK에너지와 SK가스의 가격이 같았고 2003~2008년 현대오일뱅크와 SK가스의 가격 차이는 평균 0.3원에 불과하였다. 또한 2003년 1월~2007년 6월 GS칼텍스와 E1의 가격 차이는 평균 0.1원, 2003년 1월~2008년 5월 S-OIL과 E1의 가격 차이는 평균 1.9원, 같은 기간 S-OIL과 SK가스의 가격 차이는 평균 1.8원이었다.

3) 담합의 증거

이 사건은 가격 담합에 관한 것이므로 경성(hardcore) 담합에 해당한다. 경성 담합은 당연위법이므로 담합의 부당성은 문제가 되지 않는다. 문제는 합의 여부이다. 합의의 형식이나 방법은 불문(不問)이므로 서면 합의이든 구두 합의이든, 명시적 합의이든 묵시적 합의이든 문제가 되지 않는다. 합의를 입증하는 방법에는 직접 증거를 통한 입증과 간접 증거 또는 정황 증거를 통한 입증이 있다. 직접 증거로는 물증(物證)으로서 합의서, 약정서, 이메일, 메모, 내부보고서 등이 있고 인증(人證)으로서 당사자 또는 목격자의 증언이 있다.

(1) 직접 증거

LPG 수입사가 전화, 모임 등을 통하여 가격에 관한 정보를 교환하거나 협의하는 방법으로 가격을 합의한 것이 SK가스 가격담당자의 진술로 확인되었다. 또한 정유사는 LPG를 자체적으로 생산하기도 하므로 독자적인 방식으로 LPG 가격을 결정하여야 하는데 LPG 수입사가 통보한 충전소 공급가격을 자신의 가격으로 정하였다. 이 사실은 SK에너지 가스사업팀장의 진술서에서 확인되었다.

이 밖에, 매년 임원급·팀장급 모임을 통하여 경쟁 자제, 가격 유지 등에 대한 공감대를 형성한 사실이 SK가스와 SK에너지 임·직원의 진술, 업무수첩 사본, 신용카드 매출 전표, 내부경비 정산 목록, 은행신용카드 사용 기록 등에서 확인되었다.

(2) 간접 증거

LPG 품질의 유사성, 장기간 유지된 수입 2개사와 정유 4개사의 과점구조, 대규모 저장 시설과 전국적 판매망 확보 등으로 인한 높은 진입 장벽, 수요의 가격탄력성이 낮은 LPG의 특성 등은 담합을 용이하게 하는 요인이다. 또한 LPG 가격이 매월 말에 결정되었는데 가격자유화 이후에도 이 관행이 유지될 이유가 없었다. 이는 7개 LPG 공급사가 가격 담합을 하기 위한 것이었거나 적어도 담합을 용이하게 한 것이었다.

2. 생산량 담합[7]

유공(현 SK에너지), 호남정유(현 GS칼텍스), 경인에너지, 쌍용정유(현 S-OIL), 극동석유(현 현대오일뱅크)는 석유정제와 석유제품 판매에 종사하는 사업자이고 여수에너지(현 E1)는 LPG를 수입·판매하는 사업자이다. 이들 6개사는 국내 석유제품의 대부분을 공급하는 정유회사로서 개별 회사의 시장점유율을 1981년 1월~1982년 6월의 판매실적 비율에 고정시키기로 합의하였다. 6개 정유회사는 매달 25일에 전월(前月) 판매실적을 집계한 후, 합의된 시장점유율을 초과하여 판매한 사업자가 미달하여 판매한 사업자로부터 초과 판매한 물량을 구매하였다. 또한 초과 판매량 구매 외에 경질유(輕質油)의 경우에는 1985년 3월부터 수송비의 200%가, LPG의 경우에는 1985년 10월부터 수송비의 100%가 벌과금(罰科金)으로 부과되었다.

공정거래위원회는 6개 정유회사에 대하여 시정명령과 함께 과징금을 부과하였다. 그 내용은 다음과 같다.

• 6개 정유회사는 회사별·유종별 시장점유율을 정하여 판매량을 제한하는 내용의 합의를 파기하고, 석유제품의 자유로운 판매를 제한하는 일체 행위를 하지 않아야 한다.
• 6개 정유회사는 다음과 같이 과징금을 국고에 납부하여야 한다.

(단위: 억 원)

유공	호남정유	경인에너지	쌍용정유	극동석유	여수에너지
9.5	7.1	2.2	1.9	0.4	0.3

---

7) 「(주)유공 등 6개 정유회사의 부당한 공동행위에 대한 건, 의결 제88-30호」에 대한 오진환의 평석을 인용.

6개 정유회사는 과징금이 위반행위로 인한 부당이득의 환수라는 특성을 갖는데 정부가 최고 판매가격을 고시하는 상황에서 부당이득이 발생할 여지가 없으므로 과징금 납부가 부당하다고 주장하였다. 반면, 공정거래위원회는 (구) 석유사업법에 따라 고시된 유통단계별 최고 판매가격은 가격의 상한(上限)이므로 고시된 가격 이하에서의 경쟁은 배제되지 않는다고 하였다. 또한 공정거래위원회는 과징금이 부당이득 환수의 특성을 갖지만 행정 제재벌(制裁罰)적 특성이 더 크다고 하였다.

3. 의식적 병행행위[8]

화장지는 두루마리, 미용, 대형으로 분류되고 두루마리 화장지는 엠보싱과 평판용, 미용 화장지는 무향과 향수, 1겹과 2겹으로 분류된다. 1997년 기준 화장지시장의 규모는 약 4천억 원이었는데 두루마리 화장지시장이 3,290억 원, 미용 화장지시장은 760억 원이었다. 또한 유한킴벌리, 쌍용제지, 모나리자, 대한펄프의 시장점유율은 [표 9－2]와 같다.

1996년 6월 4개 화장지회사가 엠보싱 두루마리 화장지의 공장도가격을 인하하였고(1차 가격 인하), 1997년 3월 1일~5월 10일 동일한 가격을 유지하였으며(1차 가격 인상), 1997년 8월 1일(2차 가격 인상)과 12월 31일(3차 가격 인상) 동일한 가격으로 인상하였다. 당시 4개 화장지회사의 두루마리 화장지 가격의 추이는 〈그림 9－2〉와 같다.

[표 9－2] 우리나라 화장지시장의 구조: 1997년 기준

	두루마리 화장지	미용 화장지
유한킴벌리	27.5%	34.6%
쌍용제지	28.4%	16.7%
모나리자	17.3%	16.2%
대한펄프	12.0%	12.6%

8) 「화장지 제조 4개사의 부당한 공동행위에 대한 건, 의결 제98-63호」에 대한 김재영의 평석을 인용.

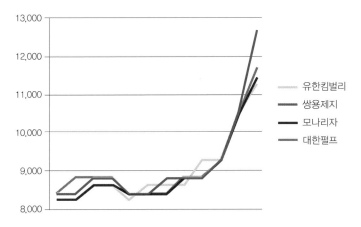

〈그림 9-2〉 우리나라 두루마리 화장지 가격의 추이:
1995년 5월~1998년 2월

공정거래위원회는 4개 화장지회사에 대하여 "공동으로 두루마리 화장지 가격을 변경하는 등 국내 화장지시장에서의 경쟁을 제한하여서는 안 된다."는 시정명령과 함께 총 21억 원의 과징금을 부과하였다. 그러나 법원은 [표 9-3]

[표 9-3] 의식적 병행행위에 관한 판결

- 1차 가격 인하의 경우 쌍용제지의 인하 폭이 유한킴벌리에 비하여 작았기 때문에 모나리자와 대한펄프가 쌍용제지 가격을 모방하였다. 만약, 유한킴벌리의 가격 인하 폭이 작았다면 이들은 유한킴벌리 가격을 모방하였을 것이다.
- 1차 가격 인상의 경우 쌍용제지는 신제품을 출시하면서 새로운 가격을 책정한 것인데 2개월 후 모나리자와 대한펄프가 쌍용제지 가격을 모방하여 담합과 유사한 외관(外觀)이 만들어졌다.
- 2차 및 3차 가격 인상의 경우 가격 인상이 같은 날 결정되었고 인상된 가격이 1원 단위까지 같게 되는 등 가격 동조화 현상이 심화되었으므로 이를 선도업체 가격을 후발업체가 모방한 것으로 볼 수 없다. 이러한 이유로 2차 및 3차 가격 인상에 대한 담합의 추정은 유지된다.
  - 유한킴벌리: 선도업체로서 다른 3사와 담합할 동기가 없다. 후발업체의 모방에 의하여 가격이 일치되었으므로 시정명령과 과징금 납부를 취소한다.
  - 쌍용제지·모나리자·대한펄프: 1차 가격 인하와 1차 가격 인상은 의식적 병행행위이므로 담합의 추정이 인정되지 않는다. 2차 및 3차 가격 인상은 담합의 추정이 인정된다.

과 같이 판결하였다.

4개 화장지회사는 과점시장에서 행위의 일치만으로 담합을 추정할 수 없는데 이 사건에서는 행위가 일치하지 않을 뿐만 아니라 합의를 추정할 수 있는 추가적 정황 증거가 없다고 주장하였다. 그러나 법원은 복수의 사업자의 일치된 행위가 존재하면 명시적인 합의가 없어도 담합한 것으로 추정되므로 사업자들은 일치된 행위가 담합이 아니라는 정황을 밝혀야 추정이 사라진다고 하였다. 다만, 담합이 없다는 것은 소극적(消極的) 사실이므로 행위의 일치가 각자의 독립적인 경영 판단에 의한 것임이 입증되어야 한다.

4. 수직적 담합[9)]

이 사건은 학생복시장에서 경쟁관계에 있는 3개사와 이들로부터 학생복을 공급받아 유통하는 유통업체가 담합에 가담한 것이다. 공정거래위원회는 이 사건을 학생복시장의 3개사와 전국의 유통업체가 수평적·수직적으로 담합한 것으로 보았다. 담합의 일반적인 형태는 경쟁관계에 있는 사업자들의 수평적 담합이므로 유통단계상 수직적 관계에 있는 사업자들의 담합을 규정할 수 있는지가 문제이다. 수직적 관계에서 발생하는 담합이나 강제행위는 재판매가격 유지, 배타조건부 거래, 구속조건부 거래를 적용할 수 있기 때문이다. 이 사건에서 공정거래위원회는 재판매가격 유지나 구속조건부 거래의 문제를 제기하지 않았다.

1) 시장 구조

2000년 기준 학생복시장의 규모는 동복 및 하복 각 150만 벌, 금액으로는 약 3,000억 원이었다. 3개 학생복회사의 시장점유율 합계는 50%를 크게 상회하였다. SK글로벌과 제일모직은 수도권은 대리점을 통하여, 그 외 지역은 지역별 총판(總販)과 대리점을 통하여 학생복을 판매하였다. 새한은 총판 없이 대리점을 통하여 학생복을 판매하였다. 학생복은 학교별로 다양하므로 다른 지역에서의 판매가 불가능하다. 이 때문에 시장이 분할되고 지역별 담합이 용

---

9) 「3개 학생복제조업체의 부당한 공동행위에 대한 건, 의결 제2001-082호」에 대한 박성범의 평석을 인용.

이하다. 또한 매출이 연중(年中) 두 차례, 약 1개월 동안 집중적으로 발생하기 때문에 담합에서의 이탈을 감시하는 비용도 적다.

2) 행위 사실

1998년 9월 이후 3개 학생복회사는 가격을 일정한 수준으로 유지하고 경쟁을 자제하기 위하여 총판 및 대리점 간 협의기구가 필요하다는 인식 하에 중앙협의회와 지역별 협의회의 결성을 추진하였다. 3개 학생복회사는 다음과 같은 내용의 확약서(確約書)를 작성하였다.

- 대리점이 지역협의회가 결정한 사항을 위반하거나 중앙협의회의 조정을 거부한 경우 아래와 같이 제재한다.
  - 1차 위반 시 본사가 경고 후 벌금 부과
  - 2차 위반 시 대리점계약 해지
- 과당 경쟁 방지에 솔선수범하여 대리점 간 분쟁 발생 시 적극적으로 개입하여 해결한다.
- 3개 학생복 회사의 팀장은 중앙협의회 회의에 적극적으로 참석한다.

이 밖에, 3개 학생복회사는 대리점으로 하여금 지역별 협의회가 가격을 결정하도록 하면서 SK글로벌은 총판용·대리점용 가격표를, 제일모직은 출고가, 총판가, 소비자가를, 새한은 출고가와 소비자정가를 지역별 협의회에 제공하였다.

공정거래위원회는 3개 학생복회사가 중앙협의회 임원과의 회의를 거쳐 총판과 대리점이 가격을 결정하거나 유지하도록 한 행위는 공정거래법상 가격을 결정, 유지, 변경하는 행위에 해당한다고 판단하였다. 공정거래위원회는 시정명령과 함께 총 89억 원의 과징금을 부과하고 3개 학생복회사의 영업팀장과 교복사업 본부장을 형사고발하였다. 법원도 3개 학생복회사의 담합이 총판, 대리점뿐만 아니라 본사(本社)의 경쟁을 제한하였다고 보았다.[10]

---

10) 3개 학생복회사는 학생복은 전국적으로 단일한 판매시장이 형성될 수 없고 영업 상황이 지역별로 다르므로 별개 시장으로 구분되어야 하고, 도매시장과 소매시장도 구분되어야 한다고 주장하였다. 그러나 법원은 전국적으로 특정 시기에 시장이 형성되고, 학생복이 지역별 총판과 대리점을 통하여 전국적으로 공급되므로, 지역별 경쟁관계가 전국적인 범위로 형성된다고 하였다.

기업결합에 관한 공정거래위원회의 시정조치는 많지 않다. 기업결합의 당사자가 소송을 제기한 경우도 드물다. 삼익악기가 영창악기를 인수한 사건은 이로부터 기업결합에 관한 최초의 대법원 판결이 나왔다는 점에서 그 의의가 크다. 이 사건을 통하여 대법원은 수평적 기업결합(합병)에 대한 기본 법리를 정립(定立)하였다. 대법원은 관련 시장을 획정하고 경쟁 제한성, 효율성의 항변, 도산기업의 항변을 판단하는 기준을 제시하였다.

2004년 3월 삼익악기와 계열회사인 삼송공업은 영창악기의 주식 48.13%를 취득하여 최대 주주가 되었다. 삼익악기와 영창악기는 국내 피아노시장, 그중에서도 업라이트 피아노시장에서 복점(duopoly)을 형성하였는데 이 합병으로 인하여 독점에 가까운 지위를 차지하였다.[12] 공정거래위원회는 삼익악기에 대하여 1년 내에 영창악기 주식을 제3자에게 매각하라고 명(命)하였다. 고등법원도 실현된 기업결합은 특별한 사정이 없는 한 결합 전 상태로 회복되는 것이 원칙이라고 하였다.

1. 관련 시장의 획정

공정거래위원회는 이 사건의 관련 시장을 업라이트 피아노, 그랜드 피아노, 디지털 피아노로 획정하였다. 삼익악기와 영창악기가 업라이트 피아노, 그랜드 피아노, 디지털 피아노를 생산하므로 이 사건 기업결합은 합병에 해당한다. 삼익악기는 중고(中古) 피아노를 관련 시장에 포함시켜야 한다고 주장하였으나 공정거래위원회는 신품(新品) 피아노만을 관련 시장으로 획정하였다.[13] 또

---

11) 「삼익악기(주)의 영창악기제조(주) 인수에 대한 건, 의결 제2004-271호」에 대한 이민호의 평석을 인용.

12) 합병 후 삼익악기의 시장점유율은 2003년 기준 업라이트 피아노시장의 92%, 그랜드 피아노시장의 64.4%, 디지털 피아노시장의 63.4%로서 1위이었는데 2위와의 차이는 각각 85.4%, 45.3%, 31.4%이었다.

13) 대법원도 중고 피아노와 신품 피아노는 용도, 가격, 판매자 및 구매자, 거래 행태, 영업 전략

한 공정거래위원회는 세계시장을 관련 시장으로 획정하여야 한다는 삼익악기의 주장도 받아들이지 않았다.

피아노와 같은 내구재의 경우 중고품과 신품의 대체를 전적으로 부인할 수도 인정할 수도 없는 경우가 많다. 중고품을 관련 시장에서 제외하면 결합된 기업의 시장지배력이 과대평가되고, 관련 시장에 포함시키면 결합된 기업의 시장지배력이 과소평가된다. 하나의 대안은 중고품을 관련 시장에 포함시키되 생산량이 아닌 가격을 기준으로 시장점유율을 계산하는 것이다. 이렇게 하면 중고품이 신품보다 가격이 낮으므로 결합된 기업의 시장지배력이 과대평가되지 않는다.

이 사건에서 삼익악기가 관련 시장을 세계시장으로 획정하여야 한다고 주장하였으나 이것이 인정되려면 소비자가 피아노를 국내에서 구매하는 것과 국외로부터 구매하는 것이 무차별하여야 한다. 그러나 현실에서는 무역 장벽, 운송비, 유통망, A/S 등으로 인하여 국내에서 구매하는 것과 국외로부터 구매하는 것이 무차별하지 않다. 다만, 국내에 수입된 피아노는 국내 시장에 포함된다.

2. 경쟁 제한성

공정거래법상 결합된 기업의 시장점유율은 경쟁 제한성의 추정 요건에 해당한다. 즉, 삼익악기가 영창악기를 인수함으로써 시장점유율이 크게 증가하였으므로 이 합병은 피아노시장에서의 경쟁을 제한한 것으로 추정된다. 삼익악기는 합병으로 인하여 경쟁이 제한되지 않았다는 것을 입증하여야 처벌을 면(免)한다.

삼익악기는 일본산 및 중국산 피아노가 자신의 시장지배력을 억제할 것이라고 주장하였으나 공정거래위원회는 일본산 및 중국산 피아노는 유효한 경쟁사업자가 아니라고 하였다. 공정거래위원회는 국내 피아노시장이 정체 상태에 있고, 생산시설 설립에 필요한 투자액이 상당하며, 삼익악기가 부품 생산기지를 해외로 이전한 사실 등을 감안하여 새로운 기업이 피아노시장에 진입하는 것이 어렵다고 판단하였다. 삼익악기는 중고 피아노가 동일한 시장은 아니지만 인접 시장이므로 자신의 시장지배력을 억제한다고 주장하였으나 공정거래

등이 다르므로 공급과 수요 측면에서 대체성을 인정하기 어렵다고 하였다.

위원회가 이를 받아들이지 않았다.[14]

3. 효율성의 항변

기업결합이 경쟁을 제한하더라도 효율성을 증가시키는 효과가 더 크면 그 적법성(適法性)이 인정될 수 있다. 이를 효율성의 항변이라고 한다.

효율성을 측정하는 기준에 관하여서 생산자 후생(생산자잉여)과 소비자 후생(소비자잉여)의 합인 사회적 후생(사회적 잉여)이 기준이라는 견해, 소비자 후생이 기준이라는 견해, 생산자 후생과 소비자 후생의 가중평균(weighted average)이 기준이라는 견해가 있다.[15] 두 번째 견해를 따를 경우 기업결합으로 인하여 경영이나 생산의 효율성이 증가하여도 그것이 소비자 후생의 증가로 연결되지 않으면 인정되지 않는다. 이 사건에서 공정거래위원회와 대법원은 국내소비자의 후생을 기준으로 효율성 증가를 판단하였다.

삼익악기는 미국 현지법인 통합, 국내대리점 통합, 영창악기 중국공장의 생산 증가, 중국시장 점유율 10% 달성, 디지털 피아노의 기술력과 판매능력 통합, 국내·외 생산 공정의 특화 등 338억 원의 효율성 증가가 있다고 주장하였다. 공정거래위원회는 삼익악기가 주장하는 효율성 증가가 이 사건 기업결합의 고유한 효과가 아니고, 국내소비자의 후생과 직접적인 관련성이 없으며, 실현이 불확실하다는 등의 이유로 인정하지 않았다. 대법원도 삼익악기가 주장하는 효율성 증가가 국내소비자의 후생과 관련이 없고, 경쟁 제한으로 인한 폐해보다 크다고 할 수 없다고 판시하였다.

4. 도산기업의 항변

공정거래위원회는 영창악기의 자금 사정이 좋지 않았다는 사실을 인정하였으나 합병이 없었다면 영창악기가 지급불능 상태에 이르렀을 것이라고 보지

---

14) 대법원은 직접적 대체재인 두 제품을 한 회사가 생산하면 소비자의 선택 폭이 줄어들고 가격이 인상될 가능성이 커지므로 기업결합은 경쟁을 실질적으로 제한하는 행위에 해당한다고 하였다.

15) 제8장의 〈그림 8-2〉는 첫 번째 견해를 따른 것이다.

않았다. 합병이 없었더라도 영창악기의 생산설비가 관련 시장에서 활용되었을 것으로 보았다. 또한 공정거래위원회는 영창악기의 인수에 비하여 경쟁 제한성이 작은 기업결합이 성사되기 어려웠다고 판단하지 않았다.[16]

공정거래위원회의 심결 직후 삼익악기가 자금 지원을 중단하자 영창악기의 재무구조가 악화되어 회사정리 절차가 시작되었다. 그러나 공정거래위원회는 회사정리 절차가 끝나고 경영이 정상화되면 영창악기는 다시 삼익악기의 경쟁사업자가 될 것이라고 예상하였다. 부실기업이라 하더라도 경영정상화가 가능하면 기업결합을 금지하거나 경쟁 제한성을 해소하는 것이 바람직하다고 공정거래위원회는 판단하였다.

제4절 기타 반경쟁적 행위

이 장에서는 앞에서 다루지 않은 기업의 다양한 반경쟁적 행위에 대하여 논의하였다. 제1항에서는 CPU 제조업체가 PC 제조업체에 지급한 리베이트가 약탈적 가격에 해당하는지를 분석하였다. 제2항의 내용은 우유시장에서 발생한 재판매가격 유지이다. 제3항은 포항종합제철이 현대하이스코와의 거래를 거절한 사례이다. 이 사례에서 쟁점은 거래 거절의 부당성을 판단하는 것이었다.

1. 로열티 리베이트[17] 지급

이 사건은 로열티 리베이트[18] 지급이 반경쟁적 행위로 인정된 최초의 심결

---

16) 대법원도 영창악기가 국내·외에서 높은 브랜드 인지도를 보유하고 상당한 판매 실적을 기록하고 있는 사정 등을 감안하면 관련 시장에서 퇴출될 것이라고 보기 어려운 점, 삼익악기 외의 다른 회사가 영창악기에 대하여 증자 참여, 인수를 제안하였던 점 등을 종합하여 도산기업의 항변을 인정하지 않았다.

17) 「인텔코퍼레이션, 인텔세미콘덕터리미티드 및 (주)인텔코리아의 시장지배적 지위 남용 행위에 대한 건, 의결 제2008-295호」에 대한 조성국의 평석을 인용.

18) 로열티 리베이트는 충성(忠誠) 리베이트로 번역된다. EU는 조건부 리베이트(conditional rebate)라는 단어를 사용한다. 일정 기간 정해진 구매량, 구매비율, 구매증가율 등을 지킨 경

[표 9-4] 로열티 리베이트의 지급에 관한 심결

- 인텔 3사는 국내 PC 제조회사에 다음과 같은 조건으로 리베이트를 제공하는 행위를 하여서는 안 된다.
  - 국내 PC 제조회사가 경쟁사업자의 CPU를 구매하지 아니할 것
  - 국내 PC 제조회사가 제조·판매하는 PC에 탑재하는 총 CPU의 수량 중 인텔 3사의 CPU 수량의 비율을 일정 수준 이상으로 유지할 것
  - 국내 PC 제조회사가 특정 유통채널을 통하여 판매하는 PC에 경쟁사업자의 CPU를 탑재하지 말거나 인텔 3사의 CPU를 일정 비율 이상 탑재할 것
  - 국내 PC 제조회사가 경쟁사업자의 신제품 CPU 국내출시 행사에 참여하지 아니할 것, 경쟁사업자의 신제품 CPU를 탑재한 PC를 출시하지 아니할 것

이다. 2005년 기준 세계 PC용 CPU시장은 인텔이 79.3%, AMD가 18.5%를 점유하여 양사의 시장점유율 합계가 97.8%이었다. 국내 PC용 CPU시장도 인텔이 86.9%, AMD가 13.0%를 점유하여 양사의 시장점유율 합계가 99.9%이었다. 인텔 3사는 2002년 7월~2005년 6월 삼성전자에 AMD의 CPU를 구매하지 않는 조건으로 리베이트를 지급하였다.19)

2008년 11월 공정거래위원회는 인텔 3사에 [표 9-4]와 같은 시정명령을 내리고 266억 원의 과징금을 부과하였다.

로열티 리베이트는 계속적 거래관계에서 발생한다. 지급자(支給者)는 고정비용 회수와 안정적인 거래관계 유지를 위하여 로열티 리베이트를 지급한다. 수령자(受領者)의 입장에서는 실질적으로 구입 단가(單價)가 인하되고 안정적인 공급이 보장된다. 로열티 리베이트의 형태로 구입액의 일부가 환급(還給)되면 결과적으로 가격이 할인되므로, 로열티 리베이트를 받지 않은 사업자가 현저하게 불리할 경우 약탈적 가격이 문제가 된다. 또한 로열티 리베이트는 경쟁사업자와 거래하지 않는 것을 조건으로 지급되므로 배타조건부 거래에도 해당된다.

우 지급되는 리베이트를 로열티 리베이트라고 한다.

19) 인텔 3사는 자사(自社) CPU만을 사용하던 국내 PC시장 1위 업체인 삼성전자가 2002년 1분기부터 AMD의 CPU를 탑재한 PC를 출시하려고 하자 이를 포기하는 조건으로 800만 달러의 리베이트를 제안하였다. 삼성전자가 이를 거부하자 인텔은 분기별 400만 달러이던 리베이트를 2002년 1분기에 76만 달러로 감액(減額)하였다.

[표 9-5] 기회비용이 고려된 경쟁 가격 측정: 2002년 4분기

---

① 2002년 4분기 삼성전자의 CPU 구매량 33만7천 개의 3%는 10,110개이다.

② 삼성전자가 10,110개의 CPU를 AMD로부터 구입하면 리베이트는 627,693 달러(인텔 CPU 구매액의 1.15%)가 된다. 이는 CPU를 인텔 3사로부터만 구입하는 경우에 비하여 1,372,307달러 적은 금액이다.

③ 감소한 리베이트를 AMD로부터 구매한 CPU 수로 나눈 금액은 약 135.74 $\left(\frac{1,372,307}{10,110}\right)$달러이다. 즉, 삼성전자가 AMD의 CPU를 구입하면 개당 135.74 달러의 기회비용이 발생한다.

④ 2002년 4분기 인텔 3사의 CPU 가격이 140.30달러이므로 AMD가 인텔 3 사와 경쟁하려면 4.56(140.30 − 135.74)달러의 가격을 책정하여야 한다.

공정거래위원회는 인텔 3사가 삼성전자에 지급한 로열티 리베이트가 약탈적 가격에 해당한다고 판단하였다. 그 논거는 다음과 같다. 삼성전자는 2002년 1분기 CPU 구매량의 3%에 해당하는 10,670개를 AMD로부터 구입하였다. 이로 인하여 로열티 리베이트가 76만 달러로 감소하였는데 이는 삼성전자의 인텔 CPU 구매액의 1.15%이다. 삼성전자가 AMD와 거래하면 로열티 리베이트가 감소하므로 그 금액만큼 기회비용이 발생한다고 할 수 있다. 따라서 AMD는 인텔 3사보다 낮은 가격을 제시하여야 삼성전자와 거래할 수 있다.

[표 9−5]는 AMD가 삼성전자와 거래할 수 있는 가격을 추정하는 과정을 정리한 것이다. [표 9−5]를 보면 2002년 4분기 기준 AMD의 CPU 가격이 4.56 달러이어야 삼성전자와 거래할 수 있다. 〈그림 9−3〉은 2002년 4분기~2005년 2분기 인텔 3사의 실제 가격과 [표 9−5]의 방법으로 계산한 AMD의 경쟁 가격을 보여준다. 〈그림 9−3〉에서 확인되듯이 AMD의 CPU 가격이 100달러 미만이어야 인텔 3사와 경쟁할 수 있는데 이는 현실적으로 불가능하다.[20] 따라서 인텔 3사가 삼성전자에 지급한 로열티 리베이트는 약탈적 가격에 해당된다.

---

[20] 〈그림 9−3〉의 부(−)의 가격은 AMD가 삼성전자에 가격을 지불하고 CPU를 판매하여야 한다는 것을 의미한다.

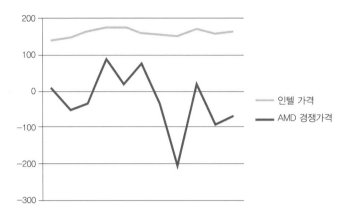

<그림 9-3> 인텔 3사의 실제 가격과 AMD의 경쟁 가격:
2002년 4분기~2005년 2분기

2. 재판매가격 유지[21]

1997년 기준 분유시장은 남양유업, 매일유업, 파스퇴르유업의 과점구조로서 시장점유율은 각각 50.0%, 39.6%, 10.4%이었다. 매일유업은 제품을 자사지점 → 대리점(특약점) → 소매점 채널로 공급하거나 대형할인점에 직접 공급하였다. 1997년 12월 매일유업은 분유 가격을 인상하면서 공급가격 외에 소비자가격을 지정하고 거래처가 그것을 지키도록 강제하였다. 매일유업은 소비자가격을 지키지 않은 경우 가격 인상을 종용(慫慂)하거나 공급 중단을 통보하였다.

공정거래위원회는 매일유업의 행위가 재판매가격 유지에 해당한다는 이유로 시정명령과 함께 2억6,600만 원의 과징금을 부과하고 매일유업 및 그 대표자를 형사고발하였다. 공정거래위원회의 심결 내용은 [표 9-6]과 같다.

재판매가격 유지는 상품을 판매함에 있어서 거래단계별 가격을 미리 정하여 재판매사업자에게 그 가격으로 판매할 것을 강제하는 규약, 기타 조건을 붙이는 행위이다. 따라서 재판매가격 유지를 구성하는 요소는 재판매, 가격 지정, 행위의 강제성이다.

---

21) 「매일유업의 재판매가격유지 행위에 관한 건, 의결 제98-111호」에 대한 신영수의 평석을 인용.
22) 대법원도 매일유업의 거래처에 대한 소비자가격 통보는 조직적인 감시·감독, 공급 중단의

[표 9–6] 재판매가격 유지에 관한 심결

- 재판매가격 유지가 성립되려면 계약 등 명백한 구속이 상대방에 부과될 필요는 없고, 제조업자가 지시한 가격으로 판매하지 않을 경우 경제상 불이익을 부과하거나 부과할 것을 시사하는 등 인위적 수단을 사용하여 당해 가격으로 판매하도록 하면 충분하다.[22)]
- 대형할인매장과 슈퍼마켓 등은 매일유업과 독립된 유통사업자이므로 가격을 자율적으로 결정하여야 하는데 매일유업이 소매점을 보호한다는 이유로 가격결정권을 제약함으로써 공정한 경쟁을 저해하였다.

---

1) 재판매

현실적으로 재판매는 유통업자, 대리점, 특약점과의 계약을 통하여 이루어진다. 문제는 이들 유통업자의 법률적 성격과 효과가 일률적이지 않다는 것이다. 예를 들면, 대리점이 상위사업자에게 구속되어 자율적으로 가격을 책정하지 못할 수 있다. 판매단계가 상이한 사업자 간 거래가 재판매인지 위탁판매인지는 하위단계 사업자의 외형이 아니라 그 실질을 기준으로 판단하여야 한다. 소유권의 귀속 시기가 언제인지, 대리점이 세법상 독립적인 사업자로 거래하고 있는지, 외상대금의 회수 책임 또는 재고품에 대한 위험 부담을 누가 지는지 등이 고려되어야 한다.

2) 가격 지정

공정거래위원회는 아래와 같은 행위를 가격을 지정한 것으로 간주하였다.

- 계약서 등을 통하여 대리점의 판매가격 지정
- 대리점이 판매할 가격의 하한(下限)을 정하거나 통보
- 대리점에 대하여 최저가격 이하 판매의 금지 또는 자제를 요청하는 공문 발송
- 리베이트율이나 이윤율 지정

통지·시사라는 수단이 부수(附隨)되어 있으므로 재판매가격 유지에 해당한다고 하였다.

3) 행위의 강제성

공정거래위원회의 심결에 의하면 다음과 같은 행위가 있을 때 강제성이 인정된다.

- 일방적인 계약 해지, 공급가격 인상, 출하량 제한, 제품 공급 거절, 리베이트 삭감, 벌칙금 징수, 공탁금 예치
- 구두 또는 서면 경고, 판매소장 교체, 조사위원회 구성, 판매가격 보고 요구
- 사업장 점검, 영업사원의 대리점 순시, 장부 열람

---

3. 거래 거절[23]

열연코일은 강관용과 강판용으로, 강판용은 일반용과 자동차용으로 나뉜다. 2000년 기준 자동차 강판용 열연코일 시장은 포항종합제철이 80%를 점유하였다. 현대·기아자동차는 포항종합제철로부터 자동차용 강판을 구입하였으나 1999년 2월 현대하이스코가 완공되어서 포항종합제철과 경쟁하게 되었다. 현대하이스코는 자동차용 강판을 생산하기 위하여 포항종합제철에 열연코일 판매를 요청하였으나 거절되었다.

공정거래위원회는 포항종합제철의 행위가 부당한 거래 거절에 해당한다고 판단하고, 시정명령과 함께 16억 원의 과징금을 부과하였다. 그러나 대법원은 공정거래위원회의 모든 처분을 취소하였다. 이 사건에서 포항종합제철이 시장 지배적 사업자이고 열연코일 공급을 거절한 것은 명백하다. 공정거래위원회와 대법원은 거래거절의 부당성에 대하여 다르게 판단하였다.

거래 거절의 부당성은 객관적 측면(효과)과 주관적 측면(의도 또는 목적)에서 평가된다. 다만, 거래 거절의 의도 또는 목적은 별도의 입증이 필요한 독립적 요건이 아니다. 거래 거절이 경쟁을 제한하는 효과가 크면 경쟁을 제한하려는 의도나 목적이 없어도 부당하다. 반면, 거래 거절이 경쟁을 제한하는 효과

---

23) 「포항종합제철(주)의 시장지배적 지위 남용 행위에 대한 건, 의결 제2001-068호」에 대한 이황의 평석을 인용.

[표 9-7] 거래 거절의 부당성

		경쟁 제한의 효과		
		있음	모호함	없음
경쟁 제한의 의도 또는 목적	있음	부당	부당	정당
	없음	부당	정당	정당

가 없으면 경쟁을 제한하려는 의도나 목적은 고려되지 않는다. 만약, 거래 거절이 경쟁을 제한하는 효과가 모호하다면 경쟁을 제한하려는 의도나 목적이 뚜렷한 경우 그 부당성이 인정된다. 요약하면, 거래 거절의 부당성은 [표 9-7]과 같이 판단된다.

1) 부당성의 객관적 측면

거래 거절의 부당성을 객관적 측면에서 판단할 때 문제가 되는 것은 공정거래 저해성과 경쟁 제한성이다. 이 사건에서 포항종합제철이 현대하이스코에 열연코일을 판매하지 않음으로써 현대하이스코가 불이익을 받았다. 이는 공정한 거래를 저해한 행위이다. 그러나 공정한 거래가 저해되었다고 하여서 자동차용 강판시장의 경쟁이 제한되었다고는 할 수 없다.24) 포항종합제철의 거래 거절에도 불구하고 자동차용 강판시장의 경쟁 정도가 변하지 않을 수 있다. 경쟁을 제한하는 효과가 분명하지 않은 사업 활동을 다른 사업자를 불리하게 한다는 이유로 처벌하면 시장경제의 효율성이 저하된다.

공정거래위원회는 포항종합제철의 거래 거절로 인하여 현대하이스코는 경쟁자로서 충분하게 기능할 수 없을 정도의 장애가 초래되었으며, 이는 강판시장에서의 경쟁을 저해하는 결과를 초래하였다고 판단하였다. 그러나 공정거래위원회는 포항종합제철의 거래 거절로 인한 경쟁 제한의 효과를 구체적으로 분석하지 않았다. 대법원은 [표 9-8]과 같이 설시함으로써 거래 거절의 부당성이 인정되려면 경쟁 제한성이 입증되어야 한다고 하였다.25)

---

24) 이러한 의미에서 경쟁자를 보호하는 것(공정거래 저해성)과 경쟁을 보호하는 것(경쟁 제한성)은 구별되어야 한다.

25) 사실 관계를 보면, 포항종합제철의 거래 거절에도 불구하고 현대하이스코는 정상적으로 강판을 생산하여 상당한 이윤을 지속적으로 얻었고 강판이나 자동차 등 관련 상품의 가격이 오

[표 9-8] 거래 거절의 부당성에 관한 판결

- 시장지배적 사업자의 거래 거절의 부당성과 불공정 거래 행위로서의 거래 거절의 부당성은 다르다.
- 특정 사업자에게 불이익이 발생한 사실만으로 시장지배적 사업자의 거래 거절의 부당성을 인정할 수 없다.
- 객관적으로 경쟁 제한의 효과가 발생할 가능성이 있는 행위를 하였을 때 시장지배적 사업자의 거래 거절의 부당성이 인정된다.

2) 부당성의 주관적 측면

포항종합제철은 현대하이스코에 열연코일을 공급할 경우 자신이 연료공급업체로 전락할 것이므로 열연코일을 공급하지 않겠다고 밝혀 왔다. 공정거래위원회는 이러한 입장을 열연코일 시장에서의 시장지배적 지위를 이용하여 경쟁사업자의 강판시장 진입을 방해하고 자신의 시장지배력을 유지하려는 의도를 공개한 것으로 보았다. 또한 포항종합제철이 연합철강과 동부제강에 열연코일을 판매하면서 현대하이스코에 판매하지 않은 행위도 경쟁 제한의 의도를 드러낸 것으로 간주하였다. 반면, 대법원은 포항종합제철의 거래 거절의 효과를 인정하지 않았으므로 그 의도나 목적을 판단하지 않았다.

3) 사업상 정당화(business justification)

시장지배적 사업자가 경쟁사업자와의 거래를 거절하더라도 정당한 사업상 이유가 있으면 책임을 피할 수 있다. 정당한 방법으로 경쟁적인 사업활동을 하였으면 그 결과로서 경쟁을 제한하는 효과가 발생하더라도 이를 부당하다고 할 수 없다. 거래 거절에 경쟁을 제한하려는 의도가 없거나(주관적 정당화) 거래 거절이 효율적이면(객관적 정당화) 사업상 정당화가 인정된다.26) 미국의 경우 아래와 같은 사유가 있으면 거래 거절의 객관적 정당화가 가능하다.

르거나 공급량이 감소하지 않았다.

26) 거래 거절의 주관적 정당화는 부당성의 주관적 사유가 없다는 것과 같다. 거래 거절의 객관적 정당화는 효율성 효과가 경쟁 제한적 효과에 비하여 크다는 뜻이다. 이러한 이유로 사업상 정당화라는 개념이 필요하지 않다는 견해가 있다.

- 사실상 · 규정상 · 기술상 거래를 할 수 없는 내적 · 외적 제약
- 경제적 · 사업적 효율성 제고(비용 절감), 품질 관리에 따른 필요성
- 소비자 후생의 증가를 위한 조치, 무임승차 방지

부록 39. 시장 획정과 경쟁 제한성[27)]

2008년 5월 삼성테스코는 이랜드리테일 주식의 91%를 취득하는 계약을 체결하고 기업결합을 신고하였다. 삼성테스코는 대형마트인 홈플러스를, 이랜드리테일은 대형마트인 홈에버를 각각 운영하였으므로 이 기업결합은 합병이다. 공정거래위원회가 상품시장과 지리적 시장을 획정하여 경쟁 제한성을 심사한 결과, 일부 지역시장에서 경쟁이 제한된 것으로 나타났다.

1. 시장 획정

1) 상품시장

공정거래위원회는 관련 상품시장을 3,000㎡ 이상의 매장 면적을 갖추고, 식품 · 의료 · 생활용품 등 다양한 일상 소비용품과 각종 문화 · 생활편의 서비스의 집합적 쇼핑이 가능한 대형마트로 획정하였다. 식료품 판매에 있어서 대형마트와 슈퍼마켓이 경쟁하지만 소비자들이 대형마트를 슈퍼마켓과 독립된 유통채널로 인식하므로 공정거래위원회는 대형마트와 슈퍼마켓이 경쟁하지 않는다고 판단하였다.

공정거래위원회는 대형마트를 하나의 시장으로 획정한 근거로서 구매전환율(diversion ratio)을 제시하였다. [표 9-9]를 보면 부산 소비자들은 대형마트의 대체재로서 대형마트를 선택한다는 사실이 확인된다. 예를 들어, 해운대 홈에버가 없어지면 소비자의 87.3%는 다른 대형마트를 이용한다. 대형마트의 시장지배력을 제한하는 경쟁자는 대형마트이다.[28)]

---

27) 「삼성테스코의 홈에버 인수 건, 의결 제2008-285호」에 대한 남재현의 평석을 인용.

28) 1997년 Staples와 Office Depot가 결합하였다. 두 회사는 사무용품을 할인 판매하는 유통업체이다. 사무용품은 할인매장 외에 대형마트에서 판매된다. Staples의 가격은 근처에 사무용품 할인매장이 있을 때 13% 낮았다. Wal-mart나 Costco와 같은 대형마트는 Staples의 경쟁사가 아니다. 사무용품 할인매장의 대체재는 사무용품 할인매장이다. 이 사건에서 사무용품 할인매장이 상품시장으로 획정되었다.

[표 9-9] 홈에버의 구매전환율: 부산의 경우

	홈 에 버		
	해운대 점포	서면 점포	장림 점포
대형마트	87.3%	96.1%	86.0%
백화점	2.0%	2.6%	–
슈퍼마켓	11.8%	0.6%	14.0%
재래시장	2.6%	–	–

2) 지리적 시장

대형마트의 경우 본사가 기본가격을 책정하지만 지점별·지역별 경쟁 상황을 반영하여 가격을 조정한다. 이러한 사실을 감안하여 공정거래위원회는 대형마트가 지점별로 가격경쟁을 하는 것으로 판단하였다. 공정거래위원회는 지리적 시장을 획정하기 위하여 중첩원의 합집합(a union of overlapping circles) 접근법29)을 사용하였다. 이를 위하여 공정거래위원회는 지역시장30)을 대형마트의 반경(半徑) 5km로 정하였다.31) 그 근거는 다음과 같다. 첫째, 홈플러스의 33개 지점 중 31개는 회원의 70% 이상이 반경 5km 내에 거주하였다. 둘째, 소비자가 자동차로 5km를 이동할 경우 약 15분이 소요된다.

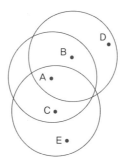

〈그림 9-4〉 중첩원의 합집합 접근법

---

29) 관련 상품시장에 해당하는 개별사업자를 중심으로 원을 그린 후, 그 안에 위치한 다른 사업자를 중심으로 원을 그려서 그 전체를 하나의 지리적 시장으로 획정하는 것이 중첩원의 합집합 접근법이다.

30) 경쟁 상품의 가격이 상승할 때 소비자들이 구매를 전환할 수 있는 범위의 시장을 지역시장이라고 한다.

31) 홈에버의 개별 점포를 중심으로 반경 5km 내 지역을 1차로 획정한다. 이 지역에 위치한 모든 대형마트의 반경 5km 내 지역을 2차로 획정한다. 1차와 2차로 획정된 지역을 합한 것이 홈에버의 지리적 시장이다.

〈그림 9-4〉는 중첩원의 합집합 접근법이 적용된 예이다. 기업 A를 중심으로 반경 5km의 원을 그리면 기업 B, C가 포함된다(1차 획정). 기업 B와 C를 중심으로 각각 반경 5km의 원을 그리면 기업 D, E가 포함된다(2차 획정). 최종적으로 A, B, C, D, E는 동일한 지리적 시장으로 획정된다.

2. 경쟁 제한성

공정거래위원회는 기업결합의 경쟁 제한성을 판단하기 위하여 홈에버의 점포별 시장점유율 외에 구매전환율을 측정하였다. 구매전환율은 기업의 대체성을 측정한 것이므로 결합된 기업이 가격을 올릴 수 있는지를 파악하는 데 유용(有用)하다. 결합되는 기업의 대체성이 크면 결합 후 가격이 인상될 수 있다.

부산시 해운대 지역의 대형마트는 서쪽에서 동쪽으로 홈플러스 센텀시티점, 홈에버 해운대점, 이마트 해운대점이 거의 직선상에 위치한다. 따라서 홈플러스 센텀시티점이 가격을 인상하면 이 지역의 소비자들은 홈에버 해운대점으로 이동하고, 홈플러스 센텀시티점의 서쪽에 거주하는 소비자들은 홈플러스 센텀시티점을 이용할 가능성이 크다. 이러한 이유로 홈플러스와 홈에버의 합병이 해운대 지역에서의 경쟁을 제한한다고 판단되었다.

제 **10** 장

가치 평가

법적 현상을 법경제학적 측면에서 분석한다는 것은 법적 행위나 법적 원칙 등을 효율성을 기준으로 평가함을 의미한다. 여기에서 효율성은 편익과 비용의 차이로 정의된다. 법경제학에서는 법적 행위나 법적 원칙 등이 유발하는 편익과 비용의 크기를 측정하는 것이 큰 과제이다. 이러한 까닭에 법경제학자는 비용편익분석(cost-benefit analysis)[1]의 전문가이어야 한다.

불법행위법의 목적은 불법행위로 인한 손해를 배상하는 것이다. 불법행위로 인한 손해가 재산적인 것이면 가치 평가가 비교적 쉽다. 시장에서 그 가치가 결정되기 때문이다. 상해나 사망으로 인한 손해의 크기를 측정하는 것은 어렵다. 육체적·정신적 고통의 크기를 재는 것도 쉽지 않다. 계약 파기의 경우에도 가치 평가가 중요하다. 배상원칙을 적용하려면 이행이익이나 신뢰이익의 크기를 측정하여야 한다. 심지어 형사법에서도 가치 평가는 중요하다. 범죄를 최적 수준으로 억제하려면 범죄가 유발하는 사회적 비용을 측정하여야 한다.

이 장에서는 민사법에서 가치 평가가 어떠한 의미를 갖는지에 대하여 논의하였다. 제1절에서는 기업의 반경쟁적 행위로 인한 사회적 비용을 측정하는 방법을 소개하였다. 제2절과 제3절의 내용은 환경 소송과 증권 소송에서 피해자의 손해액을 산정하는 문제이다. 환경 소송과 증권 소송은 집단 소송(class-action suit)[2]에 해당한다. 끝으로 명예훼손과 사생활 침해를 중심으로 비재산

---

1) 비용은 부(−)의 편익이므로 비용편익분석은 편익을 측정하는 것이다. 이 장에서는 편익의 크기를 측정하는 것을 가치 평가(valuation)라고 하였다.

적 손해액을 측정한 연구를 제4절에 소개하였다.

반경쟁적 행위[3]

기업의 반경쟁적 행위로 인한 손해액을 산정하는 기본적인 방법은 이른바 차액설(差額說)로서 이는 반경쟁적 행위가 없었다면 형성되었을 '가상적 경쟁 가격'과 반경쟁적 행위가 이루어진 상황에서 형성된 '실제 가격'의 차이를 바탕으로 손해액을 산정하는 것이다. 그런데 가상적 경쟁 가격은 직접 증거에 의하여 입증되기가 어렵다. 이 문제는 우리나라 독점규제법에 제57조가 신설됨에 따라 해결되었다. 제57조는 "손해가 발생한 것은 인정되나 그 손해액을 입증하기 위하여 필요한 사실을 입증하는 것이 극히 곤란한 경우에는 법원은 변론 전체의 취지와 증거 조사의 결과에 기초하여 상당한 손해액을 인정할 수 있다."고 함으로써 과거의 시장 상황에 대한 자료를 통하여 손해액을 추정하는 계량경제학적 방법론의 사용이 가능하게 되었다.

법원이 손해액 입증에 덜 엄격한 기준을 적용하게 된 이유는 원고가 반경쟁적 행위가 없었을 경우의 경쟁 가격을 정확하게 추정하는 것이 어렵고, 충분한 자료가 없는 원고가 손해액을 부정확하게 추정하였다는 이유로 배상받지 못하는 것은 불공평하기 때문이다. 다만, 손해액을 입증하는 데 있어서 합리적인 엄밀성 요건이 반드시 적용되는 것은 아니지만 단순한 추측으로 손해액을 추정하는 것은 인정되지 않는다.

---

2) 불법행위의 피해자가 많으면 피해액이 크더라도 일인당 피해액이 작으므로 개인적으로 소송할 유인이 없다. 이 문제를 해결하기 위한 제도가 집단 소송이다. 집단 소송이 제기되면 피해자들이 하나로 묶이므로 개별 피해자가 부담하는 소송비가 크게 줄어든다. 법원도 동일한 사건을 반복적으로 처리하지 않아도 된다. 다만, 집단 소송의 과정에서 상당한 거래비용이 발생한다. 피해자들을 파악하여서 그들의 동의를 얻고, 피해자가 아닌 사람들이 소송인이 되는 것을 방지하여야 한다.

3) 이 절은 홍동표(2008)와 이준석(2015)을 요약한 것임.

1. 전후(before and after) 비교와 비교시장(benchmark) 방법론

A지역에서 B상품에 대한 가격 담합이 있었다고 가정하자. 가격 담합으로 인한 손해액은 두 가지 방법으로 측정이 가능하다. 첫째, A지역에서 판매된 B상품의 가격을 가격 담합이 없었던 시기와 가격 담합이 있었던 시기로 나눈 후 양자의 차이를 가격 담합의 효과로 간주할 수 있다. 이를 전후 비교 방법론이라고 한다. 둘째, A지역에서 판매된 B상품의 가격과 A외 지역(가격 담합이 없었던 지역)에서 판매된 B상품의 가격을 비교하거나, A지역에서 판매된 B상품의 가격과 A지역에서 판매된 C상품(유사 상품)의 가격을 비교할 수 있다. 이는 비교시장 방법론이다.4)

전후 비교 방법론을 적용하든 비교시장 방법론을 적용하든 관건은 반경쟁적 행위로 인한 효과만을 측정하는 것이다. 전후 비교 방법론을 적용할 경우 시간이 지남에 따라 가격을 결정하는 다양한 요인이 변하므로 이로 인한 가격 변화를 제거하여야 한다. 비교시장 방법론을 적용하는 경우에는 비교 대상이 되는 지역 또는 유사 상품에 고유(固有)한 가격 결정 요인이 있을 수 있으므로 그 효과를 제거하여야 한다. 물론, 완벽한 모형은 없으므로 반경쟁적 행위 외의 다른 요인이 가격에 미치는 영향을 완전히 제거할 수는 없다.

2. 더미변수(dummy variable)와 예측(forecasting) 접근법

이론적으로 비교의 대상이 되는 시기·지역·상품이 반경쟁적 행위의 영향을 받은 시기·지역·상품과 동일하여야 한다. 이를 달성하는 데 사용되는 일반적인 방법론이 회귀분석(regression analysis)이다. 미국 법원은 회귀분석을 "반경쟁적 행위로 인한 손해액을 측정하는 데 사용되는 일반적으로 인정되는 정통적 방법론"이라고 하였다. 손해액 측정에 사용되는 회귀분석 모형으로 더미변수 접근법과 예측 접근법이 있다.

---

4) 계량경제학적 측면에서 전후 비교 방법론은 시계열 분석(time-series analysis), 비교시장 방법론은 횡단면 분석(cross-section analysis)에 해당한다.

1) 더미변수 접근법

더미변수 접근법은 가격함수5)를 추정하는 데 있어서 반경쟁적 행위가 있었던 시기·지역·상품을 1, 반경쟁적 행위가 없었던 시기·지역·상품을 0으로 정의한 더미변수를 설명변수의 하나로서 고려하는 것이다. 예를 들어, 어떤 기업이 $t_0 \sim t_1$ 기간 담합에 가담하였다면 담합의 효과를 나타내는 더미변수는 t_0 이전이 0, $t_0 \sim t_1$ 기간은 1, t_1 이후는 0으로 정의된다. 지역 더미변수도 이와 유사하다. 만약, 어떤 기업이 서울에서 담합에 가담하고 나머지 지역에서는 담합에 가담하지 않았다면 더미변수는 서울 지역이 1, 서울 외 지역은 0으로 정의된다.

반경쟁적 행위의 효과를 정확하게 측정하려면 가격에 영향을 미치는 다양한 요인을 모형에 포함시켜야 한다. 그래야지만 이들 요인이 가격에 미치는 효과가 제거된다. 가격함수가 제대로 설정되지 않으면 더미변수는 순수한 반경쟁적 행위의 효과를 나타내지 못한다.6) 회귀분석에 사용되는 가격함수의 일반적인 형태는 식 (10. 1)이다. 식 (10. 1)에서 X는 가격에 영향을 미치는 요인을, D는 반경쟁적 행위의 영향을 나타내는 더미변수를, ϵ은 오차 항(error term)7)을 나타낸다.

$$\text{가격} = \beta_0 + \beta_1 X + \beta_2 D + \epsilon \tag{10.1}$$

식 (10.1)에서 β_2가 더미변수의 계수(coefficient)이므로 이것이 반경쟁적 행위로 인한 가격 변화의 크기를 나타낸다. 예를 들어, $\beta_2 = 1,000$, 가격 단위는 원, 수요량 단위가 개이면 반경쟁적 행위로 인하여 제품 단가가 '평균적으로' 1,000원 인상된다고 할 수 있다. 물론, 보다 간단한 방법으로 반경쟁적 행위의 효과를 측정할 수 있다. 반경쟁적 행위가 있었던 시기의 평균 가격(X_1)과 반경

---

5) 종속변수를 가격, 설명변수를 가격에 영향을 미치는 변수로 설정한 함수를 가격함수 또는 수요함수라고 한다.

6) 이러한 이유로 재판 과정에서 원고나 피고가 사용한 모형의 신뢰성에 대한 논쟁이 발생한다.

7) 모형을 통하여 추정된 가격과 실제 가격이 일치하지 않는다.

쟁적 행위가 없었던 시기의 평균 가격(X_2)의 차이($X_1 - X_2$)를 반경쟁적 행위의 효과라고 할 수 있다. 그러나 평균 가격의 차이는 순수한 반경쟁적 행위의 효과를 나타내지 못한다.

2) 예측 접근법

더미변수 접근법의 약점은 반경쟁적 행위의 영향을 받은 가격과 영향을 받지 않은 가격을 포함한 자료를 사용하여 모형을 추정한다는 것이다. 이는 반경쟁적 행위 여부와 상관없이 가격에 영향을 미치는 요인이 동일하다는 가정을 전제한다. 반경쟁적 행위가 없었던 경우만을 대상으로 회귀분석을 수행하면 이 문제가 해결된다. 이를 예측 접근법이라고 한다. 예측 접근법에 사용되는 일반적인 모형은 식 (10. 2)이다. 식 (10. 2)에는 더미변수가 없다.

$$\text{가격} = \beta_0 + \beta_1 X + \epsilon \qquad\qquad (10.2)$$

식 (10. 2)에 예측 접근법을 적용하여서 반경쟁적 행위의 효과를 측정하는 절차는 다음과 같다.

[표 10-1] 예측 접근법

---

① 반경쟁적 행위가 없었던 경우의 자료를 사용하여 식 (10. 2)를 회귀분석 한다.
② β_0의 추정치인 b_0, β_1의 추정치인 b_1을 구한다.
③ 반경쟁적 행위가 있었던 시기의 설명변수 값(x)을 사용하여 $b_0 + b_1 x$을 계산한다. 이는 반경쟁적 행위가 없는 경우의 경쟁 가격(p^*)이다.
④ 반경쟁적 행위가 있었던 시기의 실제 가격(p)과 ③에서 추정한 경쟁 가격의 차이가 반경쟁적 행위의 효과($p - p^*$)이다.

---

3. 계량경제학적 쟁점

회귀분석 방법을 사용하여 손해액을 추정할 경우 사용 자료, 모형 설정, 변수 선택, 추정 결과의 해석 등에서 아래와 같은 계량경제학적 쟁점(爭點)이 나타난다.

1) 경쟁사업자가 없었던 시기의 자료

반경쟁적 행위가 없었던 시기 중에서 경쟁사업자가 있었던 시기의 자료만을 사용하여 경쟁 가격을 추정하여야 하는가? 경쟁사업자가 없었던 시기의 자료를 포함하여 경쟁 가격을 추정하여야 하는가? 경쟁사업자가 없었던 시기의 자료를 빼고 가상적 경쟁 가격을 추정하면 손해액이 커지므로 원고가 유리하여진다. 규제기관에 의하여 위법성이 입증되지 않는 한 독과점 자체가 위법이 아니고, 독과점 사업자가 대체재와 경쟁하므로 경쟁시장만을 기준으로 손해액을 추정하는 것은 부당하다.

2) 모형의 신뢰성

반경쟁적 행위가 인정되었음에도 불구하고 추정 결과, 일부 연도(年度)의 더미변수의 계수가 부(−)일 수 있다. 또한 생산비가 상승하면 가격이 올라야 하는데, 추정 결과 내려가는 것으로 나타날 수 있다. 이러한 경우에 모형의 신뢰성이 부정되어서 추정된 손해액이 인정되지 않는가? 미국 판례를 보면 일부 연도의 더미변수의 계수가 부(−)이어도 모형의 신뢰성이 인정되고 부의 계수를 반영하여 손해액이 산정되었다.

모형의 신뢰성에 관하여 미국 법원은 "단순히 피고가 '원고의 모형에 반영

[표 10-2] 모형의 신뢰성: 원고와 피고의 입증 책임

- 공동행위가 있었던 시기라고 주장하는 시점 이후 가격이 하락한 경우
  - 원고는 사실만 입증하면 되고 회귀분석 결과를 제시할 필요가 없다.
  - 피고는 회귀분석 결과를 제시하여 가격 하락이 다른 요인에 의한 것임을 입증하여야 한다.
  - 원고는 피고의 입증에 대하여 자신의 모형을 제시할 필요가 없고, 피고가 제시한 모형의 단점을 지적하면서 가격 하락이 피고가 주장하는 요인에 의한 것이 아닐 수 있다는 의심을 야기(惹起)하면 된다.
- 공동행위가 있었던 시기라고 주장하는 시점 이후 가격이 하락하지 않은 경우
  - 원고는 자신의 모형을 제시하면서 가격 하락이 공동행위 종료에 의한 것임을 입증하여야 한다.

되지 않은 다른 변수가 가격에 영향을 미칠 수 있다'는 의심이 들게 하는 정도로는 원고가 사용한 모형의 신뢰성을 깨트리지 못한다. 피고는 '원고가 누락한 설명변수로 인하여 회귀분석의 결과가 왜곡되었다'는 사실을 입증하여야 한다."라고 하였다. 모형의 신뢰성에 관한 원고와 피고의 입증 책임은 [표 10-2]와 같다.

3) 변수 설정

가상적 경쟁 가격을 정확하게 추정하려면 종속변수인 가격과 가격에 영향을 미치는 설명변수를 적절하게 선정하여야 한다.

예를 들면, 카펫 제작업체의 가격 담합 사건에서 원고 측 전문가는 카펫 가격(종속변수)과 재료 가격(설명변수)을 사용하지 않고 종속변수로서 $\dfrac{\text{카펫 가격}}{\text{재료 가격}}$ 을 사용하고 재료 가격을 설명변수로서 고려하지 않았다. 그 이유는 카펫 가격과 재료 가격의 내생성 때문이다. 일반적으로 재료 가격이 인상되면 카펫 가격이 오르지만, 카펫 가격이 올라서 재료 가격이 인상되는 경우도 있다. 카펫 가격이 오르면 카펫 생산이 증가하므로 재료에 대한 수요가 늘어서 재료 가격이 오를 수 있다. 종속변수로서 카펫 가격, 설명변수로서 재료 가격을 사용하면 카펫 가격 → 재료 가격의 인과성이 제거되지 않는다.

또한 재료 가격으로서 어떠한 자료를 사용할지도 문제이다. 미국 노동통계청이 제공하는 섬유가격이나 피고의 회계장부에 계상(計上)된 재료 가격을 사용할 수 있다. 피고는 개별기업의 기술 진보나 효율성 향상 등에 따른 비용 절감 효과를 반영하려면 회계장부에 계상된 재료 가격을 사용하여야 한다고 주장하였다. 그러나 법원은 회계장부상 비용은 기회비용을 포함하지 않으므로 노동통계청 자료를 사용하여야 한다고 판단하였다.[8]

4) 추정된 경쟁 가격이 실제 가격보다 낮아야 하는가?

이론적으로 반경쟁적 행위가 있으면 경쟁 가격보다 높은 가격이 형성된다. 그렇지 않다면 반경쟁적 행위를 제재할 이유가 없다. 그러나 회귀분석을 통하

---

8) 이 밖에, 사업자들이 담합을 하면 경쟁이 약화되므로 비용을 절감하기 위한 노력이 줄어든다. 이에 따라 재료 가격이 인상된다. 담합으로 인하여 카펫 가격과 재료 가격이 동시에 인상되면 담합 효과가 과소평가된다.

여 추정된 경쟁 가격이 언제나 실제 가격보다 낮지는 않다. 오차 항의 합이 0이므로 추정된 경쟁 가격의 일부는 실제 가격보다 높다. 이 경우, 실제 가격보다 낮은 경쟁 가격만을 사용하여 손해액을 산정하여야 하는가? 이렇게 경쟁 가격을 선별하여 손해액을 산정하면 손해액이 과대평가된다.

5) 추정된 경쟁 가격의 신뢰 구간(confidence interval) 내에 실제 가격이 있는 경우

회귀분석에 의하여 추정된 경쟁 가격은 특정한 값이 아니라 추정치의 95% 신뢰구간 내의 값이라는 주장이 있다. 만약, 실제 가격이 추정된 경쟁 가격의 95% 신뢰구간 내에 있다면 반경쟁적 행위로 인한 가격 인상이 없다고 할 수 있는가? 회귀분석 시 오차 항이 정규분포(normal distribution)를 따른다고 가정하므로 추정된 경쟁 가격이 진정한 모수일 확률이 가장 높다. 따라서 추정된 경쟁 가격과 실제 가격의 차이를 반경쟁적 행위의 결과로 간주하여야 한다.

6) 추정된 손해액의 평균을 사용할 수 있는가?

원고 측 전문가, 피고 측 전문가, 법원이 선정한 감정인(鑑定人)이 추정한 손해액이 다른 경우 평균을 계산하여서 손해액으로 활용할 수 있는가? 이에 대하여 우리나라 법원은 "부동산 가격공시 및 감정평가에 관한 법률 등에서는 평균을 활용하지만, 추정된 손해액이 전문가에 따라 크게 다르면 평균을 손해액으로 인정하기 어렵다."고 하였다. 만약, 법원이 손해액의 평균을 채택한다면 원고와 피고는 각자 자신에게 유리한 수치(數値)를 제시할 것이다. 법원이 설득력이 있는 모형을 제시한 측의 손해액을 채택하여야 원고와 피고가 진실에 가까운 수치를 제시한다.

제2절   환경 소송

환경과 관련된 피해는 두 종류로 구분된다. 하나는 생산 과정에서 배출되는 공해이다. 다른 하나는 우발적(偶發的)으로 발생하는 재난이다. 유조선의 석

[표 10-3] 피해액의 측정: 환경 소송

① 피해가 발생한 시점 결정
② 물리적 피해의 크기 측정
③ 피해자 범위 결정
④ 물리적 피해의 경제적 가치 추정
⑤ 물리적 피해가 자산 가치에 미치는 영향 측정
⑥ 할인율(discount rate)9) 결정

유 유출, 방사능 피폭(被爆), 붕산 누출 등이 이에 해당한다. 대체로 후자와 관련된 소송을 환경 소송이라고 한다. 환경 소송에 있어서 가해자는 두 가지 책임을 진다. 하나는 오염된 지역을 복구하는 것이고 다른 하나는 피해를 배상하는 것이다. 피해를 완전하게 배상하려면 피해액이 정확하게 측정되어야 한다. 이러한 측면에서 가치 평가는 환경 소송에서도 중요한 문제이다. 피해액을 측정하는 구체적인 과정은 [표 10 − 3]과 같다.

여기에서는 콜로라도(Colorado) 주(원고)와 독수리광산(Eagle mine)의 소송을 살펴보았다.10) 아래에서 확인되듯이 원고와 피고가 산정한 피해액에 상당한 차이가 있다. 그 이유는 다음과 같다. 첫째, 원고는 피해가 1951년부터 발생한 것으로 가정하였으나 피고는 피해가 발생한 시점을 1981년으로 정하였다. 둘째, 원고는 독수리강(Eagle river) 전체가 오염되었고 일반 주민들에게 피해가 발생한 것으로 가정하였으나 피고는 독수리강의 일부가 오염되었고 낚시를 하는 사람들이 피해자라고 가정하였다. 셋째, 피해액을 측정하는 방법이 달랐다.

1. 원고가 측정한 피해액

피해액을 측정하기 위하여 원고는 설문조사를 시행하였다. 아래와 같은 항목이 설문으로 제시되었다. 첫 번째와 두 번째 설문은 독수리강의 경제적 가치를 측정하기 위한 것이고, 세 번째 설문은 독수리강의 오염이 주택가격에 미치

---

9) 장래 발생할 피해액을 측정하기 위하여 할인율이 필요하다.
10) Kopp and Smith(1989)에서 인용.

는 영향을 측정하기 위한 것이다. 첫 번째 설문에 대한 응답은 그 자체로 독수리강의 경제적 가치를 나타낸다. 두 번째 설문에 대한 응답은 독수리강의 수요를 나타내므로 독수리강의 경제적 가치를 계산하려면 여가(leisure)11)의 가치를 알아야 한다. 원고는 미국산림청이 추정한 여가의 가치를 사용하였다.

- 독수리강을 정화하기 위하여 향후 10년 간 얼마를 지불하겠습니까?
- 오염된 독수리강이 정화되면 일주일에 몇 번 가겠습니까?
- 거주하고 있는 주택의 가격은 얼마입니까?

원고는 과거 피해액, 미래 피해액12), 재산상 피해액을 측정하였다. 과거 피해액을 산정하는 데 있어서 원고는 피해자가 1951~1975년 연간 2.5%, 1976~1985년 연간 1.67% 증가한다고 가정하였다.

미래 피해액은 두 가지 방법으로 측정되었다. 미래 피해액 1은 다음과 같은

[표 10-4] 원고가 측정한 피해액: 환경 소송

		금액
과거 피해액	인근 주민	900만 달러
	주 전체	4,180만 달러
미래 피해액 1		
• 물과 관련된 활동	인근 주민	200만 달러
	주 전체	630만 달러
• 기타 활동	인근 주민	100만 달러
	주 전체	600만 달러
미래 피해액 2		
• 인근 주민	물과 관련된 활동	340만 달러
	기타 활동	150만 달러
• 주 전체	사용 가치	1,500만 달러
	비사용 가치	3,000만 달러
재산상 피해액	인근 주민	1,220만 달러

---

11) 여가는 강에서 낚시나 수영을 하는 것이다.
12) 총 피해액을 측정할 때는 미래 피해액 1과 미래 피해액 2 중에서 하나가 합산된다.

방법으로 측정된 금액이다. 독수리강 근처와 콜로라도 주에 거주하는 주민들에게 독수리강을 복구하기 위하여 향후 10년 간 얼마를 지불할 것인지 질문하였다. 이렇게 측정한 지불의사금액의 평균값에 주민 수를 곱하여 독수리강의 경제적 가치를 측정하였다.13) 미래 피해액 2는 두 번째 설문을 바탕으로 측정한 것이다. 독수리강이 복구되면 얼마나 자주 방문할 것인지 질문하였다. 이것과 실제로 방문한 횟수를 비교하여 주민 일인당 피해액을 측정하였다. 주민 일인당 피해액에 독수리강이 지나가는 카운티 또는 콜로라도 주에 거주하는 성인 인구를 곱한 것이 미래 피해액 2이다.

끝으로 재산상 피해액은 세 번째 설문을 바탕으로 측정되었다. 다만, 독수리광산으로부터 25마일 내에 위치한 주택의 가격이 하락한다고 가정하였다.

2. 피고가 측정한 피해액

기본적으로 피고는 독수리강의 오염된 지역이 대체된다고 가정하였다. 다만, 오염된 지역에서 여가를 즐기던 사람들이 다른 지역으로 이동하여야 하므로 이들에게 추가적인 비용이 발생하는 것은 인정하였다.

피고의 주장에 의하면 독수리강의 오염으로 인하여 여가를 즐기는 주민들이 10마일을 더 이동하여야 한다. 이를 금액으로 환산하면 주민 일인당 약 1.35달러이었다. 또한 이동 거리가 늘면 여가에 대한 수요가 감소하는데 그 경제적 가치는 연간 4,000달러, 6.9%의 할인율을 적용하여 계산한 현재가치는 78,000달러이었다. 기타 활동의 경제적 가치도 유사한 방법으로 측정되었다. 주민 한 사람이 독수리강을 한 번 방문할 때 발생하는 기타 활동의 경제적 가치는 0.55달러이었다. 연간 1,000명이 10일 동안 독수리강에서 지낸다고 가정하면 기타 활동의 경제적 가치는 연간 5,500달러, 6.9%의 할인율을 적용하여 계산한 현재가치는 100,400달러이었다. 끝으로 피고는 지하수 오염이 주택가격에 영향을 미치지 않는다는 가정하에 정수 비용, 생수 구입비, 우물 오염에 따른 비용

---

13) 1985년 기준 독수리강이 지나가는 카운티(county)의 가구 수는 6,063이었다. 가구 수는 향후 10년 연간 2% 증가할 것으로 가정하였다. 또한 피해액의 현재가치를 계산하기 위하여 10%의 할인율을 적용하였다.

[표 10-5] 피고가 측정한 피해액: 환경 소송

	금 액
• 물과 관련된 활동	7.8만 달러
• 기타 활동	10만 달러
• 정수 비용 및 생수 구입비	4.7만 달러
• 우물 오염	1.4만 달러

만을 피해액으로서 고려하였다.

피고가 측정한 네 종류의 피해액은 중복되지 않으므로 모두 합산된다. 총 피해액은 약 24만 달러이었다. 이는 원고가 측정한 피해액의 최솟값인 1,200만 달러(과거 피해액 900만 달러＋미래 피해액 300만 달러)의 2%에 불과한 금액이다.

부록 40. 새만금사업과 매몰비용(sunk cost)[14]

대법원은 새만금간척종합개발사업(이하 새만금사업)에 대한 취소 소송에서 상고를 기각함으로써 새만금사업의 타당성을 인정하였다.

〈다수의견〉
- 공유수면을 매립하거나 간척하여 농지와 담수호를 조성함으로써 농지 조성과 용수 개발을 주 목적으로 하는 간척종합개발사업을 하기 위해서는 공익상의 가치와 아울러 경제상의 가치를 함께 갖추어야 할 것이다.
- 1988년 당시 한국산업경제연구원의 경제성 분석보고서 및 새만금사업 기본계획에는 감사원 감사에서 지적된 바와 같이 농수산 중심 개발안에 대하여 일부 비용을 누락한 채 관광 편익 및 항만 편익을 계상하고 수질 오염 등으로 시행이 불투명한 담수어 양식장 편익 등을 계상한 하자가 있다.
- 하지만 그 감사 결과에 의하더라도 오류를 수정하여 경제성을 재검토하였을 경우 할인율 10%를 기준으로 한 농수산 중심 개발안의 편익, 비용 비율은 0.99에 이르고 있어 편익과 비용이 거의 대등하다.

---

14) 오정일(2019)에서 인용.

<소수의견>

- 사업의 계속성을 주장하는 입장에서는 지금까지 약 1조 9,000억 원의 비용을 들여 방조제를 거의 완성해 둔 단계에서 사업을 중단하는 것은 경제적으로 너무 큰 손실이라고 주장하나, 당초 총 1조 3,000억 원 정도로 계획되었던 사업비가 근래에 와서는 총 3조 5,000억 원 정도로 대폭 증가된 것으로 보아, 향후 수질 목표 달성에 차질이 생기는 경우 추가로 소요될 수질관리 비용과 순차개발 방식에서 담수화가 계획보다 늦어지게 되는 경우 증가될 비용 등을 고려하면 새만금사업의 총 사업비용은 앞으로도 계속 증가될 가능성을 배제할 수 없다.

- 앞으로 얼마가 더 들지도 모르는 비용을 모두 투입한 뒤 수질 목표 달성이 불가능하거나 해양 환경에 수인할 수 없는 훼손이 발생하여 부득이 담수화를 포기하는 사태로 연결된다면, 지금까지 투입된 비용을 포기하는 한이 있더라도 현 단계에서 사업을 중단하는 것이 더 큰 손실과 재앙을 막는 길이 될 수도 있을 것이다.

- 이 사건에서 새만금사업이 취소되어 공사를 중단하는 사태가 발생하더라도 현재까지 시공된 방조제를 그대로 둔 채 활용하면서도 새만금 갯벌을 살리는 환경친화적인 대안을 모색할 경우에는 방조제 건설을 위하여 투입된 비용이 전부 매몰되지는 않을 방법을 찾을 수도 있다고 생각된다.

다수 의견은 새만금사업으로 발생한 편익과 비용의 비율이 거의 1이므로 경제성이 있다고 보았다. 그러나 이 사건에서 쟁점은 새만금사업의 중단 여부를 판단하는 것이므로 향후 소요될 비용과 새만금사업이 종료된 후 발생하는 편익의 크기를 비교해야 한다. 새만금사업을 중단하면 이미 지출한 비용은 매몰되기 때문이다. 반면, 소수 의견은 이미 1조 9천억 원을 지출하였다고 해서 새만금사업을 할 필요는 없다는 것이다. 1조 9천억 원을 썼으나 총 사업비가 3조 5천억 원으로 추정되므로 향후 1조 6천억 원의 비용이 소요된다. 다수 의견에 의하면 편익·비용 비율이 거의 1이므로 편익은 약 1조 3천억 원으로 추정된다. 따라서 새만금사업을 계속 진행하면 약 3,000억 원의 손실이 발생할 것으로 예상된다. 또한, 소수 의견은 댐을 건설하다가 중지하더라도 친환경적으로 사용하면 1조 9천억 원 전액이 매몰되지 않는다고 하였으나 이는 사족(蛇足)이다. 설사 1조 9천억 원이 매몰되더라도 그것과 새만금사업 중단은 무관하다.

우리나라는 소액 주주의 피해 구제를 목적으로 2005년 증권 관련 집단소송법을 제정하였다. 증권 소송이 이루어지려면 구성원이 50인 이상이고, 그 구성원이 보유한 주식 수량의 합계가 피고가 발행한 주식 수량의 1만분의 1 이상이어야 한다. 회계 부정 등을 이유로 소송이 제기되었을 때 그 손해액은 피해주식 수량에 주당 손해액을 곱하여서 산출된다. 아래에서 피해주식 수량과 주당 손해액을 측정하는 방법을 설명하였다.

1. 피해주식 수량

회계 부정 등으로 인하여 주가가 과대평가되었다가 부정행위가 적발되어서 원 상태로 돌아온 경우 주가가 과대평가된 기간에 주식을 매입한 투자자들이 피해를 입는다. 피해주식 수량을 추정하는 데 사용되는 대표적인 모형으로서 비례거래 모형(Proportional Trading Model), 복수투자 모형(Two Trader Model), 가속거래 모형(Accelerated Trading Model)이 있다.

1) 비례거래 모형

비례거래 모형은 모든 주식의 거래 확률이 동일하다고 가정한다. 즉, 이미 거래된 주식이 다시 거래될 확률과 아직 시장에 나오지 않은 주식이 거래될 확률이 같다. 피해주식 수량을 추정하기 위하여 아래와 같이 가정하였다. 이 가정을 바탕으로 비례거래 모형으로 추정한 피해주식 수량이 [표 10−6]이다.

• 발행 주식: 1백만 주   • 1일 주식 거래량: 10만 주   • 피해 기간: 3일

[표 10−6]에 의하면 피해주식 수량은 27만1천 주이다. 이는 3일차 누적거래 주식 수량이다. 추정 과정을 설명하면 다음과 같다. 1일차에 10만 주가 거

---

15) 박종성·위경우(2012)를 요약.

[표 10–6] 비례거래 모형으로 추정한 피해주식 수량

	거래	재거래	신규거래	누적거래	미거래
1일	100,000	–	100,000	100,000	900,000
2일	100,000	10,000	90,000	190,000	810,000
3일	100,000	19,000	81,000	271,000	729,000

래되고 90만 주는 거래되지 않는다. 2일차에도 10만 주가 거래되는데 10% $\left(\dfrac{10만}{10만+90만}\right)$인 1만 주는 이미 거래된 주식이 다시 거래된 것이고 90%$\left(\dfrac{90만}{10만+90만}\right)$인 9만 주는 새롭게 거래된 것이다. 이에 따라 2일차 누적거래 주식 수량은 19만$(10만+9만)$ 주, 미거래 주식 수량은 81만$(100만-19만)$ 주가 된다. 동일한 논리로 3일차에도 10만 주가 거래되지만 19%$\left(\dfrac{19만}{19만+81만}\right)$인 1만9천 주가 재거래, 81%$\left(\dfrac{81만}{19만+81만}\right)$인 8만1천 주는 신규거래이다. 최종적으로 3일차 누적거래 주식 수량은 27만1천$(19만+8만1천)$ 주가 된다.

2) 복수투자 모형

복수투자 모형에서는 투자자를 적극적 투자자와 소극적 투자자로 나눈다. 적극적 투자자는 소극적 투자자에 비하여 거래 횟수가 많으므로 적극적 투자자의 비율이 높을수록 피해주식 수량이 증가한다. 또한 적극적 투자자가 보유한 주식 수가 많을수록 피해주식 수량이 증가한다. 복수투자 모형을 적용하려면 적극적 투자자와 소극적 투자자가 보유한 주식 수량, 적극적 투자자와 소극적 투자자의 거래 횟수를 알아야 한다. 여기에서는 아래와 같이 가정하고 피해주식 수량을 추정하였다.

- 발행 주식: 1백만 주 · 1일 주식 거래량: 10만 주 · 피해 기간: 3일
- 적극적 투자자와 소극적 투자자가 보유한 주식 수량 비율: 1 : 4
- 적극적 투자자와 소극적 투자자의 거래 횟수 비율 : 4 : 1

복수거래 모형에서는 적극적 투자자와 소극적 투자자의 피해주식 수를 추정하고 이를 합산하여 피해주식 수량을 계산한다.

[표 10-7] 복수투자 모형으로 추정한 피해주식 수량

A. 적극적 투자자의 피해주식 수량

	거래	재거래	신규거래	누적거래	미거래
1일	50,000	–	50,000	50,000	150,000[16]
2일	50,000	12,500[17]	37,500[18]	87,500[19]	112,500
3일	50,000	21,875	28,125	115,625	84,375

B. 소극적 투자자의 피해주식 수량

	거래	재거래	신규거래	누적거래	미거래
1일	50,000	–	50,000	50,000	750,000[20]
2일	50,000	3,125[21]	46,875[22]	96,875[23]	703,125
3일	50,000	6,055	43,945	140,820	659,180

먼저, 적극적 투자자와 소극적 투자자가 보유한 주식 수량과 1일 주식 거래량을 계산하여 보자. 발행 주식 100만 주의 20%를 적극적 투자자가 보유하므로 이들의 주식 수량이 20만 주, 소극적 투자자가 보유한 주식 수량은 80만 주이다. 또한 적극적 투자자와 소극적 투자자의 1일 주식 거래량은 다음과 같이 계산된다.

$$\text{적극적 투자자: } 100{,}000 \times \frac{1 \times 4}{(1 \times 4) + (4 \times 1)} = 50{,}000 \qquad (10.3)$$

$$\text{소극적 투자자: } 100{,}000 \times \frac{4 \times 1}{(1 \times 4) + (4 \times 1)} = 50{,}000$$

다음으로, 적극적 투자자가 보유한 주식 수량이 20만 주, 1일 주식 거래량

---

16) $200{,}000 - 50{,}000.$

17) $5\text{만} \times \dfrac{5\text{만}}{5\text{만} + 15\text{만}}.$

18) $5\text{만} \times \dfrac{15\text{만}}{5\text{만} + 15\text{만}}.$

19) $50{,}000 + 37{,}500.$

20) $800{,}000 - 50{,}000.$

21) $5\text{만} \times \dfrac{5\text{만}}{5\text{만} + 75\text{만}}.$

22) $5\text{만} \times \dfrac{75\text{만}}{5\text{만} + 75\text{만}}.$

23) $50{,}000 + 46{,}875.$

은 5만 주이고 소극적 투자자가 보유한 주식 수량이 80만 주, 1일 주식 거래량은 5만 주이므로 각각의 경우에 대하여 비례거래 모형을 적용하여서 피해주식 수량을 추정하면 그 결과는 [표 10−7]과 같다. 적극적 투자자의 피해주식 수량 115,625주와 소극적 투자자의 피해주식 수량 140,820 주를 합산한 피해주식 수량은 256,445주이다.

3) 가속거래 모형

가속거래 모형은 이미 거래된 주식이 다시 거래될 확률이 새로운 거래가 이루어질 확률보다 높다고 가정한다. 단기적인 시세 차익을 추구하는 투자자들이 적지 않다는 사실을 감안하면 가속거래 모형이 비례거래 모형에 비하여 현실 설명력이 높다고 할 수 있다. 여기에서는 아래와 같이 가정하고 피해주식 수량을 추정하였다.

- 발행 주식: 1백만 주   • 1일 주식 거래량: 10만 주   • 피해 기간: 3일
- 재거래 확률이 신규거래 확률의 2배

피해주식 수량은 다음과 같이 추정되었다. 1일차에 10만 주가 거래되고 90만 주는 거래되지 않는다. 2일차에도 10만 주가 거래되는데 18.18% $\left(\frac{10만 \times 2}{(10만 \times 2)+(90만 \times 1)}\right)$인 18,182주가 재거래이고 81.82% $\left(\frac{90만 \times 1}{(10만 \times 2)+(90만 \times 1)}\right)$인 81,818주는 신규거래이다. 이에 따라 2일차 누적거래 주식 수량이 181,818$(100,000+81,818)$주, 미거래 주식 수량은 818,182$(1,000,000-181,818)$주가 된다. 동일한 논리로 3일차에 거래되는 10만 주의 30.77% $\left(\frac{181,818 \times 2}{(181,818 \times 2)+(818,182 \times 1)}\right)$인 30,769주가 재거래, 69.23% $\left(\frac{818,182 \times 1}{(181,818 \times 2)+(818,182 \times 1)}\right)$인 69,231주는 신규거래이다. 최종적으로 3일차 누적거래 주식 수량은 251,049$(181,818+69,231)$주이다.

[표 10-8] 가속거래 모형으로 추정한 피해주식 수량

	거래	재거래	신규거래	누적거래	미거래
1일	100,000	−	100,000	100,000	900,000
2일	100,000	18,182	81,818	181,818	818,182
3일	100,000	30,769	69,231	251,049	748,951

[표 10-9] 주당 손해액의 추정 방법

- 회계 부정이 존재하지 않는다고 가정할 경우의 주식의 매수가격과 실제 주식의 매수가격의 차액을 손해배상액으로 본다.
- 회계 부정이 밝혀지기 직전의 주가와 회계 부정이 밝혀진 후 안정기(安定期)의 주가와의 차액을 손해배상액으로 본다.

---

2. 주당 손해액

허위 공시나 부실 감사로 인한 소송에서 피고는 주식의 취득가격과 변론 종결(終結) 시 시장가격(변론 종결 전에 처분한 경우에는 처분가격)의 차액을 배상한다. 이 방법은 소송 과정에서 법원이 손해액을 파악하는 데 사용할 수 있으나 소(訴)를 제기하는 과정에서 원고나 피고가 손해액을 추정하는 방법으로는 적합하지 않다. 현실적으로 원고나 피고가 손해액을 추정하는 데 사용할 수 있는 방법은 [표 10-9]와 같다.

피해 기간의 주가 변화는 회계 부정과 관계가 없는 부분이 있으므로 정상 매수가격과 실제 매수가격의 차이를 손해액으로 간주하면 주식 매수 시점에 따라 손해액이 달라진다. 따라서 회계 부정이 있었던 시기와 회계 부정이 없었던 시기의 정상 주가를 추정하여서 그 차이를 주당 손해액으로 간주하는 것이 타당하다. 구체적으로 식 (10.4)와 같은 정상 주가 추정 모형을 설정하고 실제 자료를 사용하여 모형을 추정한 후, 회계 부정이 포함된 설명변수 값을 대입하여 측정한 주가와 회계 부정이 제거된 설명변수 값을 대입하여 측정한 주가의 차액을 주당 손해액으로 정의한다.

$$p_t = \beta_0 + \beta_1 BPS_t + \beta_2 EPS_t + \beta_3 DPS_t + \epsilon_t \tag{10.4}$$

p_t: 주식가 BPS_t: 주당 순자산 EPS_t: 주당 순이익 DPS_t: 주당 순배당

비재산적 손해[24]

비재산적 손해는 두 가지 측면에서 재산적 손해와 구별된다. 첫째, 재산적 손해는 시장에서 구입한 재화나 용역으로 대체할 수 있지만 비재산적 손해는 대체가 불가능하다. 둘째, 재산적 손해는 사후에 관찰할 수 있으나 비재산적 손해는 관찰이 어렵다. 이러한 특성으로 인하여 비재산적 손해의 크기를 산정하는 것이 쉽지 않다. 대체로 비재산적 손해배상액의 결정은 법관이나 배심원단의 재량에 맡겨진다.

기본적으로 비재산적 손해도 전보적 성격을 갖는다. 판례는 비재산적 손해를 산정함에 있어서 피해자의 연령, 직업, 사회적 지위, 재산 및 생활 상태를 고려하여야 한다고 하였다. 그러나 다른 판례는 가해자의 고의 또는 과실, 가해 행위의 동기 및 원인, 가해자의 재산 상태, 사회적 지위, 연령, 사고 후의 태도 등을 고려하여야 하고, 공무원에 의한 인권 침해의 경우 비재산적 손해배상이 제재적 성격을 갖는다고 하였다.

판례는 판결문에 비재산적 손해배상액 산정의 근거를 일일이 적을 필요가 없고, 그 산정이 사실심(事實審)의 전권(全權)이므로 현저하게 부당하지 않은 한 상고(上告) 대상이 되지 않는다고 함으로써 실체적인 기준 제시는 물론 절차적인 통제도 포기하였다.

1. 생명 · 신체 또는 건강 침해

우리나라 법원은 생명 · 신체 또는 건강 침해를 원인으로 하는 비재산적 손해배상액의 산정에 있어서 비공식적으로 식 (10.5)를 사용한다. 식 (10.5)는 서울중앙지방법원 교통 · 산재 전담 재판부 법관들이 합의하여 정한 것으로서 법적 구속력이 없다. 이렇게 산정된 비재산적 손해배상액은 식 (10.6)에 따라 피해자들에게 배분된다.

---

24) 이동진(2013), 박인수 외(2014)를 인용하여 수정.

$$비재산적 손해배상액 = 기준 금액 \times 노동능력 상실률 \times \qquad (10.5)$$
$$(1-(피해자 과실 비율 \times 0.6))$$

$$피해자 : 배우자 : 부모 및 자녀 : 기타 근친 = 8 : 4 : 2 : 1 \qquad (10.6)$$

식 (10.5)를 보면 비재산적 손해배상액의 절대적인 크기를 결정하는 요인은 기준 금액이다. 기준 금액은 비재산적 손해에 대한 우리 사회의 가치를 반영하는데 경제가 성장함에 따라 증가하였다. 현재 기준 금액은 8천만 원이다. 즉, 피해자가 완전히 노동 능력을 상실하고 과실이 전혀 없을 경우 받는 금액이 8천만 원이다. 비재산적 손해배상액은 노동능력 상실률이 높을수록, 즉 피해가 클수록 증가한다.[25] 비재산적 손해배상액을 산정하는 데 있어서 경제적 피해를 나타내는 노동능력 상실률을 사용하는 것이 타당한지는 의문이다.[26] 또한 식 (10.5)를 보면 피해자의 과실이 60%만 반영되는데 그 이유가 분명하지 않다.

근친의 존재 및 그 수는 비재산적 손해배상액에 영향을 미치지 않고 그 배분에만 영향을 미친다. 식 (10.6)에는 가해자나 피해자의 재산 상태, 연령, 사회적 지위 등이 고려되지 않았고, 가해자의 고의 또는 중대한 과실로 상해를 가하였는지 여부 등이 반영되지 않았다.

2. 명예훼손 및 사생활 침해

명예훼손 및 사생활 침해의 경우 생명·신체 또는 건강 침해와 달리 비재산적 손해배상액을 산정하는 공식이 없다. 다만, 명예훼손의 경우 가해자가 진실로 믿고 공익을 위하여 명예를 훼손하였는데 그 결과가 중대할 수 있으므로 비재산적 손해배상액을 산정할 때 전보적 요소와 제재적 요소를 모두 고려하여야 한다. 명예훼손 및 사생활 침해의 비재산적 손해배상액은 식 (10.7)과 같은

---

25) 사고의 경중(輕重)에 따라 노동능력 상실률이 정해져 있다. 예를 들어, 사지(四肢)의 완전 마비, 양안(兩眼) 실명(失明)은 노동능력 상실률이 100%, 안면(顔面) 추상(醜相)은 15%, 성 기능 장애는 10%이다.

26) 노동능력 상실률이 높다는 것은 그만큼 경제적 피해가 큼을 의미한다. 경제적 피해와 비재산적 피해 사이에 정(+)의 상관성이 있으면 노동능력 상실률을 비재산적 피해의 대리변수로 사용할 수 있다. 아무튼 법원도 이러한 문제점을 인식하여서 사고로 인하여 용모가 추상이 되거나 성 기능 장애를 입은 경우 노동능력 상실률이 아닌 다른 기준을 적용한다.

모형을 통하여 추정할 수 있다.

$$손해배상액 = \beta_0 + \beta_1 침해 유형 + \beta_2 정정보도 여부 + \beta_3 원고 특성 \qquad (10.7)$$
$$+ \beta_4 피고 유형 + \beta_5 귀책 정도 + \beta_6 피고 처벌 여부$$
$$+ \beta_7 공익 관련성 + \beta_8 판결 연도 + \epsilon$$

식 (10.7)에서 침해 유형, 정정보도 여부, 공익 관련성은 전보적 요소를 나타낸다. 침해 유형은 공적·사회적 평가의 침해, 신용 침해, 중대한 사생활 침해, 초상권·음성권 기타 중립적 사생활 침해로 분류된다. 식 (10.7)의 귀책(歸責) 정도와 피고 처벌 여부는 제재적 요소이다. 피고의 귀책 정도는 통상적인 침해, 과실 또는 경솔로 인한 침해, 악의적인 침해로 나뉜다. 이 밖에, 원고 특성으로는 원고가 정치인, 공무원, 연예인 등 공인이거나 저명한 사람에 해당하는지를 고려할 수 있고, 피고 유형은 매체의 영향력에 따라 전국 방송, 전국 일간지, 인터넷 신문, 기타 매체로 구분된다.

명예훼손 및 사생활 침해 관련 2007~2011년 판결문을 사용하여 식 (10.7)을 추정한 결과를 요약하면 다음과 같다. 침해 유형[27], 피고 유형[28], 공익 관련성[29]이 비재산적 손해배상액을 결정하였다. 식 (10.7)을 추정한 결과에 의하면 "가장 영향력이 큰 매체를 통하여 침해 정도가 가장 큰 공적·사회적 평가를 침해"하여도 비재산적 손해배상액이 3,500만 원에 불과하였다.

회귀분석 외에 VSL(value of the statistical life)을 기대여명(life expectancy)으로 나눈 VSLY(value of the statistical life year), 삶의 질이 반영된 수명(壽命)인 QALY(quality-adjusted life year)를 사용하여서 비재산적 손해배상액을 산정할 수 있다. 그런데 VSL 추정치는 법원이 산정한 비재산적 손해배상액을 크게 상회한다. 우리나라의 경우 생명의 VSL이 약 5억5천만 원으로서 비재산적 손해배상액의 상한액인 8천만 원을 현저하게 초과한다. 대체로 우리나라 법원이

---

27) 침해된 이익이 클수록 손해배상액이 증가하였다. 침해 유형별 손해배상액의 크기는 공적·사회적 평가, 중대한 사생활, 영업상 신용, 초상권·음성권 기타 중립적 사생활 순서로 컸다.
28) 매체의 영향력이 클수록 손해배상액이 증가하였다. 매체별 손해배상액의 크기는 인터넷 신문·포털, 전국방송, 전국신문, 기타 매체의 순서로 컸다.
29) 공익 관련성이 높을수록 손해배상액이 감소하였다.

비재산적 손해액을 과소평가한다고 할 수 있다.

부록 41. 이혼위자료[30]

서울가정법원이 위자료청구가 인용된 사건을 분석하여 마련한 「위자료 산정표(안)」은 청구인의 나이, 혼인 기간, 자녀의 수, 이혼 원인, 기타를 고려 요소로 정하고 각각에 대하여 점수를 주어 그 총합 구간별로 위자료 기준액을 제시한다. 이러한 고려 요소는 전보적 요소 외에 제재적 요소도 반영하고 있다.

박민수 외(2014)는 2009~2011년 서울과 부산, 대구, 광주, 대전 지역 가정법원이 선고한 이혼소송 1심 판결 1,098건을 회귀분석의 방법으로 분석하였다. 위자료가 어떻게 결정되는지 분석하기 위해서는 적절한 설명변수를 설정할 필요가 있다. 박민수 외(2014)에서는 혼인 기간, 자녀 수, 당사자 연령, 이혼 사유, 원고 성별, 재산 규모가 설명변수로 설정되었다. 그리고 법원별로 있을지도 모르는 편차와 재산분할비율이 위자료에 미치는 영향을 고려하였다. 그 결과가 식 (10.8)이고 아래 표는 설명변수를 정리한 것이다.

$$이혼위자료 = \beta_0 + \beta_1 혼인\ 기간 + \beta_2 자녀\ 수 + \beta_3 당사자\ 연령 \tag{10.8}$$
$$+ \beta_4 이혼\ 사유 + \beta_5 원고\ 성별 + \beta_6 재산\ 규모$$
$$+ \beta_7 지역 + \beta_8 재산분할비율 + \epsilon$$

변수 명		정의
혼인 기간		결혼 생활이 지속된 기간, 단위는 년
자녀 수		미성년 자녀 수, 단위는 명
당사자 연령	원고 연령	위자료를 받은 사람의 나이, 단위는 세
	피고 연령	위자료를 준 사람의 나이, 단위는 세
이혼 사유	부정행위	배우자의 부정한 행위가 있으면 1
	악의적 유기	배우자가 다른 일방을 악의로 유기했으면 1
	부당대우	배우자나 그 직계존속의 부당 대우를 받았으면 1
	존속 부당대우	자신의 직계존속이 배우자의 부당 대우를 받았으면 1

---

30) 박민수 외(2014)에서 인용.

변수 명		정의
원고 성별		위자료를 받은 사람이 남성이면 1
재산 규모	원고 재산	위자료를 받은 사람의 순 재산, 단위는 억 원
	피고 재산	위자료를 준 사람의 순 재산, 단위는 억 원
지역 (서울 기준)	광주	광주 가정법원 판결이면 1
	대구	대구 가정법원 판결이면 1
	대전	대전 가정법원 판결이면 1
	부산	부산 가정법원 판결이면 1
재산분할비율		위자료를 받은 사람에 대한 재산분할비율

주된 연구 결과는 다음과 같다. 혼인 기간이 10년 길어질 때마다 447만 원 위자료가 증액되었다. 당사자 연령은 영향을 미치지 않았다. 원고가 여성이면 560만 원 정도 위자료가 증액되었다. 이혼 사유에 부정행위가 포함되면 500만 원 위자료를 증액시키는 효과가 있었으나, 그 밖의 이혼 사유의 영향은 없었다. 우리나라 법원은 부정행위에 대하여 높은 위자를 인정하는 셈이다. 재산 규모의 경우 유의도가 낮을 뿐 아니라 계수 크기도 무시하여도 좋은 수준이었다. 재산분할비율과 위자료 사이에는 상관성이 나타나지 않았다. 이 밖에 부산지방법원에서 선고된 사건의 경우 560만 원 정도 위자료가 낮게 나타났다. 이에 대해서는 모형에서 고려하지 않은 다른 요인이 작용한 때문인지 검토할 필요성이 있다. 이상의 결과를 표로 정리하면 아래와 같다.

범주	설명변수		영향
전보적 측면	혼인 기간		정(+)
	당사자 연령		없음
	원고 성별		정(+)
제재적 측면	이혼 사유	부정행위	정(+)
		기타	없음
제재적·부양적 측면	재산 규모		없음
보완적 측면	재산분할비율		없음

부록 42. 생명의 가치[31]

〈민사재판〉

불법행위로 야기된 사망과 관련된 민사 재판에서 원고는 피고에게 배상을 요구한다. 배상금은 사망자의 생명 가치를 나타내는 척도라고 할 수 있다.

사망 사고가 발생했을 때 고려해야 하는 손해는 여러 가지가 있다. 희생자의 고통, 장례 비용, 희생자가 피부양자들에게 제공했고 미래에도 제공할 재정적 지원의 손실, 배우자가 있는 경우 희생자와의 사별, 유가족들이 겪는 충격과 슬픔이 여기에 해당되며, 희생자의 생명 손실 그 자체도 포함된다. 그러나 민사 재판에서 유가족들이 겪는 슬픔과 희생자의 생명 손실은 고려되지 않는 경우가 많다. 미국 대부분의 주에서 민법은 생명 그 자체에 금전적 가치를 부여하지 않기 때문이다. 민사 재판이 중점적으로 다루는 것은 실제 비용과 기회비용이다. 희생자의 사망으로 해당 가정에 돈이 절약되면 어떤 손해배상도 이루어져서는 안 된다는 판결이 나올 수 있다.

경제적 손실에 초점을 맞추면 성인의 생명 가치가 마이너스로 책정되는 경우가 발생한다. Thurston v. The State of New York 판결은 이런 비인간적인 일이 현실에서 어떤 식으로 벌어지는지 잘 보여준다. 서스턴의 동생 셰릴은 주립 정신병원에 입원한 환자였다. 셰릴은 심한 장애가 있어서 목욕을 할 때 일대일 감독이 필요했다. 목욕 중에 방치되었다가 발작을 일으킨 셰릴은 의식불명 상태로 발견되었고, 하루도 지나지 않아 사망했다. 셰릴은 상실된 소득이 없었다. 셰릴의 경우 의식을 회복한 적이 없었다는 이유로 그녀가 고통을 느끼지 않은 것으로 간주되었다. 이 소송은 손해배상금 지급 없이 기각되었다.

〈형사재판〉

여러 연구에 따르면 사형은 희생자가 백인이고 가해자가 흑인인 경우에 적용될 가능성이 매우 높다. 사형선고율이 가장 높은 경우는 흑인이 백인을 살해했을 때였고, 다음으로 높은 경우는 백인이 백인을 살해했을 때였다. 사형선고율이 가장 낮은 경우는 흑인이 흑인을 살해한 사건이었다. 오하이오 주에서는 가해자가 흑인 남성이고 피해자가 백인 여성인 살인 사건의 15%가 사형이 선고되었다. 반

---

31) 프리드먼(2021)을 인용.

면, 가해자가 백인 여성이고 피해자가 흑인 남성인 살인 20건 중 사형 선고가 내려진 경우는 한 건도 없었다. 통계에 따르면 피해자가 여성이거나 백인이거나 아동인 사건에서 사형선고율이 높았다.

양형에 인종적 불균형이 나타난다는 해석은 부당하게 유죄 판결을 받는 흑인 비율이 압도적으로 높다는 사실로 뒷받침된다. 살인 사건 판결의 경우 무고(無故)한 흑인이 유죄 판결을 받을 가능성이 무고한 백인에 비해 7배 높았다. 또한 살인으로 복역 중인 수감자들 중에서 흑인이 무고일 가능성도 다른 수감자보다 50% 높았다.

이상의 인종적 불균형을 보면 흑인의 생명은 제대로 보호받지 못한다는 결론에 이르게 된다.

참고 문헌

권남훈. 2010. 자진신고자 감면(leniency) 제도의 경제적 분석, 산업조직연구.

권순건. 2011. 거래비용, 핸드공식, 최소비용회피자 책임부담의 원칙.

권오승 외. 2017. 독점규제법. 법문사.

김원중. 2016. 한비자. 휴머니스트.

김윤상. 2010. 공유지의 비극과 사유화의 비극, 국가정책연구.

김정욱. 2011. 권리금에 대한 법경제학적 접근. 한국개발연구원.

김정욱·채수복. 2014. 범죄율과 형사정책의 인과관계에 관한 연구, 법경제학연구.

김정호. 2016. 일조권제도에 대한 법경제학적 분석, 법경제학연구.

박민수·이동진·오정일. 2014. 이혼 후 재산분할의 비율 및 이혼 위자료액의 결정, 가족법연구.

박종성·위경우. 2012. 증권관련 집단소송에서의 손해액 추정, 한국경제의 분석.

선스타인. 2011. 우리는 왜 극단에 끌리는가. 프리뷰.

신도철. 2012. 착오에 관한 법경제학적 고찰과 대법원 88다카9364 판결의 분석, 법경제학연구.

오정일. 2019. 비용편익분석 개론. 박영사.

오카자키 데쓰지. 2008. 제도와 조직의 경제사. 한울아카데미.

이동진. 2013. 비재산적 손해배상액의 산정, 법경제학연구.

이준석. 2015. 실무연구: 법과 통계의 만남-담합으로 인한 손해액의 통계적 추정, 법조.

임철·장지상·오정일. 2018. 양형기준의 효과에 관한 실증적 연구, 법경제학연구.

정종채·장재혁. 2015. 중간재 산업에서 발생한 담합으로 인한 직접구매자의 손해액 추정, 법경제학연구.

천준범. 2015. 미국 반독점법 이야기. 법문사.

프리드먼. 2021. 생명가격표. 민음사.

한인섭. 2006. 체사레 벡카리아의 범죄와 형벌. 박영사.

헨리 조지. 2017. 진보와 빈곤. 비봉출판사.

홍동표. 2008. 손해배상액 추정방법론에 대한 경제학적 검토: 미국의 사례를 중심으로, 법경제학연구.

홍진영. 2019. 법경제학의 시각에서 바라본 부동산 이중매매의 형사처벌, 법경제학 연구.

Barzel. 2005. Economic Analysis of Property Rights. Cambridge University Press.

Becker. 1968. Crime and Punishment: An Economic Approach, Journal of Political Economy.

Bork. 1966. The Rule of Reason and the Per Se Concept, Yale Law Journal.

Calabresi and Melamed. 1972. Property Rules, Liability Rules, and Inalienability, Havard Law Review.

Carlton and Perloff. 2005. Modern Industrial Organization. Pearon & Addison Wesley.

Coleman. 1980. Efficiency, Utility, and Wealth Maximization, Hofstra Law Review.

Coase. 1960. The problem of Social Cost, Journal of Law and Economics.

Cooter and Ulen. 2007. Law and Economics. Pearson & Addison Wesley.

Fort. 2010. Sports Economics. Prentice Hall.

Kopp and Smith. 1989. Benefit Estimation Goes to Court: The Case of Natural Resource Damage Assessment, Journal of Policy Analysis and Management.

Miceli. 2009. The Economic Approach to Law. Stanford Economics and Finance.

Polinsky. 2003. An Introduction to Law and Economics. Aspen Publishers.

Posner. 1985. Wealth Maximization Revisited, Journal of Law, Ethics and Public Policy.

Posner and Sunstein. 2010. Law and Happiness. University of Chicago.

찾아보기

ㄱ

가격 고정(price fixing)   195

가격 담합   213

가격 상관성   186

가격 지정   229

가격 차별(price discrimination)   193

가격기제 사용의 비용(the costs of using
    the price mechanism)   19

가격설정자(price-maker)   184

가격수용자(price-taker)   179

가격탄력성   186

가상적 경쟁가격   238

가속거래 모형(Accelerated
    Trading Model)   250

가치 평가(valuation)   237

가해자   23

감정인   244

강력범죄율   174

강력절도(hot burglaries)   175

강박   105

개발 제한   53

거래 거절   230

거버(Gerber)   196

격리효과   177

격세(generation-skipping) 원칙   30

경계 침해(boundary encroachment)   22

경성(hardcore) 담합   216

경쟁 시장   1

경쟁 제한성   231, 233

경쟁가격   227

경쟁적 균형(competitive balance)   208

경제적 권리(economic right)   9

경제적 불능   103

경합시장(contestable market)   194

계량경제학   238

계약   59

계약 자유   93

계약 파기   93

계약곡선(offer curve)   5

계약법(contract law)   94

고소   117

고의   60

고정비용   189

고지 의무   80

공갈(blackmail)   176

공격적 경쟁(aggressive
    competition)   203

공공재(public good)   30

공급 측 접근   173

공시   35

공유   36

공유자원(common resources)   9

공유자원의 비극(tragedy of
    commons)   36

공적 강제(public enforcement)   10

공적인 불법방해(public nuisance)   26

공적인 손해 143
공정 사용(the fair use) 33
공정거래 저해성 231
공정거래위원회 211
공해 22
과실 59
과실 원칙(negligence rule) 59
과실 책임 93
과실상계 69
과실추론 71
과점시장 179
과징금 218
광고집약도 189
교차탄력성(cross-elasticity) 186
교통사고 22
구매전환율(diversion ratio) 233
구속 집행정지 167
구속적부심사 167
구속조건부 거래 220
구조·성과 이론 184
구체적 과실 62
권리금 40
권리의 부조화 37
권리의 파편화 37
귀착(incidence) 78
규모의 경제(economies of scale) 181
규모의 불변경제(constant return to scale) 187
규칙 4 24
규칙 3 24
규칙 68(the Rule 68) 130
규칙 2 24
규칙 1 24
그랜저(Granger) 검정 177
그린벨트 57
극동석유(현 현대오일뱅크) 217

금반언 96
금지명령 21
기대비효용 158
기대손실 158
기대손해배상액(expected damages) 118
기대징역 159
기소 143
기업결합 199
기여과실 원칙(contributory negligence rule) 59
기회비용 227
끼워팔기(a tie-in sale) 193

ㄴ

낙관적 기대(optimistic expectation) 118
남양유업 228
남용 행위 201
내생성(endogeneity) 177, 178, 243
네 개의 규칙(Rule 4) 10
네이진(Nagin) 178
노동능력 상실률 256
농부·기차회사 사례 19
Neighbor Rule 64

ㄷ

담합사면(cartel amnesty) 210
당연위법 규칙 182
대배심 168
대수의 법칙(the law of large number) 139
대체재 185
대칭적 비극(symmetric tragedy) 37
대한펄프 218

더미변수 접근법   239

뎀제츠(Demsetz)   12

도구변수   178

도덕적 해이(moral hazard)   51

도산기업의 항변(failing firm
        defense)   199

도스토옙스키(Dostoevsky)   141

독수독과(fruit of the poisonous
        tree)   165

독수리강(Eagle river)   245

독수리광산(Eagle mine)   245

독점 시장   1

독점규제법   179

동산   35

동조화   219

두루마리 화장지   218

드래프트(draft)   115, 208

등기   35

등기의 공신력   46

등억제선(iso−deterrence curve)   147

Donoghue v. Stevenson   63

ㄹ

라스무센(Rasmusen)   110

러너 지수(the Lerner index)   187

로열티 리베이트(royalty rebate)   211

로텐버그(Rottenberg)   208

리진(Leegin)   198

Recording System   42

Registration System   42

ㅁ

마벨(Marvell)   177

마셜(Marshall)   8

마약   173

마이크로소프트(Microsoft) 판결   206

매몰비용(sunk cost)   248

매일유업   228

명예훼손   256

모나리자   218

모형의 신뢰성   242

무과실 책임   61

무단점유(squatting)   22

무단침입(trespass)   22

무디(Moody)   177

무차별곡선(indifference curve)   4

무효   103

묵비권(right of silence)   165

미국식 규칙(the American
        rule)   14, 130

민사재판   260

민사법(civil law)   59

ㅂ

반경쟁적 행위   194, 238

반공유자원의 비극(tragedy of
        anti−commons)   37

반독점법(anti−trust law)   1

방해 행위   201

배당률   136

배상 원칙(damages rule)   94

배심원 명제(Jury theorem)   168

배심원제   168

배임죄   102

배제원칙(exclusionary rule)   165

배제 행위(exclusionary abuse)   201

배타조건부 거래(exclusive
        dealing)   194

버티기(hold out)   48

벌금(fine)   141

벌금승수(fine multiplier)   145

범죄경제학(criminal economics)   144

범죄억제력   156

범죄억제효과   177, 178

법경제학   1

법인   28

법적 권리(legal right)   9

베카리아(Beccaria)   151

베커(Becker)   141

보너스(bonus)   111

보석(bail)   167

보석금   168

보통법(common law)   118

보험   59

보험료   86

복권   154

복수투자 모형(Two Trader Model)   250

부(wealth)   2

부당성   202

부당이득 반환   96

부동산   35

부지인 간 분쟁   78

분리전략   125

분유시장   228

분쟁   10

분쟁당사자   23, 117

불능   103

불법방해(nuisance)   22

불법행위(tort)   59

불법행위법(tort law)   60

불변 정리(Invariance theorem)   208

불확실성   59

비관적 기대(pessimistic expectation)   122

비교과실 원칙(comparative negligence rule)   59, 68

비교시장 방법론   239

비대칭적 기대(asymmetric expectation)   122

비대칭적 정보(asymmetric information)   118

비례거래 모형(Proportional Trading Model)   250

비례 관계   151

비례성(proportionality)   150

비용편익분석(cost-benefit analysis)   237

비재산적 손해   255

비책임 원칙(no liability rule)   61

Boomer v. Atlantic Cement Company   26

VSLY(value of the statistical life year)   257

ㅅ

사기   105

사생활 침해   256

사업상 정당화(business justification)   232

사업자단체   196

사유   36

사유화(privatization)   12

사적 강제(private enforcement)   10, 117

사적 자치   93

사적인 불법방해(private nuisance)   26

사정변경   103

사형선고율   260, 261

사형제   172

사회적 후생   224

산업재해   79

산업조직(industrial organization)   179

살인범죄율 173

삼성전자 226

삼성테스코 233

삼익악기 222

상가임대차보호법 41

상속 29

상표(trademark) 33

상호성(reciprocity) 150

새로운 반독점법 193

새만금사업 248

샘슨(Sampson) 178

생명의 가치 260

생산량 담합 213

생산자잉여 8, 191, 192, 224

생산자 후생 224

Thurston v. The State of
     New York 260

서울중앙지방법원 255

선도업체 219

선량한 관리자의 주의 의무 62

선례구속 127

선의의 제3자 14

선재 26

선점자 취득 원칙 13

선택적 소송(selective litigation) 126

선한 사마리아인 법
     (Good Samaritan Law) 64

설문조사 245

성공사례금(contingent fee) 130

셔먼법(Sherman Act) 183

Sherwood v. Walker 108, 109

소배심 168

소비자 후생 224

소비자정가 221

소송 12

소송법 117

소송비 22

소유권(property right) 9

소유물 원칙(property rule) 20

손해배상 25

손해배상액 22

손해배상액의 예정(liquidated
     damages) 94

손해보험 85

손해전가액 191, 192

수감 161

수감비용 148

수령이익 배상(restitution damages) 96

수용 47

수용의사금액(willingness to accept) 90

수용확률 164

수직적 결합 200

수직적 담합 213

수직적 형평성(vertical equity) 150

수평적 형평성(horizontal equity) 149

스키토프스키 역설(Scitovsky
     paradox) 4

승낙(acceptance) 95

승산비(odd ratio) 128

시장 획정 185, 233

시장의 성과 187

시장점유율(market share) 184

시장지배력(market power) 181

시장지배적 사업자 190

시장집중도(market concentration
     ratio) 184

시장집중도 지수 190

시카고학파 194

시효취득 35

신뢰이익 배상(reliance damages) 96

신뢰지출(reliance expenditure) 94

신청경쟁(race to the courthouse) 210

신탁　179

심결　211

쌍방 주의 모형　59

쌍방 착오　109

쌍용정유(현 S-OIL)　217

쌍용제지　218

C4　190

C8　190

CPU시장　226

Spur Industries v. Del Webb　25

Standard Oil Co. v. Unites States　183

Staples　233

ㅇ

아이돌 그룹　114

아이비 리그(Ivy-league)　197

알 박기　52

압수 및 수색　165

애덤 스미스(Adam Smith)　137

약인(consideration)　95

약탈적 가격 설정　203

양형거래(plea bargaining)　166

양형기준(sentencing guideline)　170

언론의 자유　175

엄격책임 원칙(strict liability rule)　59

엄벌주의　151

에이리스(Ayres)　110

에지워드 상자(Edgeworth box)　4

연고권자 취득 원칙　13

연방거래위원회법(the Federal Trade
　　　Commission Act)　193

연예기획사　114

열연코일 시장　230

영국식 규칙(the English Rule)　130

영업 비밀(trade secret)　32

영업권(goodwill)　40

영장(warrant)　165

영창악기　222

영화산업　200

예측 접근법　239

오래된 반독점법　193

오류　22

오차 자승의 평균(mean squared error:
　　　MSE)　138

오토할부　212

완전한 배상　90

외부성(externality)　9

외부성의 내부화(internalization)　15

원고(plaintiff)　117

위약금　111

위탁판매　229

위험　141

위험기피자　156

위험비용　157

위험선호자　158

위험에의 접근(coming to the
　　　nuisance)　25

위험중립자　159

위험할증(risk premium)　155

유공(현 SK에너지)　217

유럽식 규칙(European Rule)　14

유보 조항(reserve clause)　115, 208

유실물 조항(estray statute)　14

유익한 위험(beneficial risk)　155

유타 파이(Utah Pie) 판결　205

유한킴벌리　218

유해한 위험(detrimental risk)　155

응보 이론　150

의료사고　80

의사무능력　104

의식적 병행행위(conscious
　　　parallelism)　195

2기간 모형(two-period model) 55

이득 기준(gain-based) 벌금 146

이랜드리테일 233

이중매매 102

이중주차(double parking) 156

이탈자사면(deviator amnesty) 209

이행강제(specific performance) 25

이행명령 21

이행이익 배상(expectation damages) 96

이행청구권 102

인텔 226

일방 주의 모형 59

일신전속권 27

일조권 39

입증기준(standard of proof) 129

Escola v. Coca-Cola Bottling Co. 70

LPG 공급사 214

Office Depot 233

SK가스 216

SK글로벌 220

SK에너지 216

United States v. Aluminum Corp. of America 183

United States v. Carroll Towing Co. 64

United States v. United States Steel Corp. 183

whitemail 176

ㅈ

자본수익률(rate of return on capital) 187

자본집약도 189

자진신고자감면제(leniency) 209

장기계약 201

재산분할비율 258, 259

재산비례 벌금 153

재판매 229

재판매가격 유지(resale-price maintenance) 197, 220

재판비용 167

재활효과 177

저작권(copyright) 32

적발률 147

적발비용 148

전보적 요소 256, 258

전후 비교 방법론 239

점유 35

정가준수제 199

정당한 보상 47

정보 42

정보의 비대칭성 59

정상이윤 187

정유회사 217

정황 증거 216

제2종 오류(type-II error) 127

제1종 오류(type-I error) 127

제도비용(institutional cost) 19

제일모직 220

제재적 요소 256, 258

제조물책임(product liability) 71

조건부 계약(contingent contract) 104

조건부 리베이트(conditional rebate) 225

조건부 확률(conditional probability) 127

조기 개발 55

죄와 벌(Crime and Punishment) 141

죄형법정주의 142

주당 손해액 254

주의 모형(care model) 59, 72

주의 수준   65
주의 의무   59
주인 · 대리인 문제(principal – agent problem)   29
중간재 시장   191, 192
중첩원의 합집합(a union of overlapping circles)   234
증거재판주의   129
증권 소송   250
지불의사금액(willingness to pay)   2
지불확률   164
지식재산권(intellectual property right)   30
지인 간 분쟁   59
직접 증거   216
진입 장벽(entry barrier)   189
집행비용(enforcement cost)   144, 157
징벌 승수(punishment multiplier)   72
징벌적 손해배상(punitive damage)   20, 71
징역(imprisonment)   141

ㅊ

차등 벌금   149
차량 절도   158
차별적 취급   211
차액설   238
착오   107
착취 행위(exploitative abuse)   201
책임보험   86
책임 원칙(liability rule)   20
책임 제한   192
처벌효과   177
청약(offer)   95
초과수용 소송(prison – overcrowding litigation)   178

총기   174
총판가   221
최고 판매가격   218
최소비용회피자(the least – cost avoider) 책임 부담   14
최적 벌금   147
최적 징역   148, 163
최적 형량   141
최종재 시장   191, 192
추상적 과실   62
출고가   221
출고량 조절   201
취소   103
층(Cheung)   19

ㅋ

카라브레시(Calabressi)   1
칸트(Kant)   150
칼도 · 힉스(Kaldo – Hicks)   2
칼도 · 힉스 효율성   3
커먼스(Commons)   18
코우스(Coase)   1
코우스 정리(Coase theorem)   10
콜로라도(Colorado) 주   245
콩도르세(Condorcet)   168
클레이튼법(the Clayton Act)   193
QALY(quality – adjusted life year)   257

ㅌ

통상적인 진료   81
통합전략   125
트레이너(Traynor)   71
특정자산(specific asset)   113
특허(patent)   31
특허 경주(patent race)   31

ㅍ

파레토(Pareto)   2
파레토 개선   3
파레토 최적   5
파레토 효율성   3
파스퇴르유업   228
편익 · 비용비율   248, 249
평균 형량   171
평등권   39
포스너(Posner)   1
포스너 효율성   7
포항종합제철   230
품질보장가격(quality assured
      price)   198
품질보증제(warranty)   79
프로 스포츠   207
프로야구   115
피고(defendant)   117
피구 조세(Pigouvian tax)   15
피아노시장   223
피해자   23
피해주식   250
필수설비 원칙(the essential
      facilities doctrine)   202
Fellow－Servant Rule   80

ㅎ

학생복시장   220
한계효용 체감의 법칙   154
한비자   151
합리성 검정 규칙   182
합리적인 노름꾼(rational gambler)   129
합리적인 범죄자   144

합병(merger)   181
핸드 규칙(Hand Rule)   64
행위 수준   59
허핀달 · 허쉬만 지수
      (Herfindahl－Hirschman Index:
      HHI)   190
헨리 조지(Henry George)   38
현대 · 기아자동차   212
현대캐피탈   212
현대하이스코   230
협조의 잉여(the cooperative
      surplus)   121
형량 편차   170
형사법   59, 60, 102, 141, 166, 237
형사재판   260
형사정책   141
호남정유(현 GS칼텍스)   217
홈에버   233
홈플러스   233
홉스(Hobbes)   10
화재   154
환경 소송   244
회계 부정   254
회귀분석(regression analysis)   239
효용가능경계(utility possibility
      frontier)   4
효율성   1
효율성의 항변   222
효율적 범죄   145
효율적인 기업 규모의 최솟값
      (minimum efficient firm size)   189
후발업체   219
후생경제학의 제1정리(the first theorem
      of welfare economics)   8

저자 소개

오정일(吳正一)

1968년 9월 서울 생
서울대학교 경제학과 졸업
코넬대학교(Cornell University) 박사
산업연구원(KIET) 연구위원
현 경북대학교 행정학부 교수/행정대학원장
현 한국정부학회장

저서『비용편익분석개론』, 박영사

송평근(宋平根)

서울대학교 법과대학 졸업
사법시험 합격(29회)
사법연수원 수료(19기)
서울대학교 법과대학 전문분야법학연구과정(공정거래법 과정) 수료
University of Washington, School of Law, visiting scholar
공군법무관
서울민사지방법원, 서울지방법원 서부지원, 청주지방법원 충주지원,
수원지방법원 성남지원, 서울행정법원 판사
춘천지방법원 영월지원장(부장판사)
대법원 재판연구관(부장판사)
서울북부지방법원(부장판사)
언론중재위원회 서울 제4중재부 중재부장
현 법무법인(유한) 광장 변호사

제 3 판
법경제학입문

초판발행	2014년 8월 25일
제 2 판발행	2020년 3월 10일
제 3 판발행	2023년 3월 5일

지은이	오정일·송평근
펴낸이	안종만·안상준

편 집	이승현
기획/마케팅	장규식
표지디자인	Benstory
제 작	고철민·조영환

펴낸곳	(주) **박영사**
	서울특별시 금천구 가산디지털2로 53, 210호(가산동, 한라시그마밸리)
	등록 1959. 3. 11. 제300-1959-1호(倫)
전 화	02)733-6771
f a x	02)736-4818
e-mail	pys@pybook.co.kr
homepage	www.pybook.co.kr
ISBN	979-11-303-4341-9 93360

copyright©오정일·송평근, 2023, Printed in Korea

정 가	20,000원